China Knowledge：
金融与管理系列丛书
丛书主编　李志森

企业技术创新与金融市场优化案例研究

陈作章　于宝山　史佳铭　等著

苏州大学出版社

图书在版编目(CIP)数据

企业技术创新与金融市场优化案例研究/陈作章等著. —苏州：苏州大学出版社，2019.3
（China Knowledge：金融与管理系列丛书/李志森主编）
ISBN 978-7-5672-2685-2

Ⅰ.①企… Ⅱ.①陈… Ⅲ.①企业管理-技术革新-案例②金融市场-案例 Ⅳ.①F273.1②F830.9

中国版本图书馆 CIP 数据核字(2018)第 272866 号

企业技术创新与金融市场优化案例研究
陈作章 于宝山 史佳铭 等著
责任编辑 薛华强

苏 州 大 学 出 版 社 出 版 发 行
(地址：苏州市十梓街1号 邮编：215006)
苏州市深广印刷有限公司印装
(地址：苏州市高新区浒关工业园青花路6号2号楼 邮编：215151)

开本 700mm×1 000mm 1/16 印张 15.75 字数 267 千
2019年3月第1版 2019年3月第1次印刷
ISBN 978-7-5672-2685-2 定价：49.00元

苏州大学版图书若有印装错误，本社负责调换
苏州大学出版社营销部 电话：0512-67481020
苏州大学出版社网址 http://www.sudapress.com
苏州大学出版社邮箱 sdcbs@suda.edu.cn

序 一

中国古代丝绸之路为当时沿途各国人民友好往来、互利互惠做出了贡献。如今"一带一路"倡议通过"丝绸之路经济带"和"21世纪海上丝绸之路"发展同各国的外交关系和经济、文化交流，构建人类命运共同体已经成为应对人类共同挑战的全球价值观，并逐步获得国际共识。

新加坡在"一带一路"特别是"21世纪海上丝绸之路"中发挥着积极作用，并成为重要的战略支点之一。2015年新加坡对华投资占"一带一路"沿线64个国家对华投资总额的80%以上，中国对新加坡投资占中国对"一带一路"沿线国家投资总额的33.49%，中新贸易额占中国与"一带一路"沿线国家贸易总额的8%，新加坡的地位和作用凸显。

继苏州工业园区和天津生态城之后，中新第三个政府间合作项目以"现代互联互通和现代服务经济"为主题，面向中国西部地区，项目运营中心落户重庆市，充分显示中新政治互信和经贸关系日益加强。

新加坡作为"一带一路"，特别是"海上丝绸之路"沿线重要国家，也是亚太金融、贸易、航运中心，其独特的地理位置和有目共睹的"软"实力，孕育了与"一带一路"交汇的巨大潜力和发展机会。新加坡是一个非常重要的金融中心，新加坡是大量资本聚集地之一，是全球第二大财富管理中心、第三大金融市场中心，也是最大的大宗商品交易中心。在东南亚所有项目融资中，有60%是由在新加坡运营的银行安排的。作为一个全球金融中心，新加坡既可帮助中国资本和贸易走出去，也可为中国引入外资发挥作用。随着中国资本市场的进一步开放，新加坡可为中国企业进入全球债券市场提供帮助。

阿里巴巴在新加坡设立研究中心说明未来中新两国共同推动"一带一

路"相关项目的前景十分广阔。"一带一路"倡议给中国经济、企业和金融机构带来很多机会，同时也给周边国家及区域经济体带来了一些机遇。世界各国都可以双赢模式共享发展成果。

新加坡是较早支持"一带一路"倡议的国家，中国对"一带一路"沿线国家的投资中有近三分之一均先流入新加坡，新加坡对中国的投资占"一带一路"国家对华投资总额的85%。新加坡现在正在打造四个平台以支持"一带一路"的发展。一是在金融方面，有很多中资企业到新加坡融资，这将为人民币率先在"一带一路"沿线国家实现国际化创造机会。二是在硬件设施方面，如正在推进的新加坡与苏州工业园区深度合作、重庆互联互通项目等。三是在三方合作领域，可为"一带一路"沿线国家的官员提供培训。四是在法务合作方面，可为国际商业纠纷提供帮助，新加坡已有完善的平台给企业提供这方面的服务。

在全球经济复苏不稳定，反全球化、民粹主义以及贸易保护主义抬头的背景下，新科技迅猛发展及地缘政治问题给世界经济发展带来巨大挑战，并且对世界各国就业市场带来巨大冲击。许多国家的企业，特别是中小企业，面临需求不振和成本居高不下等问题，迫切需要产业转型升级和开拓新市场。各国政府虽已采取许多鼓励措施帮助企业，并提高银行业对实体经济的支持力度，但中国银行业不仅要应对互联网企业的业务竞争，也要应对国内外同行业的业务竞争，其面临着许多亟待解决的问题和挑战，因此，需要从理论和实际上对这些难题进行深入探讨和研究。

China Knowledge 与苏州大学出版社合作出版的"金融与管理系列丛书"针对中国企业技术创新与金融业发展中的实践和理论问题进行深入研究，分析其原因并找到解决方案，这不仅对中国经济发展具有参考价值，而且对世界其他国家经济发展也具有借鉴意义。该系列丛书对增进国际经济发展与合作及学术交流具有推动作用。

新加坡中盛集团（China Knowledge）执行董事
赵中隆（Charles Chaw）

序 二

本书是"China Knowledge：金融与管理系列丛书"中的一本，该系列丛书由法国SKEMA商学院（SKEMA BUSINESS SCHOOL）苏州分校前校长李志森教授主编。第一辑系列丛书包括四部著作，其中《中国商业银行经营模式创新案例研究》一书主要研究了上市商业银行竞争力问题、商业银行收入结构多元化的影响问题、商业银行理财产品业务发展问题、商业银行个人金融业务营销问题、商业银行贷款风险评估机制问题及城市商业银行操作风险问题等；《商业银行业务竞争与风险防范案例研究》一书主要研究了商业银行电商平台业务创新问题、商业银行个人理财业务营销策略问题、城市商业银行核心竞争力问题、中小企业信用贷款业务风险控制问题、商业银行个人住房贷款违约风险管理问题及商业银行宏观信用风险压力测试问题等；《企业技术创新与金融市场优化案例研究》一书主要研究了民营企业技术追赶战略和发展模式问题、价值链拆分的双重商业模式的战略选择问题、L时装公司供应链管理系统问题、江苏省创业板上市公司成长性内部因素问题、再生能源项目PPP融资风险管理问题、D证券公司资产管理问题、明星基金的溢出效应问题、股权结构对上市公司财务困境影响及融资融券对我国股市波动性影响等；《金融机构业务创新与金融市场监管案例研究》一书主要研究了民生保险互补共赢机制与制度创新问题、互联网金融产品创新与风险防范问题、互联网消费金融资产证券化问题、P2P网贷平台风险与监管机制问题、小额贷款公司的法律监管与制度创新问题、寿险个人代理人制度创新问题、期货市场套期保值有效性问题、社保基金投资绩效问题、可转债发行的公告效用及其影响因素问题等。

本套丛书以理论联系实际为指导思想，运用案例分析或实证分析的研究方法，主要针对中国企业、金融机构和金融市场在经济发展新挑战背景下所面临的发展困境与企业金融创新中的实际问题和对策进行深入探讨与研究，从中找到具有可操作性的解决方案。这些研究成果可以较全面地诠释在中国特色社会主义市场经济发展中，中国金融机构和企业的创新发展路径，因此，这套丛书不仅对中国金融机构和企业等的高层领导者的经营战略决策具有重要的参考价值，也对相关专业本科生和研究生及MBA学员深入探讨理论和从事工作实践具有一定的指导和参考价值。这也是SKEMA商学院在国际化教育的战略下，使国际校区也可以提供"为本地制造"的教学服务。

目前，随着"一带一路"倡议的提出，金融机构和企业也需要探索和把握今后如何开展中国产业全球布局和投融资业务。因此，这些研究成果不仅对于中国学者和金融从业人员具有实际参考价值，而且对于"一带一路"沿线国家金融业和实体经济发展也具有重要借鉴意义。

法国SKEMA商学院（SKEMA BUSINESS SCHOOL）苏州分校前校长

李志森教授（Prof. Laubie Li）

前言

随着我国金融科技的飞速发展，金融机构将客户群体扩大至从前未被金融服务覆盖的群体。金融产品向追求体验至上转变，金融机构提供产品和服务的重点也将从简单的标准化转变为创造个性化的体验。尤其是利用移动互联网渠道展开的网上银行业务量大幅度上升，使得商业银行实体分支机构的重要性逐年下降。这些不仅使各商业银行之间的业务竞争加剧，而且使商业银行与以第三方支付为代表的互联网金融机构之间形成激烈竞争的趋势。而未来人工智能、区块链和机器人流程自动化三项创新科技将给金融业带来深远的影响。

随着中国实体经济向工业4.0、共享经济演变，信息化、智能化和个性化将成为主流商业与生活模式。为顺应这一潮流，未来金融服务业将向3.0转型，从"产品和渠道为王"转变为以客户为中心。一方面，金融机构实体网点功能向产品和服务研发与生产中心、后台处理中心转型，所有的交易执行将通过智能渠道来完成；另一方面，金融服务也将融入生活，相关的支付、融资、保险等需求通过生活场景来挖掘。因此，未来的"新金融"服务模式，将包含"产品服务""应用场景""智能渠道"三大要素，而科技将是向"金融3.0"时代转型的重要支柱。

随着国际银行业运行环境和监管环境发生巨大变化，信用风险和市场风险以外的风险破坏力日趋显现，《巴塞尔协议Ⅰ》的局限性逐渐暴露出来。由于《巴塞尔协议Ⅰ》本身在制度设计上存在缺陷，同时随着经济金融全球化的进一步发展，金融创新层出不穷，金融衍生品大量使用，银行业趋于多样化和复杂化，信用风险以外的其他风险逐渐凸显，诱发了多起重大银行倒闭和巨额亏损事件；此外，银行通过开展表外业务等方式来规避管理的水平和能力不断提高。因此，《巴塞尔协议Ⅱ》在最低资本要求的基本原则基础上，增加了外部监管和市场约束来对银行风险进行监管，构建了三大支柱——资本充足率、外部监管和市场约束，形成了对银行风险全面监管的完整体系。但2008年金融危机的爆发使得《巴塞尔协议Ⅱ》的问题也日益暴露出来，为应对金融危机，《巴塞尔协议Ⅲ》从银行个体和金融体系两方面提出了微观审慎监管和宏观审慎监管理念。2007年2月中国银监会发布了《中国银行业实施新资本协议指导意见》，标志着中国银行业正式启动实施《巴塞尔协议Ⅲ》工程。按照中国商业银行的发展水平和外部环境，短期内中国银行业尚不具备全面实施《巴塞尔协议Ⅲ》的条件，银监会确立了分类实施、分层推进、分步达标的基本原则。2012年6月银监会发布了《商业银行资本管理办法（试行）》，这对中国商业银行风险管理提出了更高的要求。因此，今后各商业银行如何推进风险防范与管理成为关注的焦点。

金融机构要提升自身业务竞争力就必须跟上金融科技发展的节奏。目前，金融机构不仅专注于系统升级，也着眼于相关解决方案，除可提高客户服务质量外，还有助于金融机构提升效率、降低成本、强化安全性。这一切不仅将对金融业从业者产生巨大压力，也将对金融专业学生的学习与就业产生巨大冲击。如果他们不能够在将来的工作中发挥机器不可替代的作用，就将被新的金融科技浪潮所淘汰。今后金融机构所需要的是复合型人才，数字技术、商业头脑管理能力缺一不可。因此如何培养面向未来的金融人才，不仅是大学教育需要深入探究的问题，也是金融机构所面临的重要课题。针对上述状况，本书对以下几个方面的问题进行深入研究：

对于民营企业而言，技术追赶战略、路径和模式选择正确与否是决定其成败的关键。基于动态匹配视角，对亨通集团技术追赶战略、路径和模式演进历程进行案例分析。研究发现，企业技术追赶战略、路径和模式选择受不同追赶阶段动态环境变化影响；随着技术追赶战略、路径和模式的转变，技术创新核心要素呈集聚趋势；通过分析其技术追赶战略、路径和模式之间的动态匹配关系，构建企业技术追赶各阶段技术追赶战略、路径和模式匹配机理及技术创新核心要素集聚模型，进而分析其创新要素集聚效应。

通过对 30 个双重商业模式案例的整理与分析，提出双重商业模式战略选择的可行性。在分析前人关于双重模式的应对策略优点和缺陷的基础上，提出了基于价值链拆分的双重商业模式的战略分析框架。根据价值链九种活动、两种商业模式冲突的性质和两种商业模式之间相似度这三个维度，划分出 $(2 \times 2)^9$ 种双重商业模式的战略选择，并提出先进行价值活动取舍再对剩下的价值活动进行分合的完整解决方案。之后运用提出的理论对联想集团双模式的案例进行分析，进一步提出了双模式的研究方向，除了基于价值链的拆分外，企业还可以依据其他要素来构建新的更加符合企业自身情况的拆分方式。

通过对 L 公司现有供应链管理系统的现状进行分析，发现 L 公司的整个供应链管理中存在供应商沟通不畅，生产信息缺乏实时管理，仓库无可视化管理，货期难以精确控制，产品分销渠道不畅，无法根据市场情况实时差别供货，同时对整个流程的信息反馈，特别是销量分布、客户群体等相关信息的反馈没有良好的运行机制等问题。这些问题主要是由于供应链上信息流与物流之间未能实现双向流动造成的。通过运用 RFID 对 L 公司供应链进行改造，建立以供应商协作平台、生产、仓库、分销等系统为基础的 RFID 供应链管理系统，实现整个供应链信息流与物流的同步运行，以实现整个 L 公司供应链的可视化、自动化、实时化、精益化管理。以具体服装公司的供应链系统为蓝本，通过 RFID 技术改进整合企业资源，实现整个供应链的高效运行，具有一定的经济价值和实践参考意义。

伴随着中国金融体系的愈加完善，创业板市场在我国经济发展中发挥出越来越重要的作用，而创业板公司的高成长性往往是人们关注的重点。江苏省作为全国经济最为发达的地区之一，研究其创业板公司的成长性具有一定的代表性和先进意义。采用 2012 年以及 2013 年的数据，选择了 13 个自变量，通过因子分析法和多元线性回归对以营业收入增长率为因变量的影响江苏省 42 家创业板上市公司成长性的内部因素进行分析，研究结果表明影响创业板公司成长性的内部因素可以概括为偿债能力因子、营运能力因子、盈利能力因子、企业规模及创新能力因子。盈利能力与江苏省创业板公司的成长性呈显著正相关，偿债能力则表现为显著负相关，而营运能力、企业规模及创新能力并不显著影响其成长性。根据回归结果还原了每个自变量对创业板公司成长性的影响并提出了相应建议。

通过对中国20个PPP垃圾焚烧发电项目的现实风险事件的分析，发现了10个影响垃圾焚烧发电PPP项目的关键融资风险，其中包括垃圾供应风险、运营成本超支风险、费用支付风险、技术风险、环境风险、民意风险、政府信用风险、支持性基础设施缺乏风险、合同变更风险和法律与政策风险。对近期完工的上海天马垃圾焚烧发电PPP项目进行调查研究，共同总结出关键风险的有效防范与管理措施。对于PPP项目的合同结构、风险分担机制、关键融资风险应对机制进行了详细研究。研究结果为政府和私人投资者有效缓解和管理废物再生能源PPP项目的融资风险提供了借鉴。

为了不断规范金融机构资产管理业务，保障金融稳定，2014年以来，监管层针对我国资产管理业务发展暴露出来的问题，陆续发布了一系列政策文件，从严监管趋势愈来愈明显。2018年4月27日，央行、银保监会、证监会、外汇局联合印发的《关于规范金融机构资产管理业务的指导意见》坚持问题导向，对金融机构的管理业务做出具体规范，成为覆盖全面的纲领性原则性文件，大资管格局将得到重塑。D证券公司是全国中型券商的典型代表，也是资管新规连续出台背景下积极应对的样本。在客观分析我国资管行业，特别是券商资管市场格局的基础上，基于对D证券公司资管业务的实地调研，客观描述了资管新规对其资管业务的影响，辩证分析券商面临的传统业务受阻、客户需求偏差、营销渠道狭窄等方面问题，并提出提升主动管理能力、拓展三方代销渠道、创新产品设计服务等具体措施，力求拓展从严监管背景下大券商资管业务发展的新路径。

选取2012年至2017年共24个季度的774只开放式股票型基金及其家族为样本进行实证研究，发现无论从家族角度还是个体角度分析，我国的开放式股票型基金均存在显著的溢出效应，但溢出效应具有不对称性。即业绩排名靠前的明星基金能为家族带来超额的资金流入，而排名靠后的垃圾基金不会带来显著的反向溢出。且相比于明星基金家族的其他成员，与明星基金拥有相同经理人的基金能获得更多的资金流入。基金家族上期的业绩表现、成立时间、规模、旗下基金数量和家族的稳定性以及基金经理特征变量均会对家族及个体基金的资金流产生重要影响。通过分析溢出效应对基金家族以及投资者产生的影响，发现溢出效应会为家族的造星行为提供动力，从而损害投资者利益。

通过选取21家上市ST公司和24家非ST公司，运用因子分析法对每家公司的每股收益、每股息税前利润等11个能够反映该公司财务状况的指标进行综合评分，得出反映公司财务状况的综合指标。最后再对反映公司股权集中程度的变量进行回归。回归结果显示，股权集中程度、股权性质对上市公司的财务状况具有一定的影响，但是影响的效果并不显著，说明我国上市公司的股权分置改革起到了一定效果。

通过对我国融资融券业务开展3年间的数据进行实证分析，以探究融资融券波动性与股市波动性之间的关系。在验证数据是否平稳的基础上，通过格兰杰因果检验，发现融资买入额是股市波动率的格兰杰原因，而融券量波动率则不是股市波动率的格兰杰原因。定性分析之后，通过OLS得出其中的数量关系，进一步说明融资对股市波动性影响较大，融券则影响较小。最后使用HP滤波检验，得出股市波动性在融资融券业务开展后呈下降趋势的结论。

英文摘要

Chapter 1

Title: Investigation into Technological Catch-up Strategy and Path and Mode Selection of Hengtong Group

Abstract:

As for the private enterprises, the key to the success of the enterprise is the technology catching up strategy and the appropriate choice of the path and the mode. This chapter is based on the dynamic matching theory, with a focus on the process of technological catch-up strategy and evolution path of Hengtong Group. The study found that the path and mode selection is determined by enterprise technological catch-up strategy and different catch-up phase dynamic environment. With the technological catch-up strategy, path and mode transformation, the core elements of technological innovation is through the agglomeration trend. With the application of the catching up strategy, we analyze the innovation elements of agglomeration effect.

Chapter 2

Title: Strategic Choice of Dual Business Mode Based on the Split of Value Chain

Abstract:

At present, many large companies are usually challenged by the "strategy innovators". These challengers use a new business model as a weapon, forcing these large companies into a dilemma—introducing new business models, perhaps with potential growth opportunities, at the cost of the conflict between the existing and new business models. On the other hand, whether the company serves the individual-user market or the business-user market, after developing to a certain stage, the company will try to enter into the other market in order to enhance its profit. However, it is very difficult to manage both markets concurrently. As the rules of the two markets are not the same, it needs different requirements for the product design, production, sales and even for changing the culture of the company.

Whether it is to introduce a modified business model, or to expand the market to adopt the hybrid commercial model, these companies are faced with the strategic positioning problem under the dual business model.

In the current economic environment, using the dual business model or multiple business model, for many companies is not a problem. So, "does the dual business model necessarily lead to a conflict?" "How can companies operate in two business models?" These topics are important for discussion.

Chapter 3

Title: The Analysis of the Construction of L Fashion Clothing Company's Supply Chain Management System Based on Radio-frequency Identification (RFID) Technology

Abstract:

We mainly study the whole construction of RFID technology in apparel supply chain management system. The purpose is to realize the coordination of supply chain information flow and flow of clothing, to enhance business communication between the various aspects of the participants as well as the optimization work cohesion between the various sectors, and to achieve the lowest cost and the optimal overall efficiency. Through the analysis of the present situation of the L company's existing supply chain management system, it is found that the supplier communication in the entire supply chain is inefficient, and it lacks real-time production information management. In addition to warehouse management without visualization, it is difficult to control the delivery time, and the product distribution channel is not smooth. The transaction is not based on dynamic difference of the market situation as well. Information feedback, especially sales distribution, customer groups and other related information feedback is not in a smooth operation. These problems are mainly due to the lack of two-way flow between information flow and logistics in the supply chain. Through the use of RFID to transform L's supply chain, we could establish a system based on supplier collaboration, production, warehousing and distribution system to achieve synchronous operation of information flow and logistics, to achieve visualization, supply chain automation, real-time and lean management. Based on the supply chain system of specific clothing company, it is of certain economic value and practical implications to improve the integration of enterprise resources and achieve efficient operation of the whole supply chain through RFID technology improvement.

Chapter 4

Title: The Internal Factors of the Growth of the Second Board Market Enterprises in Jiangsu Province, China

Abstract:

Taking 42 Growth Enterprise Market (GEM) listed companies in Jiangsu as the research object, the influence of internal factors on the growth of the GEM listed companies is quantitatively analyzed by the factor analysis and multiple linear regression methods. The study found that Jiangsu GEM companies are concentrated in Suzhou and Nanjing, and their industries are relatively concentrated in the manufacturing industry. The profitability of the firm has a positive correlation with the growth of the company, indicating that the profitability is one of the main driving forces for the growth of the enterprise, and the company's solvency and growth show a negative correlation, indicating that the company's solvency is the key factor that restricts its growth. That is to say, the lower the rate, the poorer the growth. To a certain extent, it also reflects the promotion effect of entrepreneurial capability on the growth of the company.

The investors should pay more attention to the disclosure of information and the data of listed companies while pursuing hot spots and subject stocks, so as to make a rational analysis and a steady investment.

It also requires regulatory authorities to strengthen the supervision of information disclosure and make the information disclosed more transparent and comprehensive.

Chapter 5

Title: Study on the Financing Risks of Waste-to-Energy PPP Projects in China: Case Study Based on Waste Incineration Power Generation PPP Projects

Abstract:

In this chapter, through the analysis of the real risk event of 20 PPP waste incineration power generation projects in China, the 10 influencing factors of waste incineration power generation PPP projects' financing risk has been found, namely garbage supply risk, operation risk, cost overruns, payment risk, technology risk, environmental risk, public risk, credit risk, infrastructure risk due to the lack of government support, contract risk and legal risk. At the same time, the PPP project of Shanghai Tianma waste incineration power generation is investigated, and the effective precautions of key risks are summarized. The contract structure, risk sharing mechanism and key financing risk response mechanism of PPP project are studied in detail. The research results provide a reference for governments and private investors to effectively mitigate and manage the financing risks of waste renewable energy PPP projects.

Chapter 6

Title: Problems and Path Exploration of Information Management in Securities Firms under the New Regulation of Information Management—Using the Management of Securities Company D as an Example

Abstract:

In order to standardize the assets management business of financial institutions and ensure financial stability, since 2014, a series of policy documents have been published in accordance with the problems exposed in the development of asset management businesses in China, and these changes have demonstrated that the trend of strict supervision is becoming more obvious.

In April 27, 2018, the guidance on standardizing the management of asset management of financial institutions (the guidance) was jointly issued by the Bank of China, the China Banking and Insurance Regulatory Commission, the Securities Regulatory Commission and the State Administration of Foreign Exchange. The guidance persists in problem oriented, makes specific norms on the management of financial institutions, and becomes a comprehensive and principle document. Hence, the structure of the capital management needs to be reshaped.

Securities company D is a typical representative of China's medium-sized securities dealers. It is also a sample of the active response to the new regulation of information management. This chapter attempts to describe the influence of the new management regulations on the management of Securities company D. We also analyze matters including the traditional business obstruction, the customer demand deviation and the narrow marketing channel. It also puts forward some specific measures to promote the active management ability, expand the three party marketing channels and innovate product design services, as well as expand the new path for the development of securities business management under the strict supervision background.

Chapter 7

Title: The Spillover Effect of Superior Fund—An Empirical Study Based on Open Stock Funds

Abstract:

The empirical study of 774 open stock funds and their associated group funds from 2012 to 2017 shows that there is a significant spillover effect in China's open stock funds from both group and individual perspective, but the spillover effect is not nominal.

That is to say, the superior fund with top performance can bring over capital inflow to the group, but the junk fund which is ranked behind will not bring a significant reverse spillover.

Compared with other members of the superior fund group, the fund with the same manager as the superior fund can attract more capital inflow. Factors, like the performance of the fund group, the time of establishment, the size, the number of funds under the group, the stability of the group and the characteristic variables of the fund managers, have an important influence on the capital flow of the group and the individual fund.

By analyzing the impact of spillover effects on the fund group and investors, it is found that spillover effects will provide impetus to the creation of group's superior fund but harm the interests of investors.

Chapter 8

Title: An Empirical Study on the Impact of Ownership Structure on Financial Distress of Listed Companies

Abstract:

By selecting 21 listed ST companies and 24 non-ST companies, this chapter uses factor analysis to evaluate the earnings of each company and 11 indicators that can reflect the financial situation of the company. This chapter draws a comprehensive index to reflect the financial situation of the company. Finally, the variables that reflect the degree of ownership concentration are regressed. The results of the regression show that the degree of ownership concentration and the nature of equity have a certain influence on the financial performance of the listed companies, but the effect is not significant, which indicates that the reform of the share division of listed companies has played a certain effect in China.

Chapter 9

Title: An Empirical Analysis of the Impact of Securities Margin Trading on China's Stock Market Volatility

Abstract:

Through empirical analysis of the data of China's securities margin trading business over the past three years, this chapter explores the relationship between securities margin trading volatility and stock market volatility. On the basis of verifying the stability of the data, the Grainger causality test shows that the buying amount of financing is the Grainger cause of the volatility of the stock market, while the volatility of the margin is not the Grainger cause of the volatility of the stock market. By using qualitative analysis, we get the quantitative relationship through OLS, which further shows that financing has a greater impact on stock market volatility, while securities margin trading has less impact. Finally, we use the HP filter test to conclude that the volatility of stock market is decreasing after the margin trading.

目录

第一章 亨通光电技术追赶战略、路径与模式演进研究 / 1

    一、引言 / 1

    二、文献综述 / 2

    三、案例研究方法与资料来源 / 5

    四、案例描述 / 6

    五、结论 / 12

第二章 基于价值链拆分的双重商业模式的战略选择 / 21

    一、研究思路与命题提出 / 21

    二、双重商业模式战略选择的前提 / 22

    三、文献中应对双重商业模式战略选择的缺陷 / 26

    四、基于价值链拆分的双重商业模式的战略选择 / 27

    五、战略选择前的价值链活动取舍问题 / 29

    六、研究应用：基于联想双重商业模式的分析 / 30

    七、结论 / 34

第三章 基于 RFID 技术的 L 时装公司供应链管理系统的构建分析 / 35

    一、引言 / 35

    二、理论基础 / 41

    三、L 时装公司供应链管理现状分析 / 48

    四、L 公司 RFID 供应链系统方案设计分析 / 53

    五、L 服装公司 RFID 方案的实施方案 / 62

六、L 服装公司 RFID 方案实施效果预测分析　/ 73

　　七、结论　/ 77

第四章　江苏省创业板上市公司成长性内部因素研究　/ 78

　　一、引言　/ 78

　　二、我国创业板市场概述　/ 79

　　三、创业板上市公司成长性界定　/ 82

　　四、评价指标选取原则及选取　/ 83

　　五、实证研究　/ 84

　　六、结论　/ 92

第五章　我国废物再生能源（WTE）项目 PPP 融资风险管理研究
　　　　——基于垃圾焚烧发电项目的案例分析　/ 94

　　一、引言　/ 94

　　二、项目概况与 PPP 融资模式　/ 95

　　三、垃圾焚烧发电 PPP 项目的融资风险　/ 99

　　四、垃圾焚烧发电 PPP 项目的关键融资风险　/ 103

　　五、上海垃圾焚烧发电 PPP 项目的案例分析　/ 112

　　六、垃圾焚烧发电 PPP 项目关键融资风险的应对策略　/ 118

　　七、结论　/ 120

第六章　资管新规背景下券商资管发展问题及路径探索
　　　　——以 D 证券公司资管为例　/ 122

　　一、引言　/ 122

　　二、资产管理行业概况　/ 126

　　三、D 证券公司资管现状及问题　/ 130

　　四、结论　/ 135

第七章　明星基金的溢出效用
　　　　——基于开放式股票型基金的实证研究　/ 140

　　一、引言　/ 140

二、理论分析 / 151

　　三、明星基金溢出效应的实证设计 / 156

　　四、明星基金溢出效应的实证分析 / 163

　　五、结论 / 177

第八章 股权结构对上市公司财务困境影响的实证研究 / 182

　　一、引言 / 182

　　二、文献综述 / 183

　　三、实证分析 / 185

　　四、结论 / 196

第九章 融资融券对我国股市波动性影响的实证分析 / 198

　　一、引言 / 198

　　二、文献综述 / 199

　　三、数据来源和研究方法 / 201

　　四、实证分析 / 204

　　五、结论 / 213

参考文献 / 216

后记 / 225

附 / 226

第一章
亨通光电技术追赶战略、路径与模式演进研究

对于民营企业而言，技术追赶战略、路径和模式选择正确与否是决定企业成败的关键。本章基于动态匹配视角，对亨通集团技术追赶战略、路径和模式演进历程进行案例分析。研究发现，企业技术追赶战略、路径和模式选择受不同追赶阶段动态环境变化影响；随着技术追赶战略、路径和模式的转变，技术创新核心要素呈集聚趋势；通过分析其技术追赶战略、路径和模式之间的动态匹配关系，构建企业技术追赶各阶段技术追赶战略、路径和模式匹配机理与技术创新核心要素集聚模型，进而分析其创新要素集聚效应。

一、引　言

苏南作为我国社会经济快速发展地区，20世纪80年代创造了闻名遐迩的"苏南模式"，为全国其他地区的发展树立了典范。20世纪90年代外向型经济发展又一次创造了奇迹。外向型发展模式将封闭的苏南与全球化有机地联系在一起，全球市场构成了苏南发展重要的外部动力。同时，苏南产业也由全套型的产业结构变为融入全球供应链式的产业结构中，廉价的劳动力资源和土地资源所构成的比较优势有力地推动了苏南社会经济的全面发展。但对处于外向型经济产业链低端环节的民营企业而言，许多企业核心技术缺乏，技术依赖度高，自主创新能力不够强，自主知识产权和自主品牌较为缺乏，国际竞争力非常薄弱。这些企业的技术创新普遍存在两方面的问题，一是重视产品制造技术，轻视技术消化吸收再创新；二是重视生产规模扩张投入，轻视新产品研发投入。因而往往陷入"合伙创业—

技术落后—引进技术—缺乏自主创新—被市场淘汰"的困境。

亨通集团在创建初期只是一家"苏南模式"的乡镇企业，但通过从引进国外技术到自主创新，从跟着别人后面跑到"中国引领"，从"中国制造"到"中国创造"，走出了一条快速超越国外技术，提升核心竞争力的"苏南模式"新型工业化集成创新道路。① 虽说学术界已普遍认为，从引进、消化、吸收到再创新确实是一条技术追赶的有效路径，但亨通集团究竟选择了什么样的技术追赶战略、路径和模式？在企业不同技术追赶阶段，其战略、路径和模式的转变和演进对企业创新要素集聚与递进有何影响？从动态匹配视角剖析其内在机制和规律性是本章研究的出发点。

在企业发展与集成创新理论体系中，创新要素是一个核心范畴。虽然学术界关于创新要素内涵和外延及其指标体系的相关研究成果颇多，但对企业技术追赶战略、路径和模式与创新核心要素之间的动态匹配关系、作用机理及集聚效应等方面仍缺乏系统性深入分析，尤其缺乏对中国特色企业技术追赶模式与技术创新核心要素变化规律的深入探讨。在中国经济日益融入全球经济体系背景下，认识这一规律对面临国际竞争的中国企业而言显得至关重要。

本章拟以亨通集团技术追赶案例作为研究对象，基于动态匹配视角深入分析其技术探索、技术跟踪、技术追赶和技术超越四个阶段技术追赶战略、路径与模式之间的匹配关系；解读其"引进、消化、吸收再创新"路径与模式，通过剖析其技术创新要素集聚与变化规律，深化和拓展集成创新理论，对我国企业技术创新实践提供理论参考。

二、文献综述

熊彼特（J. A. Schumpeter）在其1912年的著作《经济发展理论》中提出了创新要素理论，把企业创新驱动定义为一种生产函数的转移，或是一种生产要素与生产条件的新组合，其目的在于获取潜在的超额利润。他把创新概括为以下五种形式：（1）生产新的产品；（2）引入新的生产方法、新的工艺过程；（3）开辟新的市场；（4）开拓并利用新的原料或半成品的供给来源；（5）采用新的组织形式。此后国内外学者对企业集聚技术创新

---

① 黄亮. 实现"中国引领"和"中国创造"——亨通盛虹荣膺国家级工业大奖［N］. 苏州日报，2014-05-18.

要素方面进行了诸多研究。Balkin（1984）指出企业人力资源状况对企业创新的作用；Scott（1987）指出了企业所采用的多样化战略对企业创新的影响；Henderson（1994）说明了企业能力对企业创新的影响；Cohen（1996）重点强调了企业规模对创新的影响。Fransman & K. King（1984）对企业技术能力下了最早的定义。他认为技术能力包括以下要素：（1）寻找可靠的可选择技术，并决定最合适的引进技术的能力；（2）对引进技术实现从投入到产出的转换能力；（3）改进以适应当地生产条件的能力；（4）实现局部创新的能力；（5）开发适应当地的 R&D 设备的能力；（6）制定基础研究计划并进一步提高改进技术的能力。根据 Miles 和 Snow（1978）的组织结构理论，匹配可以分为战略、结构和流程 3 个层次。Douma（2000）将匹配内容划分为战略匹配、文化匹配、组织匹配、人员匹配和运营匹配 5 个维度，并认为原有良好的匹配可能会随着环境的变化而变成不匹配，因此需要有管理动态匹配的能力。

我国较早关注技术创新问题的著名学者有傅家骥（1992）、柳卸林（1993）等人。魏江、许庆瑞（1995）则在总结前人研究成果的基础上将创新分为狭义和广义两种。狭义的技术创新，是指企业针对潜在市场，抓住市场营销机会，通过研究开发活动，创造出新产品、新工艺、新的生产经营和管理方法，重新使生产经营条件、要素和组织进一步优化组合，从而建立起效能更强、效率更高、生产成本更低的生产经营系统的过程。魏江（1997）提出我国企业要提高技术能力，应不断通过学习和知识积累，实现技术引进和模仿能力、技术消化吸收能力及自主技术能力三个方面的有序提高，这三个方面的核心是企业的技术能力，即技术检测能力、技术吸收能力和技术变革能力。赵晓庆（2003）认为技术学习体现为从技术引进到仿制能力的形成、再到创造性模仿能力的形成，最后到自主创新的形成过程。郝生宾（2009）认为技术战略是企业总体战略的核心，是企业进行产品创新和工艺创新的平台，对企业的生存发展、竞争优势的建立至关重要。无论是发达国家还是发展中国家，都在努力寻求有效的技术战略管理理论和方法，以加快企业技术创新的实现进而增强企业的竞争力。吴添祖、邹钢（2001）认为制度的自主创新解放了生产力，支持了企业提升核心竞争力的活动，使得许多成功的中国企业能够快速适应经济环境，取得一定的竞争优势。以引进、消化、吸收为主的技术模仿创新使企业能够利用国内外各种生产要素和创新要素，克服企业发展所需的各种要素相对不足的矛盾，特别是技术和管理创新要素。

西宝和杨廷双（2003）将集成创新流程关键因素划分为内部资源（人力资源、研发设施和资产、财政资源、仪器设备）和外部资源（用户、供应商、学术机构、政府与管制、投资者）。相关能力包括：技术能力（研发与设计能力、改造与利用技术的能力、制造能力）、支持能力（购置能力、市场与服务能力、人力资源开发能力、集成能力）。那军（2008）认为技术创新要素是与企业技术创新活动相关的各种生产要素，包括研发资金、高技能人才、技术、知识以及包含了重要技术信息和知识的高技术产品。技术创新要素首先应考虑投入研发经费和人员。并认为技术创新并非只来源于研究与开发，企业的其他活动也与技术创新有关。杨晨、周海（2009）将创新要素向企业集聚界定为以政府为推动、以市场为引导、以提升企业的创新能力为目标，促进创新要素在企业、高等院校、科研院所、科技中介、金融机构间，呈现网络状的转移、吸纳、整合、协同、反馈等系列互动循环活动的总和。张军、金露（2011）从要素创新分析入手，循着创新活动在不同要素之间以及创新活动所处层次之间迁移的脉络，探讨了企业动态能力的形成路径，总结出"经验获得—巩固——一般化/差异化—一体化—新要素互换"的动态能力发展周期。这一发现同时预示着动态能力概念内涵时间维度，为以后研究动态能力结构及其测度提供了理论基点。王铁英（2011）认为技术创新能力是技术创新体系内可以分解的创新资源投入要素、创新管理要素、创新倾向、研究（R&D）要素、制造条件要素和营销要素等各种要素综合作用的结果。张振刚、张小娟（2014）认为企业技术创新是一项涉及多种创新要素的经济技术活动，包括思想因素、技术因素、产品因素、市场因素和组织因素等。其中，技术因素和产品因素属于技术要素范畴，思想因素、市场因素、组织因素属于非技术要素范畴。上述因素之间相互联系、相互配合、相互制约，影响技术创新活动的开展，主导技术成果商业化全过程。江永真（2014）认为创新要素向企业集聚是一个复杂的系统过程，其集聚系统是一个由集聚主体、集聚客体和集聚行为组成的开放式系统。集聚主体主要包括政府、高校、科研机构、企业、金融机构、科技中介等；集聚客体包括人才、资金、技术、政策、管理和公共服务六大创新要素；集聚行为包括吸纳获取、利用增值、反哺循环等。在创新要素向企业集聚系统中，企业处于核心地位，它既是区域创新要素集聚的载体，又是创新要素价值实现的载体。研究发现，我国区域企业创新要素集聚能力强弱与区域经济、科技发展水平有着正向关系。李辉（2013）从研究资金投入、技术人员、专利申请及授予情况、核心技术与主导产品情况、技术与工程中心情况、人才引进情况六方面研究沈阳市装备制造业科技创新要素和特征。

综上所述，国内外学者从理论、案例和实证等多方面探讨了企业技术创新的战略、路径与模式，为本章研究提供了许多有益的启示和借鉴，但现有研究成果缺乏对我国民营企业在处于技术落后、资金短缺、人才不足等一系列困难条件下，应如何选择技术追赶战略、路径和模式及其效果等进行深入分析，尤其是对企业技术追赶不同发展阶段技术创新核心要素集聚与递进规律的探讨甚少。我们认为，企业层面对技术进步路径的研究，有赖于大量的现场调研与收集数据，研究难度非常大。因此，本研究将基于动态匹配视角，分析亨通集团技术追赶战略、路径、模式及其效果，归纳亨通集团不同发展阶段技术创新核心要素集聚与递进特征，以探讨其技术创新要素集聚效应的规律性。

三、案例研究方法与资料来源

本章采取纵向案例研究方法，对亨通集团案例的数据资料收集跨度为20多年，以此梳理和归纳其不同发展阶段的技术追赶战略、路径与模式及其演变过程。本章选择案例研究方法，主要出于以下四方面的考虑：第一，通过研究亨通集团案例分析探讨民营企业技术追赶战略及变化因素；第二，探讨民营企业技术追赶路径选择及其制约条件；第三，探索民营企业技术创新模式转变机理及企业技术追赶战略、路径和模式的动态匹配关系；第四，分析亨通集团技术赶超过程中创新核心要素的集聚与演进，构建技术创新核心要素动态评价指标体系，以此构建企业追赶各阶段追赶战略、路径和模式演进与技术创新核心要素匹配机理模型，进而分析其集成创新效应。

选择亨通集团作为案例研究对象主要基于以下三方面的理由：第一，该企业成长过程真实体现出苏南经济发展的内外部环境对民营企业技术创新的影响，使得该案例在苏南民营企业中具有较高的典型性和代表性；第二，该企业在20多年的发展过程中，经历了从小到大，从技术落后到技术引进，再到技术追赶及技术超越的过程，可以较为完整地诠释苏南民营企业"引进、消化、吸收再创新"的技术追赶战略、路径与模式的演化过程，以及如何从技术落后的乡镇企业转变为技术引领的民营高科技企业的驱动因素；第三，基于苏南经济发展环境的企业技术追赶调研数据资料，解读与归纳苏南民营企业技术创新模式转变机理，有利于补充与发展民营企业技术创新理论。

亨通集团的前身是创建于1991年的吴江光电通信线缆总厂，至今已有20多年的发展历程，可供观察的案例数据资料种类繁多，文字数量较大。这一方面对于研究亨通集团技术追赶全过程提供了大量参考资料，但同时也增加了本案例研究在数据资料收集和梳理上的难度。本章案例和数据资料主要来源于以下三方面：一是笔者对亨通集团高管的访谈（包括亨通集团总裁访谈录等资料），包括访谈笔记和录音等；二是案例撰写期间，为保证数据资料真实性和完整性而进行多次补充调研；三是中国知网——全文期刊、万方数据知识服务平台——学术期刊、维普期刊资源整合服务平台、亨通集团企业官网及公开出版和刊登的相关论文及资料等。

四、案例描述

亨通集团的前身是组建于1991年的吴江光电通信线缆总厂，1994年年底，在线缆总厂的基础上组建了亨通集团，1999年集团改制成为股份制企业集团——亨通集团有限公司。该企业从一个名不见经传的乡镇企业发展到如今的亨通集团，已是一家主要从事信息通信、电力传输、地产置业、能源矿产、金融服务、资本投资、多元实业及贸易等领域的国家级创新型企业集团。其核心业务仍是通信电缆、光纤光缆、电力电缆、宽带传输接入设备及光器件等产品的生产、销售与工程服务等。2003年8月16日更名为江苏亨通光电股份有限公司，并在上海证券交易所上市。目前，亨通拥有全资及控股公司30余家（有两家公司分别在国内主板、新加坡和中国香港上市），在全国9省市和巴西设立产业基地，在24个国家和地区设立区域营销中心，产品覆盖80多个国家和地区，是中国光电线缆行业规模最大的领军企业、全球光纤通信前5强企业，连续九年入选中国企业500强、中国制造业500强、中国电子信息百强、中国通信企业50强，为江苏省重点百强企业。亨通集团的技术发展主要经历了以下4个阶段：合伙创业（从生产通信电缆起步）—引进技术（收购外商在华独资企业）—技术消化吸收（掌握制造技术）—自主创新（新设备和新产品研发）。其产品由传统产品电缆扩展到智能电网线缆、铝合金电缆、海底光电复合缆等高端创新产品领域。基于亨通集团的20多年技术发展轨迹，本章将从多维度来梳理和探究不同阶段亨通集团核心创新要素集聚与演化对亨通集团技术追赶的驱动机理（参考附表1.1）。

（一）技术合作与引进设备（1991—1995年）

从亨通集团创建初期的状况来看，1991年创业之初的吴江市光电通信线缆总厂，仅是一个投资380万元的小电缆厂。在当时只有几台陈旧设备，一台报废铁炉，还有100万元的债务。吴江县民政局和镇党委首先给予其人力、财力的支持，武汉邮电科学研究院、江苏省通信协会给予了技术支持，通过参股与合作，取得了技术和资金上的支援。当年投产当年创税87万元。当时亨通集团成为一个以生产城市电话缆、光缆和加工铜线为主的乡镇企业。

在企业经营中他们敏锐地发现，邮电通信电缆被光缆代替已经为期不远，便果断决策联合国内科研机构共同开发光纤光缆项目。但依靠当时现有国产设备，无论是产品的产量还是质量都无法满足市场需求，在当时企业技术落后、资金缺乏和人才不足等极为不利的情况下，只有选择引进国外设备作为企业技术追赶的突破口，才能从低水平技术创新研发和生产中摆脱出来，进入当时先进的技术轨道和价值链体系。因此，企业与日本妙香园公司结成合作伙伴，成立妙都光缆有限公司，先后从美国、奥地利、芬兰、德国、英国等发达国家引进几十台（套）先进生产流水线和检测仪，其生产技术迅速达到了当时的先进水平，避开了一些企业所走的单纯依靠"自主创新"的技术追赶之路。

亨通集团之所以在技术探索阶段选择技术合作与引进设备的发展路径，是因为通过直接引进国外设备，可提升该企业产品在国内市场上的竞争优势，并避免低层次企业自主创新所产生的风险，也可以高效率实现规模化生产，对国内同行形成技术竞争优势，对外资同行形成产品成本竞争优势，并为企业跟踪国际先进技术创造了有利条件。从亨通集团技术追赶战略来看，在技术探索阶段选择技术引进战略，并且将引进设备定位于"高起点、高科技、高效率、高标准和高水平"的"五高"技术战略；其技术追赶路径由原来依靠政府人力和财力支持及国内研究机构技术支持转变为通过与外资合作和直接引进先进设备；其技术创新模式采取由低层次自主创新和合作研发模式转变为高起点引进先进设备且一步到位式技术追赶模式；其技术追赶目标主要为改善工具和工艺以提高生产效率和产品质量。可以看出，这种技术追赶模式的优点是能够很快形成生产能力并进行规模生产。其缺点主要是需要大量资金，且企业不能深入了解技术的内部结构与作用机理，对国外技术源有较强的依赖性，不利于企业培养自身技术创新能力（参见图1.1和附表1.1）。

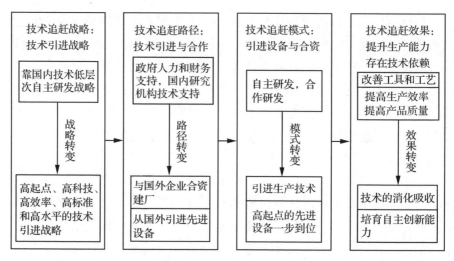

图1.1　技术合作与引进设备阶段技术追赶战略、路径、模式和效果

（二）技术兼并与消化吸收（1996—2005年）

1996—2005年为亨通集团技术消化吸收阶段，此时该企业进入生产规模快速扩张期，其先后斥资收购外商在华独资企业，进军电力传输领域，奠定了通信线缆、通信光缆、电力电缆、同轴电缆等产业格局。正当亨通集团瞄准世界先进水平，采取技术兼并、设备领先、高起点开发新产品等技术追赶战略时，宜兴一家投资超过亿元人民币，拥有世界一流生产、检测设备的专业生产通信电缆、光纤光缆的外商独资企业，因市场销路没有打开决定拍卖。亨通集团以其雄厚实力，击败所有对手，一举中标（参见附表1.1）。这一重大兼并战略的成功，开拓了亨通集团技术追赶新路径，使其生产能力达到了量的突破和质的飞跃，仅光缆生产能力就扩大了一倍多，可使年产值增加2亿多元。此时正好赶上国家加大基础设施投资以拉动经济发展的政策，取得了很好的销售业绩（参见图1.2）。企业技术兼并扩张模式可克服企业内部R&D耗用时间长，对资金、人才、知识和研发能力要求高的局限性。由于当时企业在上交所成功挂牌上市（参见附表1.1），开始实现资本经营与产业经营的良性互动，通过并购获取先进技术，对技术进行消化吸收，更有效地提升了企业的技术能力。但并购也带来了企业文化冲突、管理人员的职位安排及激励制度、对管理能力要求高等问题。

从亨通集团技术追赶战略来看，在企业技术跟踪阶段主要采取的是技术收购和兼并战略，由于在此期间亨通集团成功上市，为企业实现生产规模扩张、扩展市场占有率、引进技术人才提供了资金支持，并对企业降低成本，提升竞争力发挥了重要作用。从企业技术创新要素上看，上市筹资、技术人才引进和市场扩张为企业创新驱动提供了动力支持。

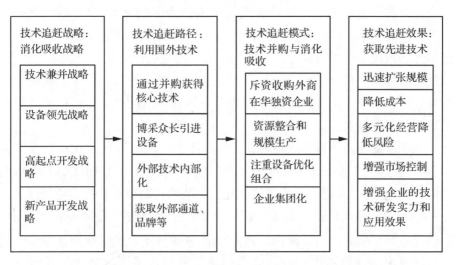

图1.2 技术兼并与消化吸收阶段技术追赶战略、路径、模式和效果

（三）技术研发与产品模仿创新（2006—2011年）

2006—2011年为亨通集团技术追赶阶段，亨通集团成立集团发展战略决策委员会，并根据企业走出吴江、冲向全国的发展目标制定了合作研发、获得自主知识产权和自主创新战略，并由模仿性新品战略向前沿技术创新和国际化战略转变。通过组建工程技术专家委员会，建立集团技术创新中

心、博士后科研工作站①,并与江苏省光电传输工程技术研究中心②合作形成多元产学研合作平台,开拓了企业技术追赶新路径,以模仿性创新突破核心技术,成功研制了光纤棒(参见附表1.1)。

2006年亨通集团已拥有30多名从事光纤光缆、通信电缆、电力电缆及光器件等领域研究的资深专家及高级工程师,并组成亨通集团工程技术专家委员会。集团技术创新中心是整个集团技术创新活动开展的管理部门,对企业技术创新进行专项研究,并严格执行"决策、指导、服务、监管、考核"五大职能。集团下设有博士后科研工作站、江苏省光电传输工程技术研究中心、省级认定企业技术中心、检测中心及各分公司技术部,已形成完善的技术创新体系,即以实施技术创新为主的基层,以设计、开发、检测为主的中层,以决策、引导、管理为主的高层。亨通集团组织和运用国内外的新技术和智力资源,与高等院校、研究院所开展"产学研"合作,加强国际科研项目合作与交流,并建立长期、稳定的合作关系,同时积极参与、组织行业会议,以保证推出适合市场新需求的产品,使产品质量检验达到国际先进水平。

从亨通集团技术追赶战略来看,其制定了"5-3-1"国际化标准(产品的50%以上销往海外;资本的30%以上为海外资本;管理团队中10%以上为国际化人才),并进一步细化国际化转型战略与路径。其技术追赶模式是"三大结合":产品经营与资本经营结合,产品多元与产业多元结合,国内市场与国际市场结合。这促进了企业在将引进技术消化吸收的基础上,进一步实施模仿性技术创新。其技术创新要素呈现多层次集聚与递进效果(参见图1.3、图1.5和附表1.1)。

---

① 亨通集团有限公司博士后科研工作站于2003年正式成立,为集团培养、吸收高层次科技人才和管理人才,促进产、学、研相结合,增强企业科技创新能力,搭建企业自主知识产权推进及技术创新平台打下了坚实基础。工作站瞄准国际光电通信领域的尖端科技,把光电通信技术进步、产品研发和产业化作为长期的发展目标,以缩小国内光电通信产业技术与世界同行业之间的差距,推进我国光电通信产业发展。

② 江苏亨通集团光电股份有限公司技术中心于2000年5月9日经江苏省经贸委认定为省级技术中心,拥有光电通信行业中研究开发试验条件领先的硬件设施和一支有较强实力的科技人才队伍,凸显了亨通集团下属公司的科技开发条件和实力。为确保亨通产品在行业中的领先地位,不断满足客户对产品质量、性能的要求,亨通集团投资数千万元引进了成套的光纤光缆、电线电缆等试验、检测设备,设备仪器先进、精密。公司还为之配备了严谨、专业的检测队伍,检测水平已达到国际先进水平,也得到相关部门和同行的认可,被国家广电总局正式确定为有线电视系统质量监督检测中心华东地区光缆监测站。

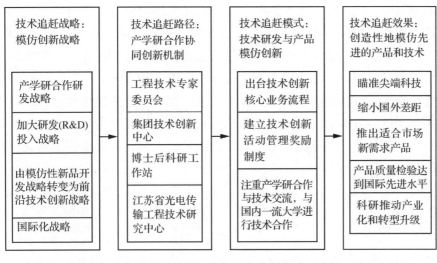

图 1.3　技术研发与产品模仿创新阶段技术追赶战略、路径、模式和效果

（四）技术超越与自主创新（2012 年至今）

2012 年至今为亨通集团技术超越阶段，该企业具体采取了加大科技投入[①]、加快科技成果转化、技术超越和开拓产品新市场等一系列自主创新战略。为应对国内光纤光缆市场供需日益失衡问题，公司提出了三大战略目标：从低端向高端转型、从国内向国际化转型、从单一产品供应商向系统集成服务商转型。[②] 进一步打造完善的亨通线缆产业链，在做大、做强主业的基础上，实现多元化发展。同时确立从生产型企业向生产研发型企业转变，从本土化公司向国际化公司转变，以国内的领先地位进入国际线缆业知名企业前列。

亨通集团通过与多种创新机构合作，构建起使得企业可加快取得创新成果并迅速实现产业化的多元协同创新机制。这不仅使企业在开拓新市场方面取得先机，同时，也成为促进区域产业转型升级的创新驱动力。在亨通集团形成的多元创新协同机制中，企业各部门之间的协同机制形成以"自主创新＋产业化＋开拓新市场"为中心的创新要素集聚与技术追赶模式，亨通集团不仅依靠研发人员开展技术创新，还构建了企业全体员工的集成创新机制，从而形成企业整体协同创新驱动合力；在企业与企业协同

---

①　2010 年至 2013 年亨通集团用于研发的支出大幅度提高，且年度科技项目投入和重大产业化项目投入增长很快，使得这些项目投产后产出额不断增加。

②　资料来源：国泰君安证券，证券研究报告，http：//www.hibor.com.cn。

创新机制中,外资企业技术溢出效应和人才溢出效应也为提升企业技术创新能力发挥了积极作用,通过企业引进先进技术、优势品牌、营销网络、研发中心和高端人才提升企业跨国经营能力;在企业与高校或研发机构之间协同创新机制中,形成以企业为主体、以市场为导向、产学研结合的开放性创新模式,当企业发展面临技术瓶颈问题时,能够集中力量开展技术攻关,积极引进高端技术,通过消化吸收再创新形成自主知识产权,并掌握核心技术和前沿先导技术及产业化应用关键技术,并取得技术创新突破(参见图1.4和附表1.1)。

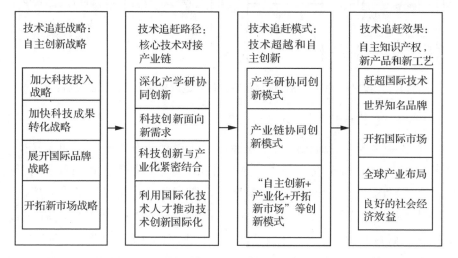

图1.4 技术超越和自主创新阶段技术追赶战略、路径、模式和效果

五、结 论

本章分析了亨通集团技术创新过程中所经历的技术合作与引进设备阶段、技术兼并与消化吸收阶段、技术研发与产品模仿创新阶段及技术超越和自主创新四个阶段,在这四个阶段中企业分别采取了技术引进、消化吸收、模仿创新和自主创新战略并通过相应路径,分别采取"引进设备与合资""技术并购与消化吸收""技术研发与产品模仿创新""技术超越和自主创新"技术追赶模式,并取得良好的技术追赶效果。其在技术追赶战略、路径和模式的动态匹配机理关系上实现了协同共生机制(参见图1.5)。

本章根据熊彼特所提出的企业创新五种基本形式[本章简称为:(1)产品;(2)设备;(3)市场;(4)价值链;(5)创新机制],通过对亨通集团技术追赶各不同阶段创新实践的过程进行梳理和分析后发现，企业在技术创新过程中，在企业技术合作与引进设备阶段，作为一家技术落后的民营企业，在其自主创新失败后，只能依靠引进国外的先进设备来解决现实产品生产问题，因此，该企业在这一阶段将低层次"自主创新"转换为"引进技术"战略，以引进设备为技术追赶突破路径，使企业产品在国内市场占据有利地位；在企业技术兼并与消化吸收阶段，其技术创新要素中除"设备和产品"外，"资本、市场和技术人才"等创新要素成为企业并购和市场扩张的驱动力；在技术研发与产品模仿创新阶段，企业创新要素中的"自主知识产权、协同创新机制、模仿创新产品"则为企业突破尖端技术发挥了重要支撑作用；在企业技术超越和自主创新阶段，技术创新要素中的"价值链融合、自主知识产权产业化、开拓新市场"等为企业技术创新和产品创新发挥了重要驱动作用。在企业技术追赶战略、路径和模式演进过程中，其技术创新要素发挥着集聚效应，并成为创新驱动动力所在（参见图1.5）。

  本章通过对亨通集团的纵向单案例研究，诠释了苏南民营企业技术追赶战略、路径、模式演化与技术创新要素集聚的影响关系，揭示了企业在不同技术追赶阶段技术创新要素的集聚与递进规律。但因产业和行业或企业的差异性，影响企业技术追赶战略、路径、模式及效果的因素众多，并对企业技术创新要素集聚和递进特征也会产生影响，因此，从其他理论视角探讨苏南民营企业技术追赶演进规律，是本研究的后续课题。

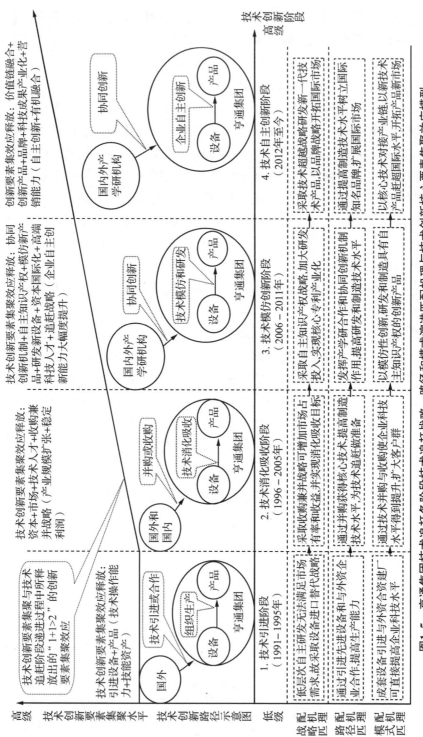

图1.5 亨通集团技术创新各阶段技术追赶战略、路径和模式演进配匹配机理与技术创新核心要素集聚效应模型

注：图中以横轴表示企业技术创新阶段，以纵轴表示企业技术创新水平。

资料来源：根据本章归纳的亨通集团技术创新演化规律编制。

附表1.1　亨通集团技术进步各阶段技术创新要素递进优势标志性典型案例援引和数据资料证据汇总

阶段案例	技术探索阶段 (1991—1995年) (TS) 特征：引进设备实现产品升级	技术跟踪阶段 (1996—2005年) (GZ) 特征：通过合作和并购实现规模化	技术追赶阶段 (2006—2011年) (ZG) 特征：通过模仿性创新突破核心技术	技术超越阶段 (2012年至今) (GC) 特征：通过自主研发实现产品创新
案例背景	1991年在一家濒临倒闭的农具厂里脱胎诞生，其前身为七都通信电线厂。从1991年380万元资产、100万元借款、26个员工筹建起，在前5年靠横向联营，由小厂发展到总厂	1996年经过半年之久的艰难谈判，收购一家马来西亚在江苏宜兴投资1500万美元并拥有世界一流生产及检测设备的专业生产通信电缆与光纤光缆的外商独资企业，完成了资本营运低成本扩张	2006年亨通决定上马光纤预制棒研制项目，并坚持投入资金6亿余元，历经近4年研发终于实现光纤预制棒核心技术的有效突破，形成了一套拥有自主知识产权的关键核心技术	2012年，亨通集团通过沉积管路分段加热及系统保温改造等73项设备改进，对芯棒延伸设备等12种设备的开发，以及通过对光纤扩产项目等34项重点项目的推进增强了公司的竞争力
产品科技水平与品牌效应（A）	【企业初创期案例】1991年亨通集团顶着极大风险，开发了光纤光缆产品，这两大产品的上市给企业带来可观的经济效益，到1993年年底该企业创产值2.5亿元，利税3500万元，固定资产达亿元	【产品规格与品种】2002年11月在京举办的中国国际通信设备技术展览会上，亨通推出含有光纤光缆、通信电缆、同轴电缆、电力电缆、光器件5大类2000多个规格品种，展示通过开发研制的崭新成果。亨通集团实施品牌三个转变：国内品牌向国际品牌转变；行业品牌向公众品牌转变；知名度向美誉度转变	【光纤棒案例】"光棒"的全称是"光纤预制棒"，是整个光通信产业链中最核心的技术。【铁路信号数字内屏蔽电缆新产品】2006年9月亨通集团接到铁道部运输局关于生产铁路信号数字内屏蔽电缆技术评审合格通知，产品开始在四个铁路局路段试用，并且使用效果较好，得到用户好评。2007年5月通过中铁铁路认证中心CRCC认证	【产品创新】2013年亨通集团获得总装司令部信息化局授予的奖牌，表彰其在天宫一号与神舟九号载人交会对接任务中所做的贡献。亨通集团作为其通信工作的供应商，为其云南、新疆测控站测控网点设计提供了多个系列光缆、尾纤等通信及电缆产品等。【光纤棒案例】2012年亨通光电的光纤棒预制棒生产专利获得国家优秀奖和国家重点新产品奖

续表

设备与生产能力（B）	【企业初创期案例】亨通花巨资从奥地利引进2台先进设备，并利用外资从日本和西欧等国购置先进生产线及检测设备，不断脱胎换骨地装备企业	【引进设备案例】1998年，崔根良带团赴日本购买设备。为确保亨通产品在行业中的领先地位，引进了成套检测设备，检测中心整体检测水平已经达到国际先进水平	【光纤棒案例】2006年亨通研制的光纤预制棒是整个光通信产业链中最核心、高附加值的产品。2011年亨通与世界500强日本古河电工签署战略协议，并购古河电工（西安）光电通信有限公司	亨通集团开发出能够生产包括低压到超高压全系列电缆，海底光电复合缆及海底光缆，海底超高压电缆等在内的设备。亨通超级光棒创三项世界第一，是国内唯一具备自主研发制造工艺的企业
市场与价值链（C+D）	【企业初创期案例】1992年，刚捕捉到邮电通信电缆市场日趋饱和，始由光缆取而代之的信息，便与邮电部武汉邮科院合资光缆项目，一举填补省内该项空白，迎合了全国有线电视网大规模建设之需	【合资案例】2004年亨通与日本企业藤仓株式会社合资成立了江苏阿尔法光纤有限公司，生产光纤，年底投产，产品60%由藤仓包销海外，向产业链上游进发。后又与藤仓合资成立江苏亨通光电科技有限公司，生产电力通信光缆，延伸亨通光缆产业链	【光纤棒案例】长期以来其核心技术一直被日、美等国掌握，国内光棒市场90%以上产品依赖进口，而光通信产业链中，70%的利润集聚在光棒上。2010年6月与美国OFS公司合资，成立江苏奥维信亨通光学科技有限公司，研发光纤棒	【市场与价值链】亨通已在全球18个国家和地区设立营销中心，产品进入80多个国家和地区，初步构成海外营销网络架构，海外营收年增50%以上。2014年亨通集团以综合布线、4G基站、数据中心、电梯电缆、轨道交通用线缆五大解决方案抢滩全球市场
协同创新机制与国际合作（E）	【企业初创期案例】1992年吴江光电通信线缆总厂与武汉邮科院联合建成长江光缆有限公司，利用外资从芬兰、日本等国进口四条生产线。1993年与日本妙香园株式会社合资，成立吴江妙都光缆有限公司	【产学研合作案例】2003年亨通集团博士后科研工作站正式成立。为集团吸收高层次科技人才，促进产学研合作，增强科技创新能力。2004年，亨通在与国际电磁科学院浙江大学分院友好合作的基础上，签订了双边长期科研合作协议	【光纤棒案例】集团又分别与上海光学精密机械研究所签署了"合作开发光纤光棒意向书"；与北京大学及清华大学签署了"光纤放大器EDFA技术"的合作合同书和合作协议书；与复旦大学签署了"1.55m分立式拉曼光纤放大器研究"技术开发合同等	【协同创新机制构建案例】亨通集团协同创新机制发挥重要作用，包括企业各部门之间协同创新机制、与其他企业之间的协同创新机制、企业与高校或研发机构之间的协同创新机制以及与政府部门和金融机构的协同创新机制

续表

资本与投资（F）	【企业初创期案例】1991年亨通集团前身七都通信电线厂为380万元资产、100万元借款的企业	【融资案例】2003年8月16日更名为江苏亨通光电股份有限公司，并在上海证券交易所上市	【融资案例】2006年5月亨通集团旗下线缆科技有限公司在新加坡联合交易所成功上市，2010年12月又在中国香港联交所成功上市，成为国内首家跨境外两地上市企业	【投资案例】2012年在巴西设立海外第一家工厂。公司借助资本市场外延并购，布局新兴产业的规划逐步明确，移动互联网、大数据、物联网均成为目标拓展领域
科技人才（G）	【企业初创期案例】企业员工从当初不满100人增加到目前近3 000人，其中大部分人员在不同创业阶段经历了各种锻炼。企业像所学校一样孵化人才，对进厂的大中专生，先放到生产第一线干半年，由人事部门全面考察；再选育一批有真才实学者出去深造，回来委以重任；同时，严格厂内绩效考核制度，抓好人才资源开发	【人才优胜战略实施】一是外引，欲显一流专技，先聘一流专才。已聘享誉全国的专家、学者近20名，连光电学术界最具权威的多位两院院士也请来当高参。二是内育，企业像所学校，对进厂的大中专生先放到一线考查，再选送出去培训研学，同时通过人本管理造就一批企业家、骨干和能人，呈现出数名院士、数十名高工教授、数百名大中专生以及数千名熟练技工的金字塔型人才结构，使集团在技术开发、企业管理、金融外贸和文化建设诸方面遥遥领先于国内同行	【铁路信号数字内屏蔽电缆研发团队构建】2006年面对国家通信和铁路建设发展的机遇，亨通集团不断加强研发队伍建设和科技投入，集团已成立了由中国科学院、工程院七名院士担纲，数十位专家组成的发展战略智囊机构；建立了国家级企业博士后科研工作站和省级工程技术创新中心；坚持走产学研联合之路。当时企业从事研究开发铁路信号数字内屏蔽电缆的员工中有60%以上人员具有高、中级技工职称。这些科技人员构成了亨通集团强有力的研发团队	【构建高端人才集聚平台】亨通集团先后建成了集国家级技术中心、国家级博士后科研工作站、江苏省光电传输工程技术研究中心、江苏省院士工作站四项功能于一体的研发载体。其中，国家级技术中心，主要承担前沿技术及科研成果转移形成产业化的任务；国家级博士后科研工作站，则是从理论上培养尖端人才的工作基地；江苏省光电传输工程技术研究中心，主要从事产业化技术研究；江苏省院士工作站，可以吸引各类专家、学者、科研人员进驻，为他们提供工作平台

续表

技术研发水平与专利（H_x）	【企业初创期案例】20世纪80年代末，崔根良从部队回到地方，接手管理负债120万元的濒临倒闭的农机厂，该厂是"无资金、无设备、无技术人员"的三无企业	【发明和专利】截至2005年年底，亨通集团共申请专利76件，其中发明专利4件，已授权专利54件，且所有申请专利（包括受理与授权专利）应用率达100%	【专利和项目】参与国家及行业标准制定近60项。获国家授权专利398项，专利总数居全国同行第一，并先后承担了50多项国家、省部级新产品及技术攻关项目	【技术水平】亨通研发的七类电缆，传输速度是普通电缆的6倍。理想状态下，下载一部600兆的电影只需1秒钟。2014年藤仓亨通参编《江苏省城市轨道交通接触网线系统工程质量验收规范》
知识产权产业化（H_y）	【企业初创期案例】企业制定"高起点、高科技、高效率、高标准和高水平"发展的"五高"方针。1992年与邮电部武汉科院合资光电项目，1993年又与日本妙香园株式会社合资，成立吴江妙都光电股份有限公司，快速扩大光缆生产。1994年组建省级亨通集团，1995年亨通集团电缆销售跃居同行首位	【新产品研发生产资料】2001年至2005年集团完成的新产品开发数分别是6件、9件、13件、22件、31件，共计81件，其中专利产品58件。企业以国际ISO9002为标准，在生产过程中，每个车间设质检站，层层严把质量关，多年没有一件产品因质量问题与用户交涉，产品合格率达到100%	【光纤棒案例】"光纤预制棒"是整个光通信产业链中最核心的技术，被誉为"光纤之母"。长期以来，这项核心技术一直被美国、日本等国牢牢掌控，造成国内90%以上光棒依赖进口，而整个光通信产业链中，70%的利润集聚在光棒上。亨通却靠自主研发的光棒有效破解了这一难题	【制造工艺】2013年亨通相继完成了光棒产业化流程设备、制造工艺及软件控制的自主研发，从80毫米向200毫米大口径及大长度预制棒及配套拉丝技术不断冲刺。【技术创新】2013年亨通集团成功研发出200/245μm耐高温150℃特种光纤新品，各项指标均达到国际同类产品水平
企业营销能力（I）	1991年创建吴江市光电通信线缆总厂，创业之初仅是一个投资380万元的小电缆厂。当年投产当年创税87万元。此时亨通集团成为一个以生产城市电话缆、光缆和加工铜线为主的乡镇企业	亨通集团公司以其雄厚实力，击败所有对手，一举中标（参见附表1.1）。这一重大兼并战略的成功，开拓了亨通集团技术追赶新路径，使其生产能力达到了量的突破和质的飞跃，仅光缆生产能力就扩大了一倍多，可使年产值增加2亿多元	在2008年，亨通集团创造性地制定了"5-3-1"国际化标准（产品的50%以上销往海外；资本的30%以上为海外资本；管理团队中10%以上为国际化人才），并进一步细化国际化转型战略目标与路径	在亨通集团各部门之间形成协同机制，形成以"自主创新+产业化+开拓新市场"的创新模式，通过企业引进先进技术、优势品牌、营销网络、研发中心和高端人才提升企业跨国经营能力

续表

		亨通集团明确以发展竞争力为跨地区、跨行业、跨所有制和跨国经营的企业战略目标，坚持体制创新、人才创新、技术创新、市场创新、机制创新。在生产要素优化组合中，重新构造能对市场变化及时做出反应的运行机制，提高企业自身综合竞争力	2006—2011年为亨通集团技术追赶阶段，亨通集团成立集团发展战略决策委员会，并根据企业走出吴江、冲向全国的发展目标制定了产学研合作研发、获得自主知识产权和自主创新战略，并由模仿性新品战略向前沿技术创新和国际化战略转变	2012年至今为亨通集团技术超越阶段，该企业具体采取加大科技投入、加快科技成果转化、进行技术超越和开拓产品新市场等一系列自主创新战略，围绕"从低端向高端转型、从国内向国际化转型、从单一产品供应商向系统集成服务商转型"的三大战略目标
技术追赶战略（J）	【技术追赶战略】从亨通集团技术追赶战略来看，在技术探索阶段由原来的自主创新战略转变为技术引进战略，并且将引进设备定位于"高起点、高科技、高效率、高标准和高水平"发展的"五高"技术战略			

资料来源：根据张文礼，冯峰．崔根良 走国际化道路做国际化企业［J］．中国机电工业，2012(7)；李仲勋．亨通集团"6亿元换一根光棒"带来启示——给自主创新"惊险一跃"搭上起跳板［J］．江苏企业管理，2011(7)；柯小荣．亨通集团：实施"三步走"战略国际化经营初具规模［J］．江苏企业管理，2013(9)；黄亮，孙军．亨通超级光棒创三项世界第一［N］．苏州日报，2014-12-24，A07．

附表1.2　2010年年度至2013年年度亨通集团研发（R&D）费用支出情况表

（单位：万元）

年度	本期专利权余额	技术研发人员工资福利费用支出	研发支出合计	研发支出总额占净资产比例	研发支出总额占营业收入比例	本年科技项目数，金额	本年重大产业化项目数，投入额	项目投产后本年产出额
2010	388	8 507	10 292	4.41%	1.98%	9项，8619	9项，36 977	512 322
2011	388	9 999	18 652	7.43%	2.79%	3项，7628	13项，38 011	662 890
2012	388	10 140	30 993	11.01%	3.97%	38项，13 655	13项，62 384	769 504
2013	388	13 004	34 956	11.19%	4.07%	21项，11 505	12项，42 194	850 867

资料来源：根据江苏亨通光电股份有限公司（上市代码：600487）2010年年度至2013年年度报告计算整理编制。

注：本章将本期专利权余额视为亨通集团在技术探索阶段和技术跟踪阶段用于技术

引进、技术收购和技术兼并的专利投入；引进技术的消化吸收指对引进技术的掌握、应用、复制而开展的工作，以及在此基础上的创新。引进技术的消化吸收经费支出包括：人员培训费、测绘费、参加消化吸收人员的工资、工装、工艺开发费、必备的配套设备费、翻版费等。技术研发人员工资福利费支出中属于科技活动的经费支出计入企业科技活动经费（R&D）支出中。本章以江苏亨通光电股份有限公司2010年至2013年年度报告中"管理费用"栏目的"工资福利费"项作为技术研发人员工资福利费用支出；以年度制造业营业收入作为"项目投产后本年产出额"。其他数据均使用该企业年度报告中的名称。

第二章 基于价值链拆分的双重商业模式的战略选择

许多大公司不断受到"战略创新者"（Strategy Innovators）的挑战。这些挑战者以全新的商业模式作为武器，将大公司逼到了一个两难的境地——引入新的商业模式，或许可以获得潜在的增长机会，而代价却是新旧两种商业模式之间的冲突。[1] 另一方面，企业无论是做消费市场，还是商用市场，在发展到一定阶段后，都会试图在两类市场同时出击，收获最大的利益。然而，事实上要把两块市场同时做得很成功是非常困难的，因为两类市场的运行规则并不一致，导致它们对企业的产品设计、生产、销售乃至文化都有不同的要求。[2]

无论是为了抵御对手而在原有商业模式的基础上引入第二种新的商业模式，还是为了扩大市场而采用面对消费和商用两种市场的商业模式，这些企业都面临着双重商业模式（Dual Business Model）下的战略定位问题。事实上，在当前的经济环境下，双重商业模式或者说多重商业模式，对于很多企业来说不是有或者无的问题，而是程度的问题。所以，"双重商业模式是否必然会导致冲突？""企业如何能够在两种商业模式下游刃有余？"这些都是现实而且紧迫的问题。

一、研究思路与命题提出

本章的思路根据下面所提出的四个命题的逻辑顺序展开。

---

[1] Constantinos Markides & Constantinos D. Charitou. Competing with dual business models: A contingency approach [J]. *Academy of Management Executive*, 2004, 18(3): 1 – 10, 22.

[2] 陈宏, 童春阳, 白立新. 联想的双模式之道 [J]. 商业评论, 2009(1): 1 – 14. www.hbrchina.org.

首先我们分析两个极端案例，即大陆航空公司（Continental Airline）和新加坡航空公司（Singapore Airline），它们同样处于竞争激烈的航空业，同样采用了双重商业模式，但是结果却截然不同。由此提出命题1。

命题1：双重商业模式并不必然导致冲突甚至失败。

然后，我们对现有文献中关于双重商业模式的处理策略进行分析，发现多数文献争论的焦点是双重商业模式是应该分还是合，但是真正的问题不在于分还是合，而是哪些部分应该分，哪些部分应该合。由此提出命题2。

命题2：双重商业模式处理策略不应该只是简单的分与合。

我们根据价值链的9种活动，对双重商业模式的战略重新进行划分，取代了高度整合的单一分与合的战略选择。由此提出命题3。

命题3：基于价值链拆分的双重商业模式战略选择是可行的。

基于价值链的拆分只是其中的一种拆分方式。该种方式适用于拥有较完整价值链的企业，对于那些集中于价值链某个环节的企业来说，该种战略选择的分析框架并不合适，所以可以根据商业模式的构成要素来进行另一种拆分。由此我们提出命题4。

命题4：分与合的策略的拆分方式可以基于商业模式的构成要素。

二、双重商业模式战略选择的前提

双重商业模式战略选择的前提是两种商业模式有共存的可能性。因为如果这两种商业模式放在一起无论如何都是要冲突的话，那么无论提供什么战略选择都是无效的。

Porter认为在同一市场任何一种采取双重商业模式的尝试都会因冲突而失败（商业模式之间的冲突和更深层次的价值链之间的冲突），大陆航空公司就是一个失败的典型例子。[①] 该公司在新航线 Continental Lite 中采取和西南航空公司（Southwest Airline）一样的模式，不仅取消了餐饮和头等舱服务，而且还增加了航班班次，降低了票价，缩短了泊机的时间。但是大陆航空公司还保留了原有的商业模式，即在其他航线上仍然坚持全面服务，继续和旅行社合作并采取混合集群，继续提供行李托运和指定座位服务。新旧模式的冲突导致了它最后不得不放弃对西南航空公司的模仿。但与大

---

① Porter, M. E. What is strategy？ [J]. Harvard Business Review, 1996, November-December: 61-78.

陆航空公司相反，新加坡航空公司却是一个成功的例子。①新航建立了Silkair这样一个分支，以便在低票价、点对点的细分市场上竞争。Silkair 拥有9架飞机，每周在26个地区飞行117个班次，取得了巨大的成功。新航成功地使得Silkair盈利，并且成为其网络战略的一个有机组成部分。

同样是航空公司，也同样采取高端和低端两种商业模式，结果却截然不同，这至少可以说明双重商业模式在现实中并不总是意味着冲突和失败。为了在更大范围上来证明双重商业模式的可行性，本章进行了文献梳理，整理出30个国内外②采取双重商业模式的公司（见表2.1）。表2.1中最后9个加灰底的公司是失败的案例。从整理的文献来看，有21个公司是双重商业模式成功的案例，至少说明失败的根源并非是双重商业模式。事实上，尽管Porter认为大多数公司对于双重商业模式的尝试会导致失败，但他也提出想通过行业内拓展寻求增长的企业可以依靠相互独立的业务单元来控制双模式战略上的风险，这些独立的业务单元都有自己的品牌和相应的活动。③这是下文分析的前提。因为如果双重商业模式总是意味着失败的话，任何战略选择都是徒劳的。

表2.1 双重商业模式的案例梳理

公司名称	双重商业模式	所属行业
新加坡航空（Singapore Airline）	点对点型低端航运模式（point to point）并设立Silkair	航空业
	辐射型高端航运模式（hub to spoke）	
丰田（Toyota）	低端品牌	汽车
	高端品牌（Lexus）	
梅赛德斯（Mercedes）	低端品牌	汽车
	高端品牌（Mercedes A-class）	
大众（Volkswagen）	高端品牌（Audi）	汽车
	低端品牌（Seat）	

---

① Porter, M. E. What is strategy? [J]. *Harvard Business Review*, 1996, November-December: 61–78.

② 由于国内对于双模式的研究还刚刚兴起，相关的文献极少，所以关于中国企业双模式的文献只有2009年陈宏等关于联想双模式之道的论述。

③ Porter, M. E. What is strategy? [J]. *Harvard Business Review*, 1996, November-December: 61–78.

续表

公司名称	双重商业模式	所属行业
英特尔（Intel）	低端品牌（Celeron）	IT
	高端品牌（Pentium）	
Gap	Gap 系列	服饰
	Non-Gap 系列	
SMH 集团	低端品牌（Swatch）	手表
	高端品牌	
雀巢（Nestle）	低端品牌（Nescafe）	快速消费品
	高端品牌（Nespresso）	
兰斯伯银行（Lan & Spar Bank）	直销模式（通过电话、传真、网络）	银行
	传统的网点	
汇丰银行（HSBC）	直销模式（通过电话、传真、网络）（First Direct）	银行
	传统网点（Midland）	
爱德华-琼斯（Edward Jones）	在线交易模式	证券零售
	客户关系型模式	
美林（Merrill Lynch）	在线交易模式（Unlimited Advantage 和 Merrill Lynch Direct）	证券零售和投资银行
	传统模式	
吉列（Gillette）	一次性刀片	刀片
	传统的刀片	
嘉信理财（Charles Schwab）	在线模式（e. Schwab）	证券零售
	传统网点（Charles Schwab）	
乐购（Tesco）	在线模式（Tesco. com）	连锁超市
	传统网点（Tesco）	
联想（Lenovo）	T 模式	IT
	R 模式	
道康宁[i]（Dow Corning）	高端模式（包括提供附加的技术服务等）	有机硅
	低价模式（Xiamter）	
Journal of Medical Internet Research[ii]	免费模式（在网络上所有文章都免费）	出版商
	付费模式（对会员提供增值服务）	

续表

公司名称	双重商业模式	所属行业
Freeplay[ⅲ]	Freeplay Energy Group（向穷人提供技术）	提供技术
	Freeplay Foundation（向前者提供资金）	
www.sunvalleyonline.com[ⅳ]	新闻信息业务模式（a news-and-information business）	网络媒体
	分类业务模式（a classified business）	
戴尔（DELL）[ⅴ]	低成本，以分散的客户为中心模式	IT
	向集团客户（普华、毕马威）服务模式	
大陆航空（Continental Airlines）	点对点型低端航运战略，并设立Continental Lite	航空业
	辐射型高端航运模式	
英国航空（British Airways）	点对点型低端航运模式，并设立GO	航空业
	辐射型高端航运战略	
荷兰皇家航空（KLM）	点对点型低端航运战略，并设立Buzz	航空业
	辐射型高端航运战略	
IBM	低端品牌（Ambra）	IT
	高端品牌	
英国国民西敏寺银行（NatWest Bank）	直销模式（通过电话、传真、网络）	银行
	传统的网点	
第一银行（Bank One）	直销模式（通过电话、传真、网络）	银行
	传统的网点	
露得清（Neutrogena）	高端模式（只在药店销售）	清洁用品
	低端模式（象牙香皂 Ivory Soap）	
美泰克（Maytag）	专注于经久耐用的洗衣机和洗碗机	家电
	全面进军冰箱和厨房领域	
ANC汽车租赁公司[ⅵ]	专注于商务旅行者业务的国家汽车租赁公司（National Car Rental）	汽车租赁
	专注于休闲旅行者业务的阿拉姆汽车租赁公司（Alamo Rent-a-Car）	

资料来源：除了表中加注释的公司的资料之外，其他资料都来自 Constantinos Markides & Constantinos D. Charitou. Competing with dual business models：A contingency approach［J］. *Academy of Management Executive*，2004，18（3）：22-36.

三、文献中应对双重商业模式战略选择的缺陷

同样是双重商业模式，表 2.1 中有 21 家成功而 9 家失败，至少说明失败并不是双重商业模式本身的问题，而是采取的战略举措正确与否的问题。这部分对应的是命题 2，即双重商业模式处理策略不应该只是简单地分与合。

对于双重商业模式应该采取何种战略，许多学者认为应该将两种商业模式分开，放到不同的组织中去。[1][2][3] 因为一个简单的逻辑是，现有商业模式中的员工和管理人员都将新的商业模式看作是以他们组织的损失为代价而引入的，所以他们就有动机去限制和扼杀新的商业模式，导致两个商业模式无法共存。但是硬将两个商业模式分开，也会使新的商业模式无法从原有商业模式中获取有用的资源，降低了自身的活力。[4] 更糟糕的是，如果因为双重商业模式问题而把一部分剥离出去，那么将来它们要合并就困难了。[5]

鉴于这样的情况，Markides 和 Charitou 根据两种商业模式之间的冲突性质和两种商业模式相似度这两个维度，划分出四个象限，提出了四种情境下的应对双重商业模式的战略。[6]

但是四象限划分过于简单，连 Markides 和 Charitou 自己都承认，双模式的问题不是"两种模式应该分还是合"，而是"哪些价值链活动应该分，而哪些应该合"。多数 PC 厂商在学习戴尔时，多是简单地引入了网上或电话销售等直销方式，但后端从研发到生产和服务的价值链各环节仍保持大规模生产模式，难以快速响应大客户对 PC 的定制化要求，这种不进行后端

---

[1] Christensen, C. M. *The Innovator's Dilemma*: When New Technologies Cause Great Firms to Fail [M]. Boston: Harvard Business School Press, 1997.

[2] Burgelman, R. & Sayles, L. *Inside Corporate Innovation* [M]. New York: Free Press, 1986.

[3] Gilbert. C. & Bower, J. Disruptive change: When trying harder is part of the problem [J]. *Harvard Business Review*, 2002, May: 94 – 101.

[4] Day, J. D. et al. The innovative organization: Why new ventures need more than a room of their own [J]. *The McKinsey Quarterly*, 2001, 2: 21.

[5] Iansiti, M., McFarlan, F. W. & Westerman, G. Leveraging the incumbent's advantage [J]. *Sloan Management Review*, 2003, Summer, 44(4): 58.

[6] Constantinos Markides & Constantinos D. Charitou. Competing with dual business models: A contingency approach [J]. *Academy of Management Executive*, 2004, 18(3): 22 – 36.

价值链环节改造，单纯在前端销售环节尝试双模式的做法必然走向失败，这还给业界留下戴尔直销神话不可复制的假象。同样的，不从整个价值链拆分的角度分别对各个环节进行战略分析的话，高度整合的四个象限的战略对策是很难有效的。

四、基于价值链拆分的双重商业模式的战略选择

国内外许多学者在定义企业商业模式的时候，或多或少会提及企业的价值链。Rappa[①]认为，商业模式规定了公司在价值链中的位置，并指导其如何赚钱。Rappa进一步指出，商业模式明确了一个公司开展什么样的活动来创造价值，在价值链中如何选取上游和下游伙伴以及与客户达成产生收益的安排类型。Thomas[②]认为，商业模式是开办一项有利可图的业务所涉及的流程、客户、供应商、渠道、资源和能力的总体构造。Dubosson等[③]认为，商业模式是企业为了进行价值创造、价值营销和价值提供所形成的企业结构及其合作伙伴网络，以及产生有利可图且得以维持收益流的客户关系资本。另外高闯和关鑫[④]在研究商业模式创新的实现方式与演进机理的时候，也提出了基于价值链的创新，所用的价值链理论是以企业基本价值链（波特定义的经典价值链）为基础，运用其在整条产业价值链上的不同变动方式及其自身基础价值活动的创新来解释企业如何实现商业模式的创新。这部分对应的是命题3。

本章所指的价值链指企业基本价值链，按照波特的"价值链分析法"，企业的价值活动可以分为基本活动（Primary Activities）和辅助活动（Support Activities）两类。其中基本活动包括内部物流、生产作业、外部物流、市场营销、服务五部分，辅助活动包括企业基础设施、人力资源管理、技术开发和采购四部分。[⑤] 结合Markides和Charitou的四个象限的划分，本章

---

① Rappa, M. The Utility business model and future of computing services [J]. *IBM Systems Journal*, 2004, (1): 32 – 34.

② Thomas Powell. Competitive advantage: Logical and philosophical considerations [J]. *Strategic Management Journal*, 2001, 22(9): 875 – 888.

③ Dubosson, M., A. Osterwalder & Y. Pigneur. E-business model design, classification, and measurement [J]. *Thunderbird International Business Review*, 2002, 44(1): 5 – 25.

④ 高闯，关鑫. 企业商业模式创新的实现方式与演进机理——一种基于价值链创新的理论解释 [J]. 中国工业经济, 2006(11): 83 – 90.

⑤ Porter, M. E. *Competitive Strategy* [M]. New York: Free Press, 1980.

提出价值链的每个环节都需要分别进行分析，然后采取合适的战略，而且每个价值活动采取的战略选择可以不相同，即在某个价值链环节两种商业模式采用融合型战略，而在另一个环节采用剥离型战略。具体情况见图2.1。

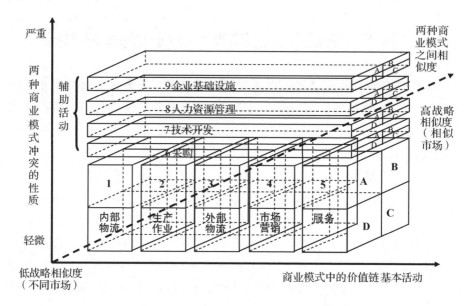

图 2.1　双重商业模式的不同战略选择模型

资料来源：作者绘制。

如图 2.1 所示，根据两种商业模式冲突的性质和两种商业模式之间相似度两个维度划分出四个战略选择。

1. 剥离型战略（Separation Strategy）

当两种商业模式之间冲突很大，而且两种商业模式之间的协同效应也很小的情况下，剥离型战略是比较好的选择。表 2.1 中的雀巢（Nestle）和汇丰银行（HSBC）就是采取该战略的成功例子。

2. 分阶段融合型战略（Phased Integration Strategy）

当一种商业模式服务的市场和另一种商业模式存在战略上的相似性，但是两种商业模式之间存在冲突时，分阶段融合型战略是比较好的选择。这种情况下，最好将两种商业模式先分开一段时间，然后将两种商业模式慢慢融合，以减小冲突。表 2.1 中的兰斯伯银行（Lan & Spar Bank）和嘉信理财（Charles Schwab）就是采取该战略的成功例子。

3. 分阶段剥离型战略（Phased Separation Strategy）

虽然两种商业模式之间的冲突不严重，但是这两种商业模式服务的市场具有本质上的不同，在这种情况下分阶段剥离型战略是比较好的选择。一开始的时候，新的商业模式最好在原来的组织中建立，以最大限度地利用原有商业模式的资产和经验，待时机成熟后，将两种商业模式进行分离。表2.1中乐购（Tesco）就是采取该战略的成功例子。

4. 融合型战略（Integration Strategy）

当两种商业模式之间冲突很小，而且两种商业模式之间存在很大的协同效应的情况下，融合型战略是比较好的战略选择。表2.1中的爱德华-琼斯（Edward Jones）和美林（Merrill Lynch）就是采取该战略的成功例子。

每个价值链活动有四种战略选择，根据排列组合，整条价值链的双模式战略选择一共有 $(2\times2)^9$ 种，即 262 144 种战略选择。

五、战略选择前的价值链活动取舍问题

上述分析基于的前提是两个商业模式都具有完整的价值链，但是在目前经济环境下曾经稳定的价值链开始被压缩、断开和重新整合，同时利润和生产力比以前更加频繁、迅速地沿着价值链移动。对于该变化趋势，上文基于整条价值链的分析就显得并不十分合适。所以在分析各价值链环节的四种战略之前，需要对整体价值链中的各个环节进行分析，只保留具有高度竞争力的价值活动，剩下的都进行外包。这样对价值链进行清理之后再进行四种战略选择则显得更加切合实际，具体步骤如图2.2所示。

图2.2中，矩阵 A 的每一行都表示一条完整的价值链的9个环节，用1到9表示，一共有 n 条价值链，即存在 n 种商业模式（$n\geqslant2$）。初始状态下，每条价值链都是完整的，用1表示价值链环节存在；如果该环节由于外包等原因而不存在，则用0表示。价值链环节矩阵 A' 中既有1也有0，说明有些没有竞争力的价值链环节已经由于剥离而不存在了。最后我们分析每个价值链环节，若该环节仍然存在两个及以上的商业模式，则使用上面所说的四种战略。

另外，企业价值活动的竞争优势以及不同模式间冲突的性质和相似度使企业商业模式可能在一段时间内保持相对稳定，但在经济租金的驱动下，在外部经济、政治、文化和技术环境的影响下，这些条件都会发生改变，

所以需要不断地根据图2.2中的步骤对n重商业模式战略进行动态调整。

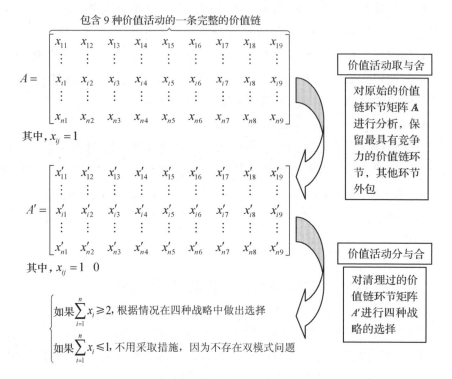

图2.2 双重商业模式的战略选择模型的扩展

资料来源：作者绘制。

六、研究应用：基于联想双重商业模式的分析

所谓联想双模式就是在联想一家公司内同时运营关系型模式（Relation Model，简称R模式，以渠道为核心并针对消费市场）和交易型模式（Trade Model，简称T模式，以大客户为对象并针对商用市场）。联想双模式不是前端客户销售方式的简单划分，而是基于出色的组织能力，以两种模式的关键成功因素为基础打造出分别针对R模式和T模式采购习惯的两条完整价值链，并以分与合的高超艺术，实现了两条价值链在所有可互通环节最大限度地共享资源（如部件、生产线、人力资源、推广和服务体系等），以协同效应打造出超越单纯T模式和R模式的竞争优势。到2007财年，联想大中华区的R业务和T业务分别比2004年增长了105.7%和115.3%。而联想集团能够在2008年跻身世界五百强，双业务模式功不

可没。

（1）合理区分。联想准确把握了两类客户的不同需求①，采用大批量生产和渠道销售来服务交易型客户，而用小批量生产和客户代表销售来服务关系型客户。与此同时，联想还在产品研发、营销、服务和人力资源等诸多环节对两种模式进行了细致区分。②

（2）有效整合。为了实现双模式的协同效应，提升效率，联想的两种业务模式除了进行合理区分外，还在诸多环节上进行了融合③，包括销售与服务、生产安排、企业传播、绩效考核和供应链管理。

基于陈宏等关于联想双模式的论述，结合文中的理论分析，案例中虽没有提及联想对价值链活动的取舍，但可以推断联想是拥有一条相对完整的价值链的，所以图 2.2 中的第一步骤就不需分析。下面我们对联想的价值链上的各部分进行双模式的战略分析，见图 2.3（虽然陈宏等关于联想双模式的价值链环节的分和合与价值链 5 个基本活动和 4 个辅助活动并不是严格对应的，但我们还是可以根据他们的分析做出图 2.3）。当然联想的战略选择只是 262 144 种可选战略中的一种，是联想根据自身的资源和能力，以及外部环境做出的正确的双模式战略。图 2.3 中所示的 ABCD 四种战略位置和图 2.1 中相同。

联想的双模式战略选择为：

C1 + A2（C2）+ C3 + A4（C4）+ A5 + A6 + A7 + A8（C2）+ C9

为了简洁起见，图中将 9 种价值链活动放在一条直线上，有色模块就是该价值链环节选择的战略。图 2.3 中 1 到 9 这 9 个数字分别代表图 2.1 中所标注的企业价值链上的 5 个基本活动和 4 个辅助活动。其中，深色的立方体表示在该价值链活动中本战略是主要战略，而浅色则表示辅助战略。具

---

① 消费类客户更看重产品价格和外观，在购买时需要得到店员更多的介绍和辅导，希望能够现场体验和购买现货；而商用类客户更注重产品的定制性、安全性、稳定性和服务的特殊性，需要与 PC 厂家进行直接沟通。

② 例如，对消费类客户的营销主要侧重于大众层面，通过产品说明书、彩页等形式由渠道完成；对商用类客户的营销，则主要通过参观、电话销售、直邮等直销手段，让客户感受联想的管理和服务水平，对联想产生信任。在激励机制上，对 T 模式销售人员综合考虑团队绩效和个人绩效；而对 R 模式，主要考虑个人绩效。

③ 例如，除特殊部件外，R 模式的通用部件将和 T 业务所需部件合并采购，并且同样由供应商管理库存。这不仅可以增强购买这些部件的谈判能力、降低采购成本，而且能分担 R 模式部件的库存风险。在销售和服务方面，大客户部负责建立关系，很多支持业务则由渠道完成。大客户部还可以和渠道合作共同开发新的大客户。

体情况见下文论述。

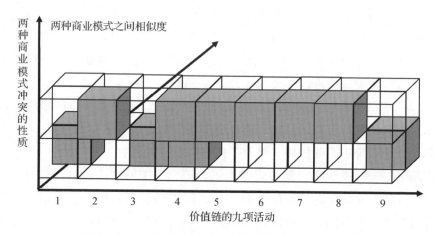

图 2.3 联想基于价值链各基本活动分别采取的对应战略

资料来源：作者绘制。

由图 2.3 可见，两种模式有着截然不同的关键成功要素。为了满足两种模式的不同要求，联想首先对价值链上内部和外部的各个环节都做了适当区分，发挥各自特点。为了实现双模式的协同效应，提升效率，联想的两种业务模式还在诸多环节上进行了融合，充分发挥其互补作用和规模效应。具体 9 种价值链活动的战略选择如下：

（1）内部物流——C 战略。在 T 模式和 R 模式中，联想和上游共享生产与库存信息。除了 CPU、内存和电池外，其他部件库存都由供应商管理。

（2）生产经营——主要是 A 战略，也会利用 C 战略。在联想大中华区三个主要工厂的生产计划上，R 模式和 T 模式的产品生产在很大程度上是分开的。①虽然原则上两种模式是按照不同流程来组织生产的，但有时 R 模式所需产品在备料、流程上与 T 模式存在一定相似性，只要规模足够大，也可以安排在流水线生产以利用流水线的成本优势。

（3）外部物流——C 战略。如果遇到有些大客户订单不能及时供货，渠道正好有所需产品时，渠道会协助供货。这时，渠道的库存对 R 模式也起到支持作用。T 模式的渠道伙伴会协助大客户部一起完成一些本地工作，如配合大客户部销售，帮助大客户完成诸如远程教育、电子教室、安装调

---

① 比如，北京厂同时配有两个平行的生产流程：一个支持大批量、标准化的流水线生产，另一个支持小批量、有特殊部件或流程要求的单元生产。流水线生产能充分发挥规模效应，降低单件成本；而单元生产则提供灵活、柔性的生产方式，满足定制化需求。

试等服务。

(4) 市场和销售——A 战略与 C 战略并存。

产品营销：T 模式的营销主要侧重于大众层面，通过产品说明书、彩页等形式由渠道完成；而 R 模式主要通过参观、电话销售、直邮等直销手段，让客户感受整个联想的管理和服务水平，促使客户对企业产生信任。

销售与服务：联想的 R 模式建立在大客户部和渠道的合作关系上，同时，大客户部还可以和渠道一起合作开发新的大客户。[①]

(5) 服务——A 战略。联想针对交易型客户的服务体系主要是围绕机器来设计的[②]，而关系型客户的特点是购买频次少、单批次的数量多，服务需求明确，需要联想服务的都是一些专业化程度高、难度大的系统问题。[③]

(6) 采购——A 战略。对于 R 模式来说，除了特殊部件外，其他通用部件将和 T 业务所需部件合并起来大批量采购，并且也由供应商管理库存。这样一方面可以增强购买这些部件的谈判能力，降低采购成本；另一方面也能分担 R 模式部件的库存风险。

(7) 技术开发——A 战略。T 模式产品的研发，要求及时采用新技术、快速把握和应对用户的时尚需求；而 R 模式产品的研发，则更注重稳定性、安全性和耐用性。

(8) 人力资源管理——主要是 A 战略，但也有 C 战略。在人员配置上，联想 T 模式打造了面向渠道的团队，R 模式需要独立性和进取心更强的销售人员。绩效考核体系上，T 模式对员工考核和激励会综合考虑团队绩效和个人绩效，R 模式中个人绩效在考核和激励体系中起的作用更大。

当然对两类模式中总经理职位以上管理人员的考核，则完全不区分 T 模式还是 R 模式，以确保两类模式的团队合作。

(9) 企业基础设施——C 战略。企业基础设施由大量活动组成，包括

[①] 比如，很多厂商对偏远地区都没有安排销售人员维护长期客户关系。当联想获知这类地区的商业机会后，会让直属省市的 R 模式客户经理与当地的 T 模式渠道共同配合跟进。客户经理根据平时运作大项目的丰富经验，依靠广泛的客户关系，与当地迅速建立起良好的沟通平台，并指导合作渠道开展产品宣传、人员沟通、制定符合实地情况的整体方案等一系列工作，最终赢得项目和长期发展的机会。

[②] 比如，对台式电脑客户，联想采用"2×2×365"标准化服务，即对每台注册的机器，在接到服务要求电话的 2 小时内予以响应，在 2 日内上门维修，实行全年 365 天全天候服务。

[③] 联想为关系型客户配备了技术水准更高的服务队伍，并度身定做服务。比如联想为每个大客户建立专门的服务团队，设置专线服务电话，并配备专用的备件运作体系。"长期锁定、贴身定制、及时响应"是联想专属服务给大客户的长期承诺。

总体管理、计划、财务、会计、法律、政府事务和质量管理。基础设施与其他辅助活动不同,它是通过整个价值链而不是单个活动来起作用的,所以不应该做拆分。如联想在企业层面的广告、公关传播或者赞助活动,重在推广企业形象,能够对T模式和R模式同时发挥拉动作用,因此不做拆分。

总之,在前端销售系统上,联想通过T模式和R模式的拆分,分别满足了行业大客户以及家庭和小企业个性化的购买体验;通过柔性生产和流水线系统,联想分别满足了定制产品和规模化产品的生产要求;通过不同的KPI考核指标,构建了驱动不同业务人员努力工作所需的激励机制;等等。但在生产、销售和服务等环节,联想又通过有效的机制设计,实现了两种模式的平台共享。这就是联想成功的双模式之道。

七、结 论

本章基于价值链拆分的双重商业模式的战略选择框架想表达的真正含义是双重商业模式的分与合应该是基于拆分的,而非高度整合的分与合。依据这个思想,基于价值链的拆分只是其中的一种拆分方式,该种方式适用于拥有较完整的价值链的企业,对于那些集中于价值链某个环节的企业来说,该种战略选择的分析框架就不合适了。这部分对应的是命题4。

对于这样的情况,我们可以基于商业模式的组成要素进行分类。现有的文献对商业模式构成要素的分类种类繁杂。我们以Johnson,Christensen和Kagermann提出的商业模式构成要素为例,可以根据顾客价值主张(Customer Value Proposition)、盈利模式(Profit Formula)、关键资源(Key Resources)和关键流程(Key Processes)这四个构成要素来对双模式的分与合进行划分。如果两种模式所需的关键资源是可以共享的,那么它们在关键资源这一块可以融合。当然这四个构成要素又可以划分成若干个子要素,更精确的分与合的战略选择可以根据每个子要素来进行。

第三章
基于 RFID 技术的 L 时装公司供应链管理系统的构建分析

本章主要对 RFID 技术在服装供应链管理系统的整体构建方面进行较为深入的研究。目的是为了实现供应链上的信息流向和服装流向的协调统一，增进各环节参与者之间的业务沟通，优化各环节之间的衔接作业，实现整体效率最优与成本最低。通过对 L 公司现有供应链管理系统的现状进行分析，发现 L 公司的整个供应链管理中存在供应商沟通不畅，生产信息缺乏实时管理，仓库无可视化管理，货期难以精确控制，产品分销渠道不畅、无法根据市场情况实时差别供货，同时对整个流程的信息反馈特别是销量分布、客户群体等相关信息的反馈没有良好的运行机制等问题。这些问题主要是由于供应链上信息流与物流之间未能实现双向流动造成的。通过运用 RFID 对 L 公司供应链进行改造，建立以供应商协作平台、生产、仓库、分销等系统为基础的 RFID 供应链管理系统，实现整个供应链上信息流与物流的同步运行，以实现整个 L 公司供应链的可视化、自动化、实时化、精益化管理。以具体服装公司的供应链系统为蓝本，通过 RFID 技术改进，整合企业资源，以实现整个供应链的高效运行。

一、引 言

RFID 应用技术是继条码技术后兴起的技术，并在最近几年得到了长足发展。基于 RFID 技术自身特点，其最有价值的应用领域就是供应链物流管理领域。RFID 技术的应用将为供应链管理中信息流与物流之间的双向流通提供一种有效的途径。它彻底解决了产品物流管理中数据信息采集的自动化、产品流向的实时跟踪、生产过程中生产流程的可视化管理问题，从而从根本上实现了服装行业供应链管理自动化。

服装作为一种颇具创造性的产品,具有种类多、款式多、颜色多、尺码多、设计风格多变、易受外部因素影响、完全依从客户喜好等诸多特点。正是由于服装的这种不确定性,致使对于服装的需求难以预测,服装公司都以高库存作为满足市场需求的应对策略。同时由于设计风格等原因,服装生产原料各不相同,整个生产过程所涉及人员、物品、工序众多,致使整个服装生产过程状况频发。同时,由于整个服装生产的信息化水平不高,产品信息流与物品流之间并不能做到协调一致,使得整个服装生产效率严重滞后。为了使服装公司能够灵活、精准地应对市场,提高企业的生存能力,建立一个完善、高效的供应链管理系统,快速响应市场需求,提高客户服务品质,采取RFID服装供应链敏捷化管理是一种比较有效的途径。

本章就如何在服装供应链管理过程中运用RFID技术,实现整个供应链高效运行,并对供应链流程的管理如何实现自动化、可视化进行研究,以建立一套相对完善、高效的服装供应链管理系统。

（一）研究背景和意义

1. 研究背景

近年来,随着物联网的兴起,RFID、MSN等技术开始受到各个国家的高度关注,成为继计算机技术、互联网技术与移动通信技术之后的又一次信息化革新浪潮,在各个行业中具有广阔的前景,服装行业也不例外。基于RFID的物联网技术在服装行业的原料收集、设计加工、物流配送和市场销售过程中都得到了非常广泛的应用。

21世纪以来,企业供应链管理进入了新的发展时期。以RFID技术为代表的物联网识别技术在供应链管理领域得到快速的发展和应用,RFID技术为企业整个供应链管理效率提升的贡献被广泛认可。

RFID是一种非接触式自动识别技术,主要通过射频信号自动识别目标对象并获取相关信息,无须人工干预,能够在各种状态下准确识别运动物体,具有体积小、容量大、寿命长、穿透力强、可重复使用、支持快速读写、可定位和长期追踪物品等特点。

RFID给服装业带来了极大影响,主要表现在以下几方面：（1）对于原材料厂家来讲,意味着更快的库存周转率、更好的供货能力；（2）对于制造商来讲,意味着高效的处理过程、更快的资金流动、更快的运输速度,以及为客户提供更优的服务；（3）对于分销商来讲,意味着更高的运输效率、更精准的交货能力、更强的货物追踪水平和极大的成本节省；（4）对于零售商来讲，意味着更快的处理流程，更少的脱销现象，更智能化、简洁化的运营过程，更优的客户服务水平，尤其是在应对货物积压引发的减价情况时，他们会与供应商协商采取退货等措施；（5）对于企业工作人员来讲，无论商品是什么颜色、体积多大，利用 RFID 都可即刻获得其状态信息，可以降低劳动强度，大大节省时间。

2. 研究的意义

基于 RFID 的物联网技术能够帮助企业及时获取上下游的市场供求信息，制定科学合理的运营策略，更好地提升企业的核心竞争力。短期来看，企业可以通过应用这项技术改进业务流程，降低运营成本，减少各种资源开销和不必要损失；中长期来看，企业可以利用 RFID 物联网技术更好地提取各种信息并进行数据挖掘，而不再依赖于传统的主观决策，可大大提高业务的智能性。

本章从 RFID 物联网和服装全球供应链管理两个方面展开分析，并对 L 服装公司基于 RFID 技术的全球供应链结构改造进行研究。在供应链的整个运作过程中，企业能够搜集到服装流转的大量相关信息，这些信息经过"单件级 RFID 的标签信息—RFID 数据库—数据挖掘—检索"处理流程，可大幅提高供应链的可视性及维运效率，帮助企业实现业务智能化管理，从而实现企业利润的最大化；同时使顾客挑选服装的效率及满意度不断提高，库存管理的精确性及高效性显著提升，单件及成包级服装的全程追踪更加便捷，多样化及个性化的服务能力进一步拓展。

因此，本研究对于所有服装企业，尤其是处于创建品牌拓展国外市场阶段的服装公司有较高的参考意义和实践价值。

（二）国内外研究现状及简要评析

1. 国外 RFID 研究现状

对于 RFID 的研究工作主要集中在 RFID 技术标准、RFID 标签成本、RFID 技术和 RFID 应用系统等方面。从全球范围来看，美国是 RFID 应用的积极推动者，其在 RFID 标准的建立、相关软硬件技术的开发与应用领域均走在世界前列。欧洲则是追随美国主导的 EPC global 标准。在封闭 RFID 系统应用方面，欧洲与美国大致处于同一阶段。就日本而言，虽然已经提出 UID 标准，但其标准只是得到本国厂商的支持，距离成为国际标准还有相当漫长的一个过程。

对于 RFID，各国专家学者分别从 RFID 相关应用理论、应用方向、发展趋势、应用系统等多个角度进行了全面的研究分析。这里就一些国外学者的 RFID 研究成果进行阐述。

Dong-Liang Wu 和 Ng W. W. Y 在 "A Brief Survey on Current RFID Applications" 一文中就对无线射频技术（RFID）的相关应用进行了论述。文章一方面叙述了 RFID 系统的组成、原理及其特点；另一方面，就当前各行业普遍使用的条码识别技术与 RFID 技术进行多方面的比较，直观地表现了 RFID 技术在物品识别、信息采集以及可实践性等方面的强大优势，论述了进行 RFID 技术改革的广阔前景。文章最后也对当前 RFID 的应用情况进行说明，就 RFID 系统应用中可能出现的问题进行了简短的报告分析。该文对于人们初步认识 RFID，了解 RFID 应用的优势、现状等非常具有参考价值。

Christoph Jechlitschek 的 "A Survey Paper on Radio Frequency Identification（RFID）Trends" 是一份有关 RFID 的调查分析报告。文章着重介绍 RFID 技术在当时（文章完成时间是 2006 年）的发展状况，特别是对于 RFID 信号频率范围和当前使用标准做了详尽描述。另外，文章从个人隐私这一视角出发，对 RFID 技术的普及所带来的信息安全问题提出应对措施。文章最后用大篇幅介绍 RFID 技术在定位、跟踪物体方面的相关研究成果，以及 RFID 在降低生产成本方面的可行性。这篇文章的重点是 RFID 在具体生产过程中的应用研究，且研究相对比较深入，同时主要的应用研究方向涉及生产制造的整个供应链，这对本章服装供应链系统的 RFID 技术改进提供了很大帮助。

Yan Zhang 和 Laurence T. Yang 在 *RFID and Sensor Networks*：*Architectures*，*Protocols*，*Security and Integrations* 一书中，总体阐述了 RFID、WSN（无线传感器网络）以及 RFID 与 WSN 的集成。一方面，对 RFID 不仅讲述其基础理论，同时对其运行中的防碰撞算法以及低功耗转发器进行专题论述，也对 RFID 技术的供应链管理案例进行研究；另一方面，则是对 WSN 的地理位置路由、媒介访问控制协议、定位技术、数据聚合技术、能量感知行为、安全性、跨层优化等有一个比较详细的介绍。最后，书中重点讲述 RFID 与 WSN 的集成优化，包括 RFID 与 WSN 在构架规则和应用方面，通过卫生保健系统、智能家居系统以及建筑物结构检测系统三个集成应用案例进行研究分析。本书更多地阐述了 RFID 技术在整个供应链管理系统的改进过程中有关信息系统建设的应用方案，这为本章的信息系统研究拓展了思路，不再局限于对 RFID 技术的单纯运用，任何完美的方案都是以具有多个技术集成的理论作为支撑的。

2. 国内 RFID 研究现状

在国内，自从 2006 年以来国家相继颁布了《中国射频识别技术政策白皮书》《800/900MHz 频段试运行规定》等相关政策，我国 RFID 技术进入高速发展的轨道。

虽然相对于欧美等发达国家，我国在 RFID 技术的发展方面还比较落后，但我国相关的专家学者，特别是物流、商学、计算机等研究方向的学者在 RFID 技术的理论与应用方面进行了大量研究，而在应用 RFID 技术改善整个供应链系统、提升运行效率方面研究更多。这里就国内一些学者的研究成果进行相关的阐述说明。

董淑华教授在《RFID 技术及其在物流中的应用》一文中，主要是对 RFID 技术在物流中的应用环境做出分析。文章不仅对 RFID 进行理论描述，更对 RFID 所具备的应用优势及所面临的应用标准不统一、实现成本较高、信息安全维护等相关问题进行了详尽剖析。最后就 RFID 技术在具体的物流过程的仓储、运输、零售、配送及流通加工等环节的实际应用进行说明，并对 RFID 在物流应用中的前景及将会面临的问题做出预测分析。该文对本章关于 RFID 技术在物流环节应用提供了优劣势参考。

张翼在《RFID 技术实施的效率分析》一文中，以第三方物流公司为研究对象，进行 RFID 技术实施效果研究。首先构建一个虚拟的仓库，模拟仓库作业环境，将 RFID 技术应用到仓库入库作业中，根据访问调查和实地数据统计对 RFID 技术改进项目进行数据估值分析。最后通过 ARIS 模拟 RFID 实施前后的流程作业，比较分析 RFID 技术在仓库作业中的具体效用。该文主要对 RFID 项目实施后如何进行项目效用分析提供了良好的案例参考。

程曦教授在《RFID 应用指南——面向用户的应用模式、标准、编码及软硬件选择》一书中，从新技术时代——物联网开始，展开对物联网的重要组成技术——RFID 的研究。该书与 Dong-Liang Wu 和 Ng W. W. Y 的"A Brief Survey on Current RFID Applications"一样都是着重于 RFID 基础理论研究，使读者能够通过简单的语言更好认识什么是 RFID。当然本书还有一个很大的特点，就是对 RFID 理论概念、RFID 项目团队构建、信息标示编码、RFID 标签、读写器、中间件、RFID 应用分析、RFID 应用案例及软硬件选择的整套 RFID 项目建设流程进行论述。这本书可为如何构建 RFID 项目的整体流程做参考。

邹春明、刘杰、耿强等在《ZigBee/RFID 技术在仓储盘点及安防中的应用》一文中，综合运用 RFID 技术和 ZigBee 无线数据传输技术，设计了一种具有仓库盘点与安防双功能的应用系统。文章从系统的硬件、软件两个方面分别阐述应用系统的构建方案，并说明该系统的实践优势。该文对本章在构建系统中如何进行硬件、软件设施的建设有一定的借鉴意义。

黄玉兰教授的《物联网——射频识别（RFID）核心技术详解》一书，首先对物联网 RFID 的概念、系统构成、工作原理等基础理论进行阐述。书中着重讲述 RFID 的工作原理，包括 RFID 的频率电波、天线、电感耦合方式、电磁反向散射方式、标准体系等各方面的工作原理。文章对 RFID 技术从技术层面进行解读。当然，文章专业性较强，相对深奥，理解比较困难，但也为本章的研究提供了一种新的思考。

王浩教授的《物联网的触点——RFID 技术及专利的案例应用》一书，则是对 RFID 技术的各种专项应用案例进行研究说明。当然，这是一本专利说明著作，但不可否认其对于 RFID 技术的说明更具实践性。特别是书中的服饰零售卖场专利运用案例中 RFID 在智能补货、品牌维护、客户服务品质维系等环节的运用，现代仓储物流管理专利应用案例中的在途实时监控、包装防伪、收发货与盘仓等 RFID 技术应用都为本章的研究工作提供了参考依据。

袁建州、田建华、周叶丹三位教授在《RFID 技术与条码技术兼容的图书 ATM 机制》一文中，就大学图书馆的日常管理工作运用 RFID 技术进行改进。在这篇文章中，他们主要是通过对 RFID 技术的运用，提高图书馆借还书籍识别处理效率，同时完善图书馆的工作流程和内容，从而提供更好更人性化的服务。

余亮星在《基于 RFID 的服装零售店顾客服务系统设计》一文中，运用数据库管理及自动推荐等技术实现了对零售店顾客服务系统的构建。文中采用 QR4401 超高频固定式读写器、LED 显示器、读写天线及无源电子标签等硬件设施和 SQL Server 管理数据构建了一套集标签维护、快速结算、VIP 客户识别、产品自动精准推荐等功能为一体的顾客服务系统。该文对本章在分销管理子系统的构建方面给予了许多参考，例如分销中心对门店的自动补货功能的设计来源就是自动推荐功能模块。

徐晶晶、任立红、丁永生等的《基于移动 RFID 的授权销售商监控系统》一文，主要是通过移动 RFID 技术运用实现由移动终端、授权名牌和后台信息系统三部分组成的对授权商进行实时信息数据监控。该文对本章在生产流程实时监控、服装物流在途实时跟踪、服装销售渠道流量实时监控反应等相关设计方面都有比较大的参考价值。

二、理论基础

（一）供应链管理

供应链最早被称为"经济链"，由彼得·德鲁克提出，后又从迈克尔·波特的"价值链"慢慢发展成现在的"供应链"。供应链一般是指围绕核心企业，通过控制资金流、信息流、物流，将原材料采购的供应商、中间产品及最终产品生产的制造商、产品渠道管理的分销商以及销售终端的零售商，直到最终消费者整合成一个完整的功能网络链。[①]

供应链管理就是合理地进行供应链上信息链、资金链、物料链配置，实现供应链上供应商、制造商、分销商、零售商以及消费者各环节的不断增值和供应链系统的整体价值溢出。

1. 供应链管理的目标

供应链管理可以说是一种企业资源的整合与优化。它将原来同一企业内的各个部门拆分外包给专业厂商，将管理成本转嫁，将规模效益放大，从而实现自身利润大幅增长。总体而言，其目标是：

（1）实现交货的可靠性和灵活性，提高顾客的最大满意程度；

（2）降低库存余量，分享规模收益，缩减生产和分销费用，降低公司运营成本；

（3）消除节点异态事件，去除错误成本，实现流程通畅和企业整体"流程品质"最优化。

2. 供应链管理的症结——牛鞭效应

牛鞭效应又称长鞭效应，是市场营销活动中普遍存在的高风险现象，一般是形容营销过程中的需求变异放大现象。具体而言，牛鞭效应是指供应链上信息流在最终客户向原始供应商传递的过程中，无法实现有效的信息共享，从而使得信息在传递过程中不断扭曲放大，导致需求信息出现越

---

① 朱礼华．服装企业供应链管理［J］．纺织导报，1999（5）：105－106，108．

来越大的偏差。

在如今的生产活动中，供应链协作体系已经全面形成，核心企业如何加强对整个供应链体系的管理就变得尤为重要。而在如今的供应链管理活动中，牛鞭效应无疑表现得越来越突出。为了追求时效和规模效益，核心企业将最有价值工序以外的部分外包，形成一个围绕核心企业的包括供应商、制造商、分销商、零售商等在内的多个环节的供应链体系。但是核心企业却不能阻止这条供应链上的参与企业在这个供应链体系之外，另建一个以它们自己为核心的新的供应链体系。这样层层外包，核心企业只能与其相关的下游企业进行信息共享，而很难对下游企业的再次外包，甚至多次外包进行信息共享和质量监管。所以，在如今的供应链管理的现实活动中，由于多次外包，致使整个供应链长度过长，信息传递不及时，质量交期无法保证，牛鞭效应明显，难以实现原来供应链管理所预期的资源整合、分工协作的竞争优势。

应对牛鞭效应，首先是要将牛鞭长度缩短，即缩减供应链长度。供应链长度越长，完成整个供应过程的周期越长，整个供应链上传递信息的扭曲程度也越大。所以，核心企业应整合自身供应链体系，加强供应商资质审核，控制供应商的外包扩散程度，从而实现供应周期缩短、信息共享及时，使产品质量、交期有保证。再者，就是要对整个供应过程进行全程控制，提高供应链中信息共享和信息反应效率。核心企业只有对围绕自身的整个供应链系统的信息流有一个明确的把握，才能够实现对供应链上频出的异态进行调控处理，进而实现核心企业对整个供应过程严格把控下的供应链整体效率的提升。当然，这也必然会实现单个环节的效率增益，以确保各个供应商接受这种供应链格局的改变。

（二）RFID 技术

RFID 技术即射频识别，又称电子标签、无线射频识别，是一种非接触式的自动识别技术。RFID 类似于条码扫描，对于条码技术而言，它是将已编码的条形码附着于目标物并使用专用的扫描读写器利用光信号将信息由条形磁传送到扫描读写器中；而 RFID 则使用专用的 RFID 读写器及专门的可附着于目标物的 RFID 标签，利用频率信号将信息由 RFID 标签传送至 RFID 读写器。它通过射频信号自动识别目标对象并获取相关数据，识别工作无须人工干预。RFID 的应用系统具有非接触、工作距离远、精度高、信息收集处理自动快捷及环境适应性好等一系列优点。

典型的 RFID 系统主要由电子标签（Tag）、传输天线（Antenna）、读写器（Reader）以及应用支持系统（Application-supporting system）四大部分组成。

标签中一般保存有约定格式的电子数据，在实际应用中，电子标签附着在待识别物体的表面进入磁场后，如果接收到读写器发出的特殊射频信号，就能凭借感应电流所获得的能量发送出存储在芯片中的产品信息（即 Passive tag，无源标签或被动标签），或者主动发送某一频率的信号（即 Active tag，有源标签或主动标签），读写器可无接触地读取并识别电子标签中所保存的电子数据，从而达到自动识别物体的目的。

读写器通过天线发送出一定频率的射频信号，当标签进入磁场时产生感应电流从而获得能量，发送出自身编码等信息，被读取器读取并解码后送至电脑主机进行有关处理（参考图 3.1）。

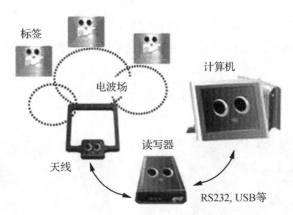

图 3.1　RFID 技术工作原理简述图

1. 电子标签

电子标签（Tag）由耦合元件及芯片组成，标签含内置天线，用于和射频天线间进行通信。简而言之，电子标签就是一种具有非接触信息收发和储存功能的电子芯片。每个标签具有唯一的电子编码，附着在物体上标识目标对象。

根据其是否需要带有供电电源，电子标签可以分为无源标签（Passive）、半无源标签（Semi-Passive）和有源标签（Active）三类，即被动式标签、半被动式标签和主动式标签。

无源标签没有内部供电电源，其内部集成系统通过接收到的电波进行驱动，这些电波是由 RFID 读取器发出的。当标签接收到足够强度的讯号时，可以向读取器发出数据。这些数据不仅包括 ID 号（全球唯一标示 ID），还可以包括预先存在于标签内 EEPROM 中的数据。被动式标签具有价格低廉（一般售价在 1 元/枚）、体积小巧、无须电源的优点。① 目前市场上的 RFID 标签主要是被动式的（参考图 3.2）

防水 RFID 标签

RFID 贴纸标签

图 3.2　无源标签

半无源标签其实与无源标签是非常类似的。其同样也是通过接收阅读器发射的驱动电磁波进行反应，在接受足够强度的讯息后向阅读器传输相关数据。但是不同的是其内部多了一个小型电池，电力恰好可以驱动标签 IC，使得 IC 处于工作状态，具有更快的反应速度，更好的效率（参考图 3.3）。

半无源 RFID 标签结构

超高频徽章式半无源 RFID 标签

图 3.3　半无源标签

有源标签本身具有内部电源供应器，用以供应内部 IC 所需电源以产生对外的讯号。一般来说，主动式标签拥有较长的读取距离和较大的记忆体容量，可以用来储存读取器所传送来的一些附加讯息。这使得电子标签可

---

① 谭志锋，张霆，柯耀波. RFID 技术在中国服装制造行业的应用与发展 [J]. 广西大学学报，2008(S2)：233 - 234.

以随着产品流动而持续使用,不断地收发、更新产品相关讯息。这在实际运用过程中是十分重要的。

按照工作频段的不同,RFID电子标签可以分为低频、高频、超高频、微波等不同种类。低频段(从125kHz到135kHz)的RFID电子标签,一般为无源标签,主要用于短距离、低成本的系统中,识别距离一般小于1m。高频段(工作频率为13.56MHz)的RFID电子标签,一般也采用无源标签为主,识别距离一般也小于1m。超高频(工作频率为860MHz到960MHz之间)与微波频段的射频标签,读写器天线辐射场为无源标签提供射频能量,该频段读取距离比较远,无源标签可达10m左右。主要是通过电容耦合的方式进行实现,有很高的数据传输速率,在很短的时间可以读取大量的电子标签。

综上所述,对于运用于产品的整个供应链过程的电子标签,应该尽量选用超高频段的有源电子标签。这样既能在过程中快速识别、传输数据,又可以在产品的每个阶段对产品的信息进行收发、存储。

2. 传输天线

天线在电子标签(Tag)和读写器(Reader)间传递射频信号。天线作为无线通信系统中至关重要的一部分,它是一种以电磁波形式接收无线电收发机的射频信号功率或将其辐射出去的装置。天线也可以看作是RFID系统中运用于Tag与Reader之间信息读写的中间件。主要分为:(1)线天线,天线结构具有线状结构的特点,且金属导线半径远小于波长的天线;(2)面天线或口径天线,电磁波通过一定口径向外辐射的天线;(3)天线阵,天线的辐射单元按一定规律排列和激励的天线群体。在RFID系统中,天线可分为电子标签上的天线和读写器上的天线装置。当然,根据环境条件的特点,对传输速率、方向特性的要求应进行设计(参考图3.4)。

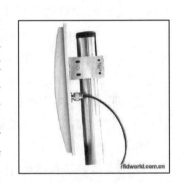

图 3.4　RFID 传输天线

3. 读写器

RFID读写器(Radio Frequency Identification的缩写)又称为"RFID阅读器",即无线射频识别,通过射频识别信号自动识别目标对象并获取相关数据,无须人工干预,可识别高速运动物体并可同时识别多个RFID标签,操作快捷方便。RFID读写器有固定式和手持式，手持式RFID读写器包含有低频、高频、超高频、有源等（参考图3.5）。

手持式 RFID 读写器　　　车载 RFID 读写器　　　固定式 RFID 读写器

图 3.5　RFID 读写器

在 RFID 相关产品中，读写器是含金量最高的设备，它是半导体技术、射频技术、高效解码算法等多种技术的集合。读写器从外形上可以分为手持式和固定式两种。从操作方式来看，读写器按工作频率可以分为超高频读写器、高频读写器、低频读写器，通常低频读写器的读写距离不超过 0.6m，高频阅读器的读写距离约为 1m，超高频读写器的读写距离通常为 1~10m，读写器的读写距离通常会受到环境以及读写器稳定性等的影响而有所改变。此外，若采用有源电子标签，则读写距离可达 100m。在实际操作过程中，运用超高频的读写器，配以超高频有源电子标签，RFID 系统的有效范围将会维持在 100m 以上。这将基本保证服装产品在供应链的各个环节上高效作业和产品信息的识别、读取、写入。

4. 应用支持系统

应用支持系统包括运用于电子标签与读写器之间的信息传输、存储等相关处理的 RFID 中间件，汇总、存储、分析和再规划的数据管理系统以及用户应用层操作系统。

RFID 中间件，用于电子标签与读写器之间信息传输，供应链各环节信息数据的收集、过滤、分析及储存。

数据管理系统，即数据库管理，用于存储产品在整个供应链上各环节中的相关系统数据，检索数据管理系统中各项数据，根据检索内容分类分析，并将数据分析结果传输储存至用户终端 PC 桌面。

应用层操作系统，为各用户提供整个供应链上各模块的应用层服务，类似于企业管理中的 ERP 系统，只是根据各模块的功能和规模而进行不同的变换。

5. RFID 电子标签应用优势分析

传统的服装流转作业依靠手工和条码扫描作业。工作人员重复地对每一件服装进行数量统计和信息填写,即使在有了条码技术作为作业支持后,服装信息繁杂、效率相对低下、信息输入差错率高依然是服装生产作业的症结。现在随着 RFID 技术和计算机信息技术的不断发展,服装作业方式将迎来新一轮变革。那么,相比较手工、条码作业,RFID 技术有哪些优势呢?下面就 RFID 技术和条码技术,RFID、条码和人工进行信息输入作业的效率进行比较分析(参考表3.1)。

表 3.1 三种识别方式的货物识别速度比较

识别方式	数量				
	1 笔	10 笔	100 笔	1 000 笔	60 000 笔
人工输入	10 秒	1 分 40 秒	16 分 40 秒	2 小时 46 分 40 秒	6 天 22 小时 40 分
条码扫描	2 秒	20 秒	200 秒	33 分 20 秒	1 天 9 小时 20 分
RFID 识别	0.1 秒	1 秒	10 秒	1 分 40 秒	1 小时 40 分

表 3.2 RFID 技术与条码技术的比较

项目	RFID	条码
无线传输	是	是
资料数位化	是	是
资料重置(覆写)	可	否
资料读取速度	快	较慢
写入信息量	大	小
污垢覆盖	仍可读取	无法读取
多笔资料读取	可(多笔)	否(单笔)
是否易损	否	是
安全性	高	低
资料存取密度	高	低
支持其他功能	是	否
价位	可接受	低

通过上述表格中RFID、条码、手工这三种作业技术模式的比较，可以看出RFID技术在现阶段是有条件应用的，而且相比较传统手工、条码作业，其优势明显。

三、L时装公司供应链管理现状分析

（一）L时装公司简介

L时装有限公司是集设计、生产、销售于一体的纺织品集团公司，是北欧最大的服装制造商之一，于1907年成立。公司在芬兰、葡萄牙、爱沙尼亚、俄罗斯、中国都有集散中心。

L公司拥有众多的著名品牌，这些品牌的销售网点遍布全球40多个国家，其中主要的市场是德国、俄罗斯、瑞典、荷兰和法国。同时L公司与中国LN体育用品有限公司结成战略合作伙伴，负责其品牌产品在欧洲的销售。

苏州L公司是L公司在中国建立的全球第二总部，是一家外资独资企业。在园区有6 000平方米的3层厂房。2008年苏州L公司（以下简介L公司）的半自动立体仓库正式投入运营。在园区保税区，建有L公司最大的后道检验和全球物流中心。

L公司有设计部门、销售部门、技术部门、实验室、物流部门、仓库部门、样品间等主要部门，职能齐全。经营范围包括服装、帽子、手套、箱包、床单、被罩、藤条筐、古旧家具等硬件家纺用品。

（二）L公司供应链管理各环节现状分析

1. 供应商（面料，辅料，成衣）开发与管理环节

在L公司现有供应链系统中，由于供应商数量多且对供应商的评估和选择没有针对性，常常造成不必要的额外成本。例如，供货有次品率问题，企业收到的物料中能用于生产的实际量低于预计需求量，需要二次采购，这势必影响到服装生产，特别是服装生产周期短、流程连续性强，其影响更甚；供货存在延迟期，服装企业为了保障生产而要提高库存量，或提前采购。此外，由于供应商多，各环节难以协调，经常出现供应短缺。每年的利润总是被各种交期延误造成的空运或索赔抵消掉不小的比例。据统计，L公司每年由于交期延误造成的空运费用在400万元左右，而延期赔偿在200万元左右，其中主要是由于原料供应商与制造商之间的衔接不畅所造成

的。交期延误影响的并不仅仅是运营成本的提升，更重要的是客户信任度下降导致的VIP客户流失（图3.6）。

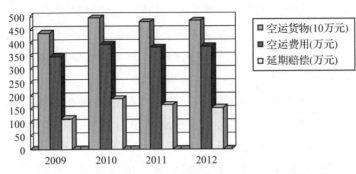

图3.6　L公司2009—2012年度交期延误空运及赔偿费用

2. 生产协调与合作环节

在服装的生产过程中，生产企业不可避免地会遇到一些问题，L公司也不例外。在L公司生产环节中通常会出现以下一些问题：

订单执行：由于公司的产品以服装为主，每年都有多季产品问世，且即使是同一季产品往往由于款式、质地、销售市场等不同，每一批货物的生产总是在交叉进行着，因此往往不能实时查看每张订单的执行情况，并对此根据客户优先级、生产计划、原辅料供应、设备及人力资源等进行统筹安排，这样就会造成停工待料、准时交货率降低、生产或管理成本增加且质量稳定性很难保证等问题。这些情况会直接造成客户满意度的降低，而最终造成客户、订单的流失以及订单量的急剧减少。

生产计划与管理：服装企业对生产过程的管控还停留在制订任务单与生产计划的粗放式管理阶段，还没有充分做到对每道工段、工序的细致化管理，使企业高层无法明确掌握生产现场的具体生产状况，因此在经营决策方面缺少有力的数据支持。而其他协作部门也存在相同的问题，营销管理部门不能及时掌握生产线生产情况，因此降低了对客户出货承诺时间的准确性。物料管理部门不能及时了解生产现场状况，只能超额备料或者经常发生紧急采购行为，造成库存增加或停工待料的现象。今天，服装产品的"鲜活"性，要求服装企业对市场做出快速准确的反应，实现敏捷制造和销售；消费观念的变革使人们在选择服装商品时更注重时尚化和个性化，因此服装企业必须向多品种、小批量和柔性加工的生产模式发展。

库存问题：面辅料种类繁多，相对于面料来说，因为颜色的不同造成分类困难，由于在生产过程中产生的大量的边、角废料退库，容易造成管理的混乱。频繁出入库给库存记账带来很多困难,无法准确地计算和评估现有库存。材料进仓时间,无法做到刚好适合生产需要,不是太早,就是太迟。材料太早进仓,则会资金积压,周转困难;材料太迟进仓,则会严重影响生产和交期。这就需要有强大的智能管理系统来保证。

样品管理:对于现在的交易方式而言,样品管理的重要性日益明显,但是L公司在样品管理上尚处在保存产品原样及文本信息(以设计信息为主)阶段,并没有系统地对不同年度各种产品相关的面辅料材质、产地、供应商、品质,以及加工厂商报价、产品质量、各项面辅料和加工过程等相关信息进行比对参考和保存。

在整个生产过程中产品在每个环节都会出现滞留、通行不畅的情况,这些问题许多是可控的,主要是由于L公司下属的制造商、供应商、客户之间的信息流动不畅,并且没有良好的产品信息反馈、分析、存储机制所导致的。L公司的整个生产是外包下游制造商代加工的,由于制造商多达120多家,各个制造商情况各不相同,而且L公司不可能参与制造商的内部事务,这就导致下游制造商汰换率比较高,不利于整个供应链的稳定。

3. 仓库物流效率和货期控制环节

在瞬息万变的市场需求下服装企业必须提高自身的灵活性和快速反应能力。这就要求服装企业做好服装的物流仓储作业管理工作,不断提高服装的出入库、分拣、盘点、退货等仓储作业的工作效率,而做好服装物流就显得尤为重要。

L公司物流仓库建于苏州物流保税仓库之中,整个物流仓储中心的基础设施、仓库操作流程设置比较先进。由于服装行业是以手工作业为主的行业,所以其质量问题难以用一种十分严格规范的标准进行处理。同时每一次进仓货物都需要多人人工开箱扫描录入,极大地影响其作业效率。

由于服装行业的特殊性和复杂性,所以,服装行业物流仓储和分拣业务面临着如下挑战:产品款式品类比较复杂,同一种款式的衣服还得分不同的颜色和尺寸;出入库量起伏很大,同时还要进行仓库检验和次品剔除;整箱和单件出入库模式并存;拆箱动作频繁,堆放杂乱;找到需要的货品主要依靠人员经验;盘点难度大,工作量大。

4. 门店销售的品质投诉及信息汇总环节

L公司主要的市场为北欧和德国等西欧国家,其主要的服装设计大多来自欧洲,但是其工厂处在亚洲地区。这就造成成衣在门店的销售情况以及门店顾客对产品的品质诉求并不能很好地传递给生产厂商。如果设计师不知道顾客的喜好风格，生产厂商不知道顾客对产品品质的诉求，库存控制部门不知道近期市场需求，品质控制部门不知道供应商的优劣，那么如何能够不断推进品牌战略。所以如何跨域实现产品信息的在途追踪和良好的销售信息反馈，将对公司今后的产品战略产生很大的影响。遗憾的是，至今L公司在这一方面并没有良好的表现。一个完善的产品追踪服务机制将会更好地完善一个品牌，这正是问题所在（参考图3.7）。

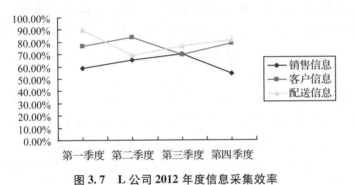

图 3.7　L 公司 2012 年度信息采集效率

（三）L 公司传统供应链管理具体问题分析

1. 供应商之间不能协同合作

L 公司之前运用的还是传统的供应商管理模式，即通过定期举行供应商大会制定下一阶段采购、生产的总体计划，具体事项还是各个供应商之间通过电邮、快递等自行沟通的运行机制进行。在这种供应商管理模式中 L 公司自身的参与度不足，各个供应商的工作进度并不能得到良好管控。同时由于服装行业中各个环节、各个工序、不同人员之间的衔接要求比较高，这就意味着各个环节都有可能出现问题，其中有些问题并不是依靠供应商之间的自行协商可以解决的，必须通过公司的业务人员与客户取得联系，才可以最终解决。由于没有一个良好的交流平台，公司各方人员之间只能够单线联系，一项问题可能要在好几个供应商、客户、业务人员、制造商之间循环多次才能够得到相应的解决方案。这种供应商的协调管理方式耗时长，效率低下。

如果可以建立一个稳定运行的供应商协调平台，将公司各项产品的所有涉及人员纳入其中，形成良好的交流机制，使各方面及时了解产品相关信息，将在很短的时间内解决相关问题，同时 L 公司对供应商的管控也将更加及时、细致,有利于公司做好供应商管理,提升供应商服务水平。

2. 生产信息缺乏实时管理

通过对制造商和制造成品的考察,L公司的QC人员反映服装产品由于其本身的特性对人员的需求比较大,同时由于产品自身特性出入较大(特别是设计方面),很难进行绝对的标准化管理,而生产环节的工序繁复和参与人员众多就决定其生产过程中会出现大量问题,这些问题在生产过程中没有得到良好解决,在出厂质检时将不可逆转。这对于本来产品利润空间就比较小的服装企业无疑是难以接受的。如果各项问题都能够在各个加工环节内解决,这样成品出现较大问题的可能性将大大降低。如何将不同的问题限制在各加工阶段呢?这就是本章将要解决的问题之一。

3. 资产和仓储物流没有可视化管理

L公司每年的出口产品达2 000多万件,但是由于其物流系统效率低下,致使其每年空运补货费用高达千万元。这对于利润并不是非常丰厚的L公司来说是巨大的成本压力。同时面对日益增长的劳动力成本,L公司对于其他成本的管控将势在必行。因此,可以预见的是提升公司物流效率将会为L公司带来十分可观的成本缩减量。L公司高层已经意识到这些问题。近年来,公司新建大型半自动立体仓库,一方面是为了满足日益增加的存储量,另一方面也是为了提高仓库货物流转效率,降低物流成本,特别是由于物流效率低下所产生的额外成本。而物流效率低下的原因主要是由于仓库每天进出货物数量众多、品类繁杂,仓库人员对于仓库中众多货物各自的库位、数量、进出日期等识别不明确,在进行工作时必须对出入货进行查找、统计,工作量比较大,这就造成仓库效率较低,同时对于运输车辆而言也会存在长时间的等待闲置状态。如何解决这些问题呢?

公司物流仓库必须提高其可视化程度,确保在很短时间内准确定位货物位置、自动统计货物数量从而提高仓库工作效率和质量。仓库可视化程度的提高,同时也为仓库货品的盘点工作带来极大便利,降低了仓库人员单次盘点的工作量,盘点时间由原来的1~2天缩短为1~2小时,仓库人员工作的积极性也得到提高。原来每月3次的盘点次数可以增至每月5~6次,缩短了盘点工作周期,降低了仓库货物差损率,更加合理地控制库存量,为L公司腾出更多流动资金,并且能够实时反映公司当期成品货物资产总量。

4. 产品没有实现实时质量管理,没有实现产品追踪和质量追溯

一件服装从原料到客户,要经过许多环节,大致可以分为原料生产、

服装加工、成品检验、包装运输、门店销售、售后服务六个阶段。但是对于服装的整体过程大都只有文字印象，对于其经历的各种过程并没有一个比较直观的认识。这也减弱了我们对产品的掌控度，进而降低对于避免各种风险的信心。

无论是原料加工、加工生产、产品检验、包装运输还是门店销售都有可能对产品的质量产生影响。然而之前由于没有对产品质量进行监控、管理的方法，所以L公司的各个部门相互扯皮、推诿。因为在原来的服装生产管控流程中仅仅对大货原料和大货成品进行质检，而生产过程中某一环节、部分原料的质量并不能得到足够的保证，这就决定了原来的质量检验环节并不能完全解决生产环节中一些隐性因素所产生的产品瑕疵。同时由于公司对于某一产品各阶段的组成要素信息没有明晰的认知，产品质量的追溯也就无从谈起。那么如何实现产品质量的追溯呢？这是本章将要解决的问题之一。

5. 小结

通过对L公司现状和现实问题的分析，可得出结论：我们需要通过一种方式——可以参与每一个环节的方式，大体上解决每一环节中影响工作效率的可调控的工作冗余，提高L公司供应链上的整体运行效率，这将是L公司提高生产效率、保证货物质量、降低运营成本、提升企业竞争力的有效途径。

四、L公司RFID供应链系统方案设计分析

（一）需求模块划分及流程分析

1. **RFID在订单和订单确认中的应用**

在服装企业的订单处理过程中，运用RFID系统可以为订单处理的高效运作提供重要支撑。

在订单数量制定过程中，分析RFID数据管理系统中同款产品的历史数据，为本次订单制定提供良好的数据支撑。特别是同款产品历史销售成绩、客户满意度等相关历史参数，可为本次订单的订货数量的制定提供重要

参考。①

在订单产品款式改进方面，同样通过对同款产品的客户诉求的分析，可对本次产品的改进工作提供重要依据。

在订单产品价格确定方面，通过对供应商同种面辅料的历史报价、外发加工商加工费报价以及该年原料、薪资等方面的考虑，给出相对合理的报价承受范围。

在订单交货日期确定方面，可以根据历次交货时间、面辅料安排进度、加工厂商工作安排等，划定理想交货期和最迟实际交货期限。

在订单优先处理方面，可以根据货物交货时间、货物重要程度等相关数据进行预测分析，对众多订单进行排序处理。同时在订单完成过程中选择设定一个额定的剩余时间对订单处理业务员进行分阶段提醒，合理安排各项订单。当然也可以对订单的最终确认提供数据保障。

2. RFID 在面辅料采购和物料出入库中的应用

服装类产品是一种时尚产品，品种多、变化快，服装企业供应管理的目标是要提高供应速度，采购的特点也是多品种、小批量的供应方式，要保证供应及时、准确才能满足生产和销售的需要。

RFID 在供应过程管理中可解决的问题：

（1）采购控制：建立材料供应资料和品种档案，可以有效地控制材料的品质与价格，在购入的材料上贴上电子标签作唯一标识，便于清点管理。

（2）订单匹配：采购过程中，采购原料的种类、时间、样式、要求等是各不相同的，因此服装行业的订单处理比较繁杂。同时，在一定的时间里又要将所有的材料归类以便生产，所以对于订单货物的清点、匹配工作而言，如何通过改进提高工作效率是十分重要的。

（3）供应周期控制：为保证生产和销售的需要，同时要降低材料的库存积压，必须对供应的时间进行控制。通过供应商的唯一编号和服务质量认证，准确计算出每种材料的供应时间，可以按需要订货，保证即时生产。

（4）品质跟踪：通过对采购的原材料的电子标签进行质检单匹配，进行品质追溯，将会有效地追究供应厂家的质量责任，提高供应产品的质量。

（5）委托加工控制：L 公司本身只经营品牌，一般委托 OEM 厂家代为加工生产，通过预先定制的 RFID 标签，分配给各加工厂家附在产品上。

---

① Christoph Jechlitschek. A Survey Paper on Radio Frequency Identification (RFID) Trends [A]. Radio Frequency Identification，2006(9)：1-16.

前、中、尾期三次验货时很容易进行货物清点，分销过程中如果发现各种质量问题，可以追溯到生产厂家，追究相应责任，同时委托加工后剩余的材料也可很快计算出来。

（6）在途货物跟踪：服装类产品是一种周转速度很快的商品，往往是一旦生产完成迅速投放市场，分发到各地的柜台，在运输过程中商品占的比重较大（包括各地之间的调拨）。使用电子标签作唯一标识可以准确地跟踪在途货物，可以严格保证到货时间和到货数量。

3. RFID 在生产管理中的应用

利用 RFID 电子标签技术可以实现生产过程管理自动化。纺织、印染、服装业企业的生产制造过程，一般采用多种形式完成，如按订单生产、按市场预测的计划生产、合同分包、委托加工生产等，生产过程的关键是要控制成本和质量。

（1）用料成本控制：对所有使用的生产材料建立唯一编号，附上电子标签，进行严格的领料控制。通过每种类型的产品材料清单，将产品生产计划分解成为用料计划，合理计算剪料余量，控制每批产品的材料用量和与标准成本的偏差。

（2）作业时间控制：通过设置在各作业点上的考勤钟（读写器），记录每个作业人员的工作时间，经统计分析，可以计算出每批产品的作业时间与标准作业时间的偏差。

（3）订单报价：对于每个接收到的订单给客户报价一直是一个头疼的问题，由于有了单项产品的成本数据（作业时间和材料用量），可以很容易地计算出利润空间。

（4）质量过程控制：采用单体跟踪技术（每个产品中的电子标签），可以对产品在制造过程中的各个作业环节进行质量控制，追究作业人员的责任。

（5）生产统计：通过电子标签识别标识，可自动完成产品的产量统计、废品统计、用料统计等。

（6）作业任务分解：在制造过程中，往往是多个品种混合制造，需要合理地安排任务，同时满足多个订单的生产任务。可把一个批次分解成多个小任务单，分配给各个作业人员，通过作业单的电子标签，可以完成作业单的分拣，控制作业单的完成情况。

（7）计件统计：传统的计件统计方式是一项非常烦琐的工作，通过单体跟踪技术，利用每个产品上的电子标签标识和生成作业单，可以很容易地统计每个工人完成的产量，对于残次品还可以追究责任人员。

4. RFID 在仓储物流和库存控制中的应用

使用 RFID 电子标签系统，能够实现仓库管理自动化和进行合理的库存安排。

（1）多库协同作业：服装业企业的产品为了流通的需要，往往分布在各地不同的仓库中，以便调货、配货、补货。仓库的类型也较多，如成品库、原料库、流通库、周转库、零散小库等。每日都需要监控各个仓库的库存量，以保证及时供应。通过仓库管理自动化，可以随时查到各库的存货情况，以便及时跟踪产品的物流过程。

（2）仓库收、发货和盘点作业：仓库管理中最重要的一项工作就是保证账面数量与实物数量一致，使用电子标签可以很方便地实现商品收货记录的准确性及发货、配送的自动化，使盘点存货不会有遗漏和丢失。

（3）先入先出：每个产品都有其使用期限，由于产品种类很多，在实际仓库管理中通过手工记录和保管员记录很难保证产品准确地先入先出。通过单体跟踪技术，可以给每个产品内置一个时钟，也可以记录每个产品的完好状态，这样就能保证按指定要求期限实现商品的出库作业。

（4）缺货报警：任何一个仓库出现某个产品短缺时，不但可以自动提示报警，还可以细分到款型、颜色、尺码等产品构成的细节。即：某一款式的某些尺码出现断档，可以立即提示保管人员及时补货。

（5）滞销品统计：服装业产品积压仓库是件非常头疼的事情，通过滞销品统计，得到每个产品（细分到款型、颜色、尺码）的在库停留时间，可以很快发现哪些产品滞销、过季，可以很方便地提供降价决策或调换依据，加速产品销售和资金周转。

5. RFID 在销售中的应用

服装类产品是一种时尚产品，销售季节、销售的地点、消费者的品位档次、流行趋势、产品的价位等许多因素都会影响到产品的销量，因此，对销售状况进行实时跟踪，对服装业企业是非常重要的管理内容。

（1）销售统计：每日销售信息的统计，对于企业来说非常重要，它可以为企业下一阶段销售计划的制定提供参考依据，并可以帮助销售部门及时配货、补货，这就要求实时准确地反映相关信息。

（2）断码销售分析：在不同地点上畅销的品种不同，不同尺码的需求量也不会相同，需要在断码时及时补货。可以通过销售统计分析，预计产生断码的可能，以便通知及时补货。

（3）柜台间调拨：在不同的地点间销售状况也不相同，可以通过不同柜台间的调拨，加速品种流通，最大限度地扩张销售数量。有些品种在某些柜台上不好销，但换一个地点（或一个柜台），会变成一个好销的品种。这样可以有效地减少柜台滞销品种的数量。

（4）退货控制：在市场竞争中，各厂商都在提高服务质量，都允许客户退货。通过退货统计分析，可以准确找出产品质量问题，追究责任部门、责任单位和责任人。

（5）盘点和找货：盘点和找货是一项非常烦琐、容易出错的工作，特别是在销售火爆的时间段内，如何最大限度地满足顾客选择衣服的需求便是需要考虑的事情。在此过程中使用手持式读写器能够高效、准确地完成盘点和找货作业，提高工作效率，不会产生任何盘点差错（尤其是使用单体唯一编码方式以后）。

（6）畅销品的动态统计：根据全部顾客对某款产品的关注和好感程度，再根据销售状况进行实时跟踪，可以建立数学模型，分析消费者偏好，在增加销量的同时更能够为以后的服装生产提供市场导向。

当然，在这之中，由于 RFID 电子标签的信息读写和存储功能，整个供应链的运转过程中，无时无刻不在进行着信息的汇总和分析。

（二）实时 RFID 方案满足供应链的需求系统设计原则

1. 采取可解决实际问题的用例

RFID 方案是设计过程中通过运用真实的算例对 L 公司的整个供应链体系进行 RFID 规划，力求最终设定的方案能够解决本章所提出的 L 公司存在的一些问题。实用性的要求促使我们从 L 公司的上下游供应商中选择真实的事例，以期使完成的设计方案与现实相适应。

2. 采取灵活的实施构架

RFID 供应链设计方案中的模块的实际构建必须以公司现有的实际框架为基础，在此之上进行改进，而不是一味理想化地制订最优方案。设计方案应该为现有的公司构架服务，更好地完善工作内容，提高工作效率，并以最低成本进行供应链管理系统改造。就是在维持公司整体部门框架不变和公司现有工作系统不变的情况下，对供应链上每一局部环节有针对性地灵活地做出相应的优化，以期在最大程度上提高各环节工作效率、降低运营成本，包括时间和各种经济成本。①

3. 有效利用实时数据

在RFID系统设计过程中，必须有效利用公司的实际数据，最大程度反映公司的实际问题，通过对不同问题进行有针对性的辨别、筛选，给出相对合理、费用较低的解决方案。这样的设计方案才能够最大程度贴合公司实际状况，较大程度上解决公司的实际问题，最终得到公司的认可，并得以推行。

4. 采用符合国际标准和公司发展需要的标准

在RFID系统设计过程中，对于RFID系统运营商、RFID相关硬件的选择，应该尽可能以国际国内的广泛标准为依据。因为一方面L（总）公司是一家拥有百年历史的跨国企业，加工工厂、客户、门店并不是只分布在中国或者欧洲一两个地区，所以考虑公司实际使用需要，采取国际广泛使用的标准是应该的；另一方面，L（中国）分公司十年间业务人员已扩展到近千人，供应商达数百家，分布在十几个省份，为了以后L（中国）分公司的发展考虑，制定相应一致的标准是必需的。

5. 选择可扩展的硬件设备配置方案

根据软件工程原理，系统维护在整个软件的生命周期中所占比重是最大的，因此提高系统的可扩充性和可维护性是提高此系统性能的必备手段。此系统采用模块化结构，可根据需要修改某个模块，增加新的功能，使其具有良好的可维护性。系统还预留有与其他子系统的接口，使此系统具有较好的可扩充性。

6. RFID系统的稳定性和先进性

对于RFID供应链系统的构架，无论是硬件还是软件都要考虑一定程度上的先进性。对于公司而言，构建RFID系统的成本并不是一项很低的费用。通过预估，即使是L这样的公司，收回成本也要2～3年的时间，所以RFID系统必须保证在6～10年内不需要大规模更换设备和进行系统升级。而对于公司的实际运用而言，良好稳定的性能是必须的，因为公司每天的工作量都比较大，并且还在持续增长。

(三) 项目总体目标

(1) 通过对RFID技术的运用，基本形成L公司的面料、辅料、半成

---

① 何玉华. 基于无线射频识别技术的物流供应链改进的探讨［J］. 人类工效学, 2010(3): 66-69.

品、成品以及客户订单等单位环境的智能化，实现在产品的整个供应链管理中，对产品各环节的单位内容进行快速定位、快速处理、高效物流，实现整个过程中各环节、各工序间的无缝衔接和可视化管理，同时加强对既有供应商的考核、评估和筛选汰换工作。

（2）通过运用基于WEB形式的供应商协作平台，实现供应商实时管理，加强各个面辅料供应商、制造供应商、品牌管理师以及产品设计师之间的良好沟通，提高有关订单内容的编制、下达、商定等一系列产品生产前期事务的处理效率，将原本订单的各个环节沟通处理时间由1~2天缩短为1~2小时，而整个订单生产前期工作的时长由原来20~28天缩短至10~16天。

（3）通过开发运用基于RFID技术的以生产管理系统、仓库管理系统、分销管理系统三大系统为基础的初步智能管理系统，在生产过程中实现原料、半成品的实时可视管理，提高各环节半成品的合格率，降低成品的不合格率，实现生产环节整体工作效率提高10%~15%的目标。在物流仓储过程中通过对进出库、盘点的作业简化和库存实时可视化管理，降低20%~35%的库存量，提高收发货的效率，盘点周期由10天变为3~5天，降低货品的差损率，货品在保税仓库的终期检验滞留时间由15天缩短至7天，单位货品的库存天数由116天降至87天，在提高物流效率的同时，降低流动资金风险。在出口销售过程中实现VIP和自有门店的配送与调拨的自动化管理，提高对销售信息、客户信息、促销数据、产品价格变动信息等的数据采集和分析能力，为下季产品的研发和订单制定提供参考依据，同时改善和提升对VIP客户的服务能力。

（四）L服装公司RFID系统方案整体设计

RFID系统设计根据L公司现有基础设备和组织构架，结合公司发展现实需求，以服务客户，特别是VIP客户的需求为目标，综合RFID技术、计算机技术、移动通信技术、网络技术、数据库技术等，实现RFID系统可行性、稳定性、先进性的要求，构建基于RFID技术的操作性强、成本低、效率高的供应链管理系统。

图 3.8　基于 RFID 技术的供应链管理系统的整体构架

　　这里我们从整个供应链管理系统整体构架（参考图 3.8）方面对 RFID 应用系统进行分析：整个系统构架从上至下包括应用企业（部门）、信息系统、业务数据、模块管理系统、物流数据、中间件、基础设施及物流环境八个层次。① 首先，充分考虑 L 公司的现有基础设备（包括软件和硬件）和公司组织部门构架，确定实施 L 公司整体供应链系统上 RFID 技术革新的现实环境，特别是成本占用率较高的各环节的物流环境。充分考察和基于 RFID 技术，对现有模块进行划分，明确新的供应链环境。在此基础上安排相应的基础设施，基础设施的构建主要是依托现有软件系统和硬件设施，合理增加新的 RFID 系统和设施，并将 RFID 系统与现有业务系统进行对接，合理安排。之后则是 RFID 中间件，其主要是用以采集数据和进行数据预处理，由于 RFID 的数据采集是在一定范围内的自动采集，所以不可避免地会出现大量的数据重复和数据差错。所以为了保证所有数据的唯一性和准确性，对采集的数据进行预处理是必须的。这之后就是对所有实时数据进行存储、分析、处理、运用的基于 RFID 技术的供应链实时数据管理系

---

① 董淑华. RFID 技术及其在物流中的应用［J］. 物流工程与管理，2012，33(7)：50 - 53.

统。这些数据并不是每一个部门都可以采集或者运用的，根据数据的来源以及各部门所需数据构建不同的模块数据管理系统，包括以 WEB 技术平台为依托的订单和采购管理系统、基于 RFID 技术的生产管理系统、基于 RFID 技术的仓储管理系统、基于 RFID 技术的分销管理系统，以及涉及采购、生产、仓储、销售等多个环节，RFID 技术对工作效率的影响最为明显的供应链物流管理系统。当然由于物流活动涉及供应链上各个环节，数据的采集也涉及其他各个系统，所以在设计 RFID 供应链系统的过程中，可能并不会设立一个单独的系统用于操作，但是为了突出其重要性和不可或缺性，本章在系统设计时将其作为一个单独的系统加以说明。然而，对于公司的业务开展并不是一些繁杂、稍显凌乱的实时数据可以支撑的，其必然包括业务往来中的订单信息、客户信息、供应商信息、销售信息、市场信息、财务信息等多种信息数据，在强调快捷、高效的无纸化办公的跨国公司，建立一个强大的包括整个供应链的业务数据库管理系统是十分必要的。当然这样的业务数据系统 L 公司本身是具有的，并不需要另行建立。[①] 但在这里必须建立一个基于 WEB 形式的供应商协作平台，以加强各级供应商之间的沟通和 L 公司对其的管理。最后，整个系统的运用主体就是面辅料供应商、生产制造商、VIP 客户、自有门店、相关部门等企业和部门。当然这里要根据各个应用企业的实际应用情况设置其在各个系统中的相关准入权限。

在已经明确整体架构的基础上建立了 RFID 管理系统的整体模型（参考图 3.9）。应用模型和一般模型一样，设有计划层和执行层，至于决策层，由于对叙述 RFID 技术在整个供应链中的应用情况并没有太大作用，所以这里不再赘述。计划层主要包括：订单计划、采购计划、生产计划、分销计划。在每个计划模块下又可以细分为订单数量计划、生产厂商订单量计划、库存量计划等一系列计划。当然这些都必须根据各计划模块的实际情况进行细分。

---

① Dennis E. Brown. *RFID Implementation* [M]. New York：McGraw-Hill Osborne Media，2007：33－35.

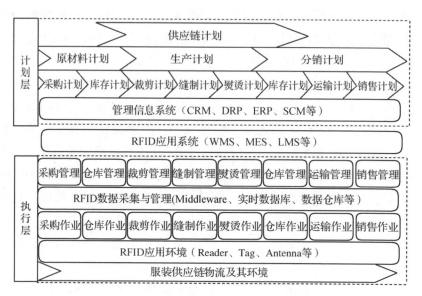

图 3.9 基于 RFID 技术的供应链流向层次管理模型①

在 RFID 应用系统中根据实际应用情况又分为执行层中的多个执行单元，主要包括采购、生产、仓储、销售、物流等管理模块。在这些执行单元中，很大一部分都需要运用 RFID 读写器，例如生产管理环节的熨烫作业、仓储管理的盘点作业、芬兰总部分销中心的分拣作业以及自有终端门店的盘货作业等。

五、L 服装公司 RFID 方案的实施方案

（一）供应商协同工作信息平台

RFID 供应链管理应用系统设计的初衷主要是为了实现产品可视化管控和供应链上参与者之间的有效沟通。设计供应商协同工作信息平台主要是为了实现有效沟通。供应商协作信息平台的用户并不仅仅是 L 公司的供应商，在 L 公司产品供应链上的所有参与者都将是平台的用户。信息平台将以 WEB 的形式构建其用户层。由于公司已经拥有自己的门户网站，那么这个信息平台将会依托既有网站，增设信息平台模块。所有的用户登录后将可以浏览其被授权的内容，当然其也可以将自己所属范围内的相关信息输

---

① 鲁洋. 基于 RFID 技术的生产管理系统研究［D］. 武汉科技大学硕士论文，2010.

入系统中。同时作为整个体系中的一个子系统，信息平台并不是孤立的，它通过数据接口与外部信息系统进行对接，公司员工可以通过公司内网直接登录，进行信息平台日常管理维护，同时也可以与第三方物流企业信息系统进行对接，对货物运输情况进行实时更新（参考图3.10）。

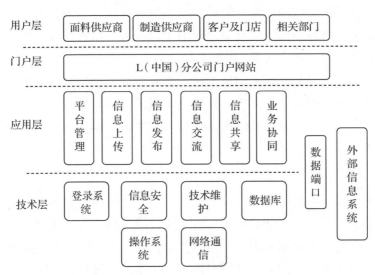

图3.10 基于WEB形式的供应商协作信息平台的构建

信息平台显示界面将根据部门、品牌、款号的级次划分功能模块，根据用户所涉及的产品所属部门、品牌、款号的级次进行信息显示，与用户无关的信息将显示没有权限。例如应用层的平台管理将只有平台管理员拥有使用权限，信息发布则是所有用户针对其所属范围信息进行同步上传。

（1）信息上传：所有用户必须在规定时间内将自己所属产品的实时数据同步至系统，例如产品加工制造商必须阶段性地提供各项产品的实时制造进度。这项功能主要是为了便于L公司对供应商的工作进度的把握。这一项是强制应用，这将决定L公司能否实现对产品生产跟踪、监督这一既定目标。

（2）信息交流：每一款货物都将开展针对本产品的信息交流，便于各环节参与者加强沟通，实现信息对称和信息透明，避免中间环节所造成的信息迟缓，提高工作效率。这种沟通机制的主观目标是为了业务沟通、协同作业，但在这个过程中L公司业务人员如何在沟通过程中占据主导，对沟通的整个过程进行良好掌控，特别是客户和下游生产供应商的交流必须是在以 L 公司为中间媒介的前提下进行的,或者至少是在 L 公司的主导下进行的,这将是在系统运行过程中需要考虑和注意的地方。

(3) 信息共享:这是在公司既有供应商平台上为供应商提供信息共享服务的一种方式。虽然这种效能并不是 L 公司的主要业务诉求,但是通过既有平台为下游供应商提供一定的信息交流获取平台,会使得供应商不仅将供应商协助平台当作一种对 L 公司的单向服务,而且能够从中获得一定的优质资源,提高供应商参与的积极性。

至于业务协同其实就是信息沟通、作业协同,这里只是通过模块将这一工作规范化、制度化,使得其能够更加规范高效地被执行。其实整个供应商协同合作信息平台的建设目标就是为了实现各部门良好沟通,使作业流程高效运转。

(二) 基于 RFID 技术的生产管理系统

在生产管理系统建设中,由于各项生产工序的内容和顺序都是经过长时间检验的,所以基于 RFID 技术的生产管理系统的改进主要是在原有的 ERP 系统的基础上应用 RFID 技术在实际的生产工序中进行产品生产实时数据的收集,实现产品在生产过程中的实时化管理。这样,在生产管理系统的建设中 RFID 技术的应用最主要的就是基础设施的建设,以创造生产过程中更好的产品物流环境。当然现有的生产管理信息系统并不能支撑 RFID 设施的数据收集和处理,必须做出一些小的改进,以反映 RFID 设施在生产过程中的效用(参考图 3.11)。

由于 L 公司的整个生产几乎全部外包给下游生产供应商,且生产供应商是在不断汰换之中的,所以整个生产环节的 RFID 系统改进并不纳入 L 公司的 RFID 项目投资之内,但是 L 公司会建议或要求下游生产厂商进行一定的 RFID 技术范围内的生产管理改进,配备一定的 RFID 基础设施,以配合 L 公司的 RFID 项目在整个供应链上的实现。所以这里就生产车间的 RFID 设备运用做一简略阐述。

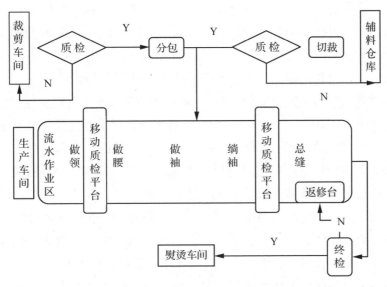

图 3.11 基于 RFID 技术的生产车间布置流程图

上述就是纯粹的加工制造车间的 RFID 布置，在完成所有生产工序后的终检改为 RFID 质检，生产的每件产品，都在系统中实时生成包括颜色、规格、材料等在内的产品信息。同时在面料、里料、辅料进入加工制造车间时增设 RFID 质检，在整个加工流水线上设置移动的 RFID 质检平台。在各个 RFID 质检端口，未合格的产品将会按照完成工序进度以及相应数量和所属批次在 RFID 电子标签中设定为质量异常批次，生产管理系统将会定时或者定量地对生产人员发出返修警告，确保产品基本合格。只有通过生产流程的终端 RFID 质检程序，产品才会进入下一程序。

根据服装生产工作的实际情况，这种布置方式是比较合理的。由于裁剪车间一般会计算生产车间不同种类服装的台产，以保证裁剪车间的生产速度快于生产车间，故在此处设立质检时间上是允许的，同时为了保证减少次品率，这也是必需的。而辅料一般由仓库处理并准备好，一般辅料的处理都较为简单，且有专业的切割机械，所以在时间上比较宽裕，有条件进行质检。同时，无论是面料还是辅料都是由其他部门进入生产车间的，所以 RFID 质检的计数功能也为整个生产环节物料透明提供了可能，而不是在物料差损时相互扯皮，影响生产效率。而对于生产车间内生产过程则只能采取移动 RFID 平台抽检的方式，这是由于生产车间是整个服装生产过程中唯一满负荷运行的车间，且流水生产作业工序多、不同产品的生产工艺和工序要求都有区别。这就决定了不能为了较少出现次品问题,对其中每个环节都设立 RFID 质检,以免影响流水作业的高效率。而同时公司又希望降低成品的次品率,实现不合格半成品直接进入返修程序,以免出现大量不合格成品,因此只能在整个流水线上设置一些移动质检。

通过对 RFID 标签技术在服装生产中运用的深入研究我们发现,在生产管理系统中,RFID 技术的应用在所有针对生产管理进行优化的方案中具有巨大优势。其中最主要的竞争优势包括以下几个方面:

(1) RFID 电子标签可循环利用,降低生产运营成本。一件服装在原料进入生产程序时就被编入一枚电子标签,当服装经过一道工序时,工序工人在此工序平台所设读写器中读取所附电子标签,系统将会在此标签代号下写入相应的工序、工时、工号等信息,并在系统中相应地显示此件服装所属状态的实时数据。在整个生产流程完结,系统保存了历史生产信息后,生产管理系统将对电子标签进行信息重置,电子标签将会重新进入生产作业。电子标签属于耐耗品,可在数年内多次重复利用,且电子标签的单价大约在 1.2~1.5 元之间,换算到单次使用成本将会在 5 分钱以下,对于单件成衣动辄几十上百元的生产成本而言,是完全可以接受的。

(2) 生产管理过程的可视化和自动化管理。将所有产品附上电子标签,每段生产工序都设置读写器,通过信息接收天线和信息管理系统的配合,单件成衣在整个生产过程中将会通过衣服所附的电子标签被不断地写入此件服装所有重要属性,如款名、款号、订单号、合同号、条码、商品编码、面料、里料、辅料、产品等级、产地、制造商编号、原料供应商编号、吊牌单价、洗涤方式等。在服装整个生产流程中,服装所附电子标签在经历每道工序时都必须经过 RFID 读写器的标签数据读取确认和新数据的写入。生产管理者通过生产管理系统和 RFID 基础设施的配合准确掌握服装信息,并对产品在整个生产过程中所经历的每一道工序的作业时间、作业质量以及各工段工人的工作效率、作业合格率等都做出严格管控,从而实现生产过程的可视化管理。同时生产管理系统对各个批次产品生产将会出现的问题及解决途径,进行系统设置,对生产过程中出现的问题,生产管理系统将会进行自动处理,通过警报程序告知相应工作人员,从而在生产实际中实现生产管理的自动化。

(3) 对生产中的产品进行识别、跟踪、控制。对于制造企业而言,最重要的不外乎两点:报价和交货期。如果说优质报价的实现主要在于良好的客户维护和高超的洽谈博弈,那么准时交货就要依靠对生产进度的精确控制。RFID 生产系统的运用,通过电子标签、读写器、天线和系统,对整个生产系统中的产品进行识别、跟踪,并且实时统计各工段的工作进度,使得管理者对单位产品在流水线上的精确位置、下线产品数量、整体生产工作进度等都有一个更加精准的认识,从而对整个生产项目的完成以及交货期有一个更好的掌控。这将有利于企业实现良好的生产管理和精益化生产。

(三) 基于 RFID 技术的分销管理系统

整个分销管理系统分门店和 VIP 客户管理系统、分销中心管理系统两个系统模块。分销管理系统的最大特点在于其分散性。VIP 客户、门店、分销中心、物流配送中心的空间分布比较分散,通过 INTERNET 数据传输方式可以弥补这一不足,加强门店、VIP 客户与分销中心的沟通效率,实现供货自动化和精准化。当然这就对数据的安全性和准确性要求更高了。根据服装销售的实际情况,我们将 L 公司的分销中心系统设置为四个模块:订货信息处理系统、物流信息处理系统、仓储信息处理系统和智能销售信息处理系统(参考图 3.12)。

图 3.12　RFID 分销管理系统功能模块图

整个分销管理系统的运行方案设计如下:

首先,公司销售客户分为自有门店和 VIP 客户,由于 VIP 客户的单种货品订货数量较多,且不同客户的项目操作要求不同,而同一客户订单发货地、时间、配送方式等都较为固定,所以都为单独操作。[①] 这里就自有门

---

① 苏军,薛顺利,胡文学. RFID 技术在服装销售中的应用 [J]. 西安工程科技学院学报,2007,21(5):661 - 664.

店的分销管理系统中的订货处理信息子系统的实施方案进行阐述。

（1）订货流程。各门店根据自身情况和分销中心货品清单，制定新品订单，发送至分销中心。分销中心根据订货信息生成仓库出货要求清单，发至仓库和物流部门。仓库制定出库工作计划，运用 RFID 系统快速定位、确认、出库，同时物流部门根据各门店实际情况制定配送计划，并且各子系统对相关数据进行处理、储存。

（2）收货流程。分销中心接收到上级物流仓储中心到货通知及到货货物的电子标签信息后，制定收货计划，系统生成货品的仓位、编号等信息，并将相关信息写入相应仓位 RFID 电子标签中。到货后，收货人员手持 RFID 终端读写器快速收货、验货，将货物信息上传至系统并将货物移至指定仓位。

（3）补货流程。门店管理系统设置各类服装缺货警戒值，当某家门店的某种服装库存量逼近警戒值时，分销中心信息系统会收到补货通知，补货数量则依据各门店补货自定义数量自动生成。分销系统自动生成出货清单并执行订货流程。

（4）退货流程。当某种服装在某家门店出现滞销情况时，产品的库存量长时间未消化，门店管理系统将自动发出退货申请，分销中心确认并通知物流部门进行退货作业，仓储部门进行收货作业。

（5）调货流程。当分销中心系统在分析门店销售情况，发现某种产品在 A 门店处于滞销状态而在 B 门店处于热销状态时，则系统自动生成调货作业通知，通知物流部门做好调货作业。

（6）统计报表和订单查询。这是作为门店和分销中心日常工作的补充，目的在于使得门店可以实时明确订单内容，分销中心也可以对门店业绩进行统计并报财务部门。

（四）基于 RFID 的仓库可视化管理系统

1. 概述

仓储管理在物流管理中占据着核心地位。传统的仓储业是以收保管费为商业模式的，希望自己的仓库总是满满的，这种模式与物流的宗旨背道而驰。现代物流以整合流程、协调上下游为己任，静态库存越少越好，其商业模式也建立在总成本的考核之上。① 所以，仓储管理及精确定位在企业的整个管理流程中起着非常重要的作用，如果不能保证及时准确地进货、控制库存和发货，将会给企业带来巨大损失，这不仅表现为企业各项管理费用的增加，而且会导致客户服务质量难以得到保证，最终影响企业的市场竞争力。与之相对应的全新的基于射频识别的仓库系统就成为一种能够良好地解决精确仓储管理问题的方案（参考图3.13）。

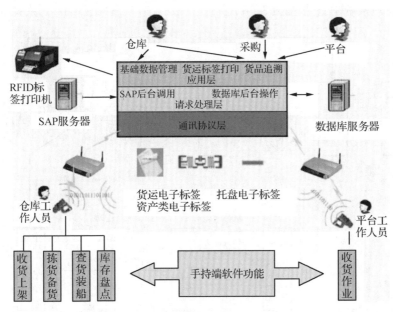

图 3.13　RFID 仓库信息系统作业流程简示图

2. 系统工作流程

下面以入库、盘库作业流程为例做出说明。

（1）到货流程。

① 货物入库前：货物到库后，操作人员在管理终端根据送货单据号查询到货物的相关信息（如品名、数量、供应商代码等），然后扫描到库货物上的编码，同时检验货物包装有无破损。系统随后检查送货单据的项目是否与实际到货相符。如果有不符合送货单据上的数据，系统将直接报警，仓库操作人员将拒绝收货；如果与入库单据相符，系统即给出相应的信息。同时需要将验收后的相关信息由 RFID 读写设备自动识别传送给 WCS 系统

---

① 邬春明，刘杰，耿强等. ZigBee/RFID 技术在仓储盘点及安防中的应用 [J]. 沈阳大学学报，2012，24(2)：66-70.

（仓库设备控制系统），并在SCM管理系统（供应链管理）中完成入库确认，同时打印入库单据。

② 货物入库后：入库的货物堆放由工作人员根据仓库库位情况来完成，堆放类型有按点堆放、按批次堆放、分类堆放、按不同的厂商堆放、配套堆放等。操作人员手持终端，通过扫描货物标签、仓位标签，记录位置（与货物信息关联），确认入库后将需要的库存信息同步到WCS以及SCM管理系统中（参考图3.14）。

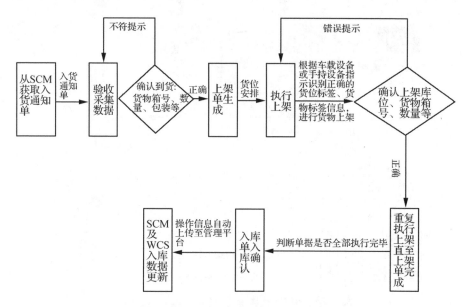

图3.14　RFID仓库到货作业流程图

（2）盘点流程。仓库盘点是按照常规的要求进行周期性的仓库货物清点工作，以便及时掌握库存货物的现状。盘点时，可以参照RFID系统的流程操作，只要求根据操作人员的指令，生成各种不同的盘点结果报表，有盘盈盘亏、库存、仓位报表等。另外还有针对每个工程项目的盘点，要求及时上报每批工程货物的进、出、库存、积压时间等信息（参考图3.15）。

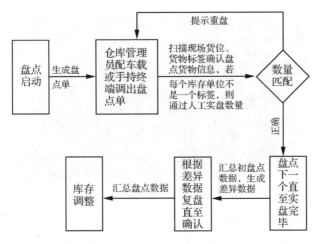

图 3.15　RFID 仓库盘点作业流程图

（五）基于 RFID 技术的物流管理信息系统

对于 L 公司的整个供应链系统而言，物流配送是衔接各个环节的纽带，并对提升整个供应链系统的工作效率做出了巨大贡献。但是由于物流配送涉及整个供应链的各个环节，所以在供应链管理系统的构建过程中并没有对物流配送业务独立架设一个物流配送管理子系统，而是将各个环节的物流活动编入采购、生产、仓储、分销等信息管理子系统之中。但是由于其独特的重要性，在这里将其单独作为一个系统方案进行阐述。

下面就 RFID 技术在物流管理过程中的具体应用方案选取几个方面做简要阐述，用以说明 RFID 技术应用在物流管理中所产生的影响：

（1）生产入库。当服装经过最后一道熨烫、包装装箱工序后，将已经写入服装相关信息的 RFID 电子标签一起装入箱中，生产管理信息系统即将进入入库程序的服装的 RFID 电子标签数据传至仓库管理信息系统。在成品入库时，由仓库入库清点处的 RFID 读写器对入库服装的电子标签信息进行自动读取确认，并自动生成进仓单，人工确认后信息将自动上传至仓库管理信息系统中（参考图 3.16）。

图 3.16 服装产品入库 RFID 自动盘点图

（2）仓库盘点。在仓库的作业流程中，最烦琐的是对仓库库存进行定期盘点作业以确保仓库库存的差损率在比较低的水平。但是由于仓库服装产品的实时总库存维持在 150 万－250 万件左右，且不同品牌、类别、款号等服装的种类繁杂，而仓库日常进出库作业又比较频繁，这就造成人工盘库作业的工作量非常大，这就意味着日常的盘库作业不能成为常态，而 RFID 技术的运用就非常及时。只要仓库人员手持 RFID 读写终端即可对信号覆盖范围内的所有 RFID 电子标签进行读取，再经过 RFID 中间件对冗余信息和误读信息的预处理，自动输入仓库管理系统，即可完成仓库盘点作业。原本 2~3 天的作业量将缩短至数小时，15 天一次的盘点周期可以改为 5 天一次，提高了仓库工作效率，降低了人为的仓库差损率（参考图 3.17）。

图 3.17 仓库 RFID 手持终端盘点作业图

（3）货物追踪。在货物的运输途中，我们通过 GPS 系统对货物进行运输追踪，实时确认货物所在位置，确保货物的安全和管理者对产品运输周期的掌握。而在货物经过生产仓库、质检仓库、保税仓库、海外中转仓库、各级地区仓库、分销中心、门店或 VIP 客户仓库的过程中对货物的精准化追踪则是依靠入库时的 RFID 盘点读取数据上传信息系统的方式进行的。对货物从生产到顾客的追踪是一种服务，是基于物联网概念的品质化的客户服务理念的展现。同时对货物的精准追踪为精确化物流、降低物流成本、合理控制交货期提供了参考依据，而这也是出于产品安全和顾客安全的考量（参考图3.18）。

图3.18　基于RFID和GPS的货物追踪图示

六、L服装公司RFID方案实施效果预测分析

（一）RFID在供应链管理中的效益

就供应链中传统的生产管理而言，它是一种主要依靠人工的、纸质文件办公的非自动管理模式。管理过程中对于货物的跟踪和质量控制主要依靠品质管理人员和制造商的沟通来实现，企业管理者对于产品的整个生产过程没有一个直观了解，对于产品的交货期也只单纯地依靠经验估算。而基于RFID技术的信息系统管理模式通过对生产各环节产品的跟踪监控，能够较为准确地把握产品的生产进度和品质，同时对制造企业的管理者来说也可以对企业自身的生产能力和效率进行有效评估，提升制造企业的核心竞争力。

而对于L公司而言，如何对下游供应商的效率和成品压缩进行合理掌控，并为上游客户提供更为优质、便捷的服务则是最为重要的。供应商协同合作平台的建立使得L公司对供应商的了解不再停留在业务人员对其的印象上，而是通过对供应商在整个供应链上相应环节的工作效率的实时监控，评估其工作能力。同时供应商协作平台最大的作用在于供应商之间、供应商与业务人员之间、供应商与设计师之间利用这个平台可实现更加良好的沟通，做好各个环节之间的衔接工作，减少环节转换间的时间延滞，构建一个更加高效的供应链。

从成本管理方面来说，企业运作的目的是为了创造更高的附加值，尽可能的合理地压缩成本，获得更多的中间利润。合理地压缩成本，指的是不影响整体运行的成本的削减。基于RFID技术的供应链系统的改进方案从成本管理的角度可以这样理解：局部的投入是为了整体成本的下降。RFID基础设施的投入不高、可重复利用，单位成本随着设备的不断使用而进一步摊薄。与此同时，由于RFID技术应用所带来的良好沟通、流程简化、耗时降低、精确控制，其所产生的时间效益、成本效益是巨大的。这将成为企业利润增长的第二源泉。

采用RFID技术进行供应链管理优化后，每一环节都出现不同程度的优化实效。下面就RFID技术改进对整个供应链管理的效益进行总结：

（1）节省人工采集数据成本，提高信息采集效率；

（2）生产流程可视化管理，实现精确控制和高效率；

（3）自动化的仓库管理作业，提高仓库收、发、盘工作效率；

（4）货物实时跟踪，安全与客户服务高品质的实现；

（5）自动分销处理，销售业绩最大化，通过销售信息反馈实现更好的客户服务和产品研发；

（6）整个供应链高效管理，更精确的产、销、存控制；

（7）减少管理成本和人为差错；

（8）有效的沟通平台，增进合作伙伴关系；

（9）快速响应顾客需求，实现更好的客户服务品质。

（二）L公司实施RFID项目的应用价值分析

RFID项目在L公司实施后，使得整个供应链体系在许多方面都得到改变。下面单就RFID技术在具体环节、具体部门、具体工序的实际应用进行分析，分析其实际的应用价值，或者说在这一阶段它解决了什么问题。

（1）数据采集员。所有的RFID读写器终端都在充当着数据采集员，并且这种形式的数据采集不仅避免了纸张浪费，且实际效果好，差错率低，耗时少。

（2）仓库智能收发统计员。同样完成的是查找货物、确定入库货物、出库货物、库存余量，编制报表，RFID系统更高效、零失误。

（3）生产统计员和财务助理。在生产企业中，它能精确统计企业产能，并根据计件薪资计算公式编制员工工资单，同时也可以为企业计算生产毛利润。

（4）生产监督员。通过RFID读写系统对生产过程进行实时监控，实现可视化管理。

（5）跟单员助理。通过对订单操作、生产进度、产品质量的管控，为跟单员工作提供助力的同时协助质检返修，在某种程度上其已经能够代替一部分跟单员和品管员的工作。

其实 RFID 项目的实际应用价值并不限于上述工作，这里只是截取一部分有代表性的项目做出说明，以证实 RFID 项目的实际应用价值。在方案的实际运行过程中还会有许多实际证例得以发现。

（三）L 公司实施 RFID 项目的投资收益预测分析

L 公司的年销售额大致为 23 亿 CNY，通过 RFID 项目的实施，加之分销管理系统的实施，实现了精准化销售模式，销售额上升了 5%。所有流转仓库的库存总量减少了 15%，库存差错减少了 90%，仓库盘点耗时下降 85%（由 2.5 天缩至 3 小时）。L 公司拥有加工制造供应商 120 家左右，总计用工人数为 15 000 人左右，每月用工支薪约 3 000 万，应用 RFID 管理方案后不但使薪水节省 5%，而且使加工供应商的生产力提高 10%。而 RFID 项目的实现还将带来运作效益，如透明的生产过程、透明的员工效能、明确的生产平衡及瓶颈、减少生产线上的在制品、减少损耗率等，这样不但对客户提供了更好的服务，而且亦提升了企业形象。

以 RFID 项目运行时间为 5 年计算，L 公司将产生 2 730 万 CNY/年额外毛利润，RFID 项目建设和运行成本将为 500 万 CNY/年。即使是计算净利润，也将在 1.5 年内收回成本。另外，这里对 RFID 项目的周期是暂设为 5 年，一般 RFID 项目运行 6~10 年后才需大规模升级。

表 3.3 是 L 公司的年度运营关键指标（KPI），表中列举了 2010 年到 2012 年的库存量、产量、交货及时率和年利润等信息，并对 RFID 项目实施效果做出合理预期。图 3.19 总结了相应的收益情况。

表 3.3　L 公司 2010—2012 年度运营关键指标

项目	年份			
	2010	2011	2012	2013（预计）
销量（万元）	226 843	219 742	229 627	241 439
库存量（万元）	11 903	10 306	12 542	9 372
周转天数（天）	112	105	108	87
年产量（万件）	1 700	1 560	1 650	1 870
交期达成率	87%	91%	89%	97%
年利润（万元）	21 220	19 860	22 590	24 670

下游生产厂商：（以年产值为 2 500 万元的供应商为例）

生产能力：+10%
工资薪酬：-5%
总体利润：+18%
年利润：增加 100 万元

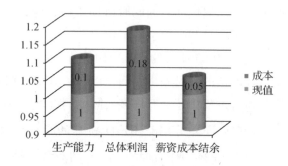

仓储部门：

库存量减少：1 650 万元
库存差错率减少：90%
盘点耗时下降：85%
人工成本下降：25%

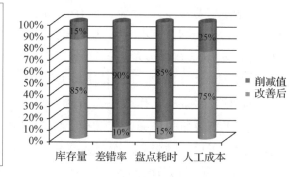

公司整体业务指标：

销售额提升：9 000 万元
年产量增长：170 万件
交期达成率达到：97%
新增利润：2 460 万元

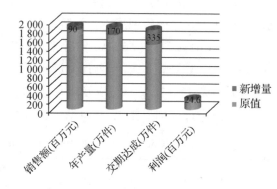

图 3.19　L 公司预期收益

（四）小结

通过对 L 公司 RFID 供应链管理改进项目方案的实施效果从管理效益、应用价值、投资收益三个方面进行分析阐述，论证了 RFID 技术在服装供应链管理改进中的良好效果，证实了基于 RFID 技术的供应链改进方案具有相当好的经济效益。

七、结　论

本章主要研究 RFID 技术在服装供应链管理中的应用。RFID 技术是近年来比较流行的应用技术，现阶段其技术已比较成熟，已经在多个领域应用。针对服装供应链管理手工化作业程度较高、公司管理者对具体环节不能够直观管控的管理症结，RFID 技术应用所达到的整个供应链体系全程可视化、精益化管理，正是管理者所期望的。

本章立足芬兰 L 时装有限公司既有供应链管理体系之基础，通过 RFID 技术改进，初步确立供应商协同合作信息平台、RFID 生产管理信息系统、RFID 仓储管理信息系统以及 RFID 分销管理信息系统四大系统模块。通过 RFID 技术对供应链管理的改进，加强公司与供应商、制造商、分销商、承运商以及 VIP 客户之间的沟通与合作，通过对各环节工作流程的改进，加强各部门、各环节之间的链接效率，提高通行效率，降低运输成本，实现整个供应链的快速、高效，缩短响应时间，针对客户个性化和多样化的需求实现精益化的快速响应服务，以实现更好的客户服务品质，为企业的发展增添新的原动力。

当然，本研究还存在许多不足之处。本研究过于注重对 RFID 理论的阐述，对 RFID 技术实现供应链通行敏捷性没有进行深入研究；主要针对 RFID 供应链管理系统的整体构建进行论述，而对 RFID 系统在具体生产、运作环节的实际应用并没有做过多的阐述，以后还要在这些方面更加深入地进行研究。

第四章

江苏省创业板上市公司成长性内部因素研究

伴随着中国金融体系的愈加完善,创业板市场在我国经济发展中发挥出越来越重要的作用,而创业板公司的高成长性往往是人们关注的重点。江苏省作为全国经济最为发达的地区之一,研究其创业板公司的成长性具有一定的代表性和先进意义。采用2012年以及2013年的数据,选择了13个自变量,通过因子分析法和多元线性回归对以营业收入增长率为因变量的影响江苏省42家创业板上市公司成长性的内部因素进行分析,研究结果表明影响创业板公司成长性的内部因素可以概括为偿债能力因子、营运能力因子、盈利能力因子、企业规模及创新能力因子。盈利能力与江苏省创业板公司的成长性呈显著正相关,偿债能力则表现为显著负相关,而营运能力、企业规模及创新能力并不显著影响其成长性。根据回归结果还原了每个自变量对创业板公司成长性的影响并提出了相应建议。

一、引 言

(一)研究背景和意义

1. 研究背景

创业板市场是指专为协助高成长性的新兴创新公司特别是高科技公司提供融资平台,建立正常的风险投资退出机制并进行资本运作的市场,也被称为二板市场。创业板市场相较于主板市场,并不对公司规模和以往的业绩提出较为严格的要求,而是更注重公司的发展前景和成长潜力,是一种前瞻性市场。因其上市标准低于主板市场,风险更高,所以要更加注重对上市公司披露的信息进行分析。

仍在运行中的最早的创业板市场是始于1971年在柜台交易市场基础上建立并发展起来的美国的NASDAQ市场,它培育了一批例如微软、谷歌、思科等高科技公司。而我国的创业板市场是于2009年10月23日开板,在2009年10月30日正式运营并开始交易的,第一批有28只股票挂牌上市,总市值约1 400亿元。在2010年6月1日成立了创业板指数,当日收盘指数为973.23点。截至2014年12月31日,经过5年多的时间,已有406家公司在创业板市场上市,总市值约21 851亿元,指数报1 471.76点。创业板目前是我国资本市场的重要组成部分,它的推出和发展,大大促进了我国高新技术企业的成长,推动了我国证券市场的运行方式和监管方式的改进,进一步完善了我国的风险投资与退出体系。然而在创业板市场运行中我们也发现,高成长性预期导致了高溢价发行和高发行市盈率,高发行价又造成成长性的虚高,资金使用效率低下,使得创业板有着巨大的造富效应并导致解禁期后的高管离职潮。这严重地影响了我国创业板市场的健康发展,因此我们迫切需要一个具有代表性和实际意义的创业板公司成长性的实证研究,以了解创业板公司成长性的各项因素。

2. 研究意义

国内相关研究更偏向于全国创业板公司整体的情况,而缺少区域经济条件下的具体性的实证研究。因为相较于主板市场来说,创业板上市公司大多处于生命周期的成长初期,所以盈利能力相对较差,又由于其上市门槛较低,所以对于投资者来说投资风险较大,而监管机构则需要更加注重其日常的经营风险和信息披露。因此,创业板上市公司的潜力和可持续发展能力就成为公司管理者、投资者等各方参与者非常关注的问题。由于外部因素较为复杂,覆盖领域宽泛,有一定的时间和地域方面的独特性和特殊性,所以研究影响创业板上市公司成长性的内部因素更具有说服力和实际意义。江苏省作为全国经济领先的省份之一,对于高新技术产业发展十分重视,截至2014年12月31日,江苏省已有48家公司在创业板市场上市,占到全国创业板上市公司数量的11.2%。因此研究影响江苏省创业板上市公司成长性的内部因素,可以进一步丰富创业板上市公司成长性的相关研究,并提供一定的示范作用,有助于市场参与各方对创业板上市公司的成长性有更加深刻的认识;帮助公司管理者发现在公司成长过程中存在的关键问题以及找出影响其成长性的内部关键性因素,为进一步发展提供依据和帮助;帮助监管部门完善监管机制和激励措施,对创业板上市公司进行更合理有效的监管；为投资者提供一定的参考数据和参考模型，帮助其实现较为理性和科学的投资。

二、我国创业板市场概述

（一）我国创业板主要特征

第一，创业板的上市标准低于主板。主板上市公司一般要求公司股本总额不少于人民币 5 000 万元，而创业板上市公司只要求最近一个会计年度的期末净资产不少于 2 000 万元并且发行后的总股本不少于 3 000 万元；主板上市企业往往会被要求持续营业 3 年时间以上且最近 3 个会计年度连续盈利，对于创业板公司来说则只要求创业板最近两年连续盈利且累积净利润不少于 1 000 万元，即使没有满足上述条件，创业板公司只要最近一年盈利，净利润不少于 500 万元或者是最近两年营业收入增长率均不低于百分之三十，依然可以进行上市。由此可见，创业板相对于主板而言，它的上市条件要明显宽松得多，也正是因为这一特点才使得更多的中小企业可以通过其进行上市融资。

第二，创业板上市的主要对象是那些具有高成长潜力和长远发展前景的高新技术类型的中小企业。主板市场主要面向传统的规模较大、发展比较成熟、业绩比较好的大型企业，而创业板更注重的是企业持续增长的潜力和良好的发展前景。虽然创业板的目的是为了培育中小型高新技术公司，但是为了较好地规避风险，保证金融市场相对稳定地正常运行，我国监管机构对于在创业板上市的公司的质量也有一定的要求，基本的选择方向是从"两高六新"即"高成长性、高科技以及新经济、新服务、新农业、新能源、新材料、新商业模式"的角度去选择创业板市场公司，从而在一定程度上保障了企业的优质性和高成长性。创业板的这个特点既能够很好地解决那些成长性强又达不到在主板上市标准的高科技中小企业的融资问题，又能为风险资本提供相对稳定的运行和退出渠道。

第三，创业板的投资风险高，强调信息披露，因此对于投资者的要求更高。由于在创业板市场上市的公司往往是规模较小而且处于朝阳新兴产业的企业，主营业务大都属于初步成长阶段，且其所涉及的行业专业性较强、技术含量较高，在日常经营层面的风险比较大，而且技术在不断更新，财税政策、货币政策和监管政策也会根据社会的进步和发展随时变化，这也在一定程度上加大了创业板的不确定性,因此投资者必须具备强烈的风险意识以及一定的专业知识和市场分析能力。

通过以上三点分析,我们可以得出创业板具有上市标准低于主板、上市对象主要面向中小型高新技术企业、投资风险较主板更大的特点,而这些特点使得创业板区别于主板和中小板,成为一种相对独立的资本市场形态,为处于创业初期的具有较高风险的中小企业提供融资渠道,对高新技术行业的发展、产业的升级以及资源的优化配置起到不可忽视的作用。

(二) 江苏省创业板上市公司概况

根据深圳证券交易所上市公司概况和锐思数据库的行业分类,筛选出江苏省创业板上市公司的地域和从事行业分布,通过数据透视表,整理得表4.1。

表 4.1 江苏省创业板上市公司概况

	C	F	G	I	M	N	总计
常州	4					1	5
靖江	1						1
南京	2			3	1	1	7
南通	3						3
苏州	16	1	1		1		19
泰州	1						1
无锡	6						6
宿迁	1						1
徐州	3						3
扬州	1						1
镇江	1						1
总计	39	1	1	3	2	2	48

注:C:制造业;F:交通运输、仓储业;G:交通运输、仓储和邮政业;I:信息传输、软件和信息技术服务业;M:科学研究和技术服务业;N:水利、环境和公共设施管理业。

截至 2014 年 12 月 31 日,江苏省的创业板上市公司共有 48 家,通过对这 48 家公司概况和数据透视表的研究,我们可以发现江苏省创业板上市公司具有以下几个特点:

第一,从地域分布来看,还是存在一定的城市差异,其中苏州在创业板上市公司数量上远超江苏省其他城市，苏州有19家创业板上市公司，南京有7家，无锡有6家，常州有5家，徐州和南通有3家，镇江、扬州、宿迁、泰州和靖江各有1家，淮安和连云港暂时还没有创业板上市公司。

第二，从行业方面来看，江苏省的创业板公司有1家从事交通运输、仓储业，1家从事交通运输、仓储和邮政业，39家从事制造业，3家从事信息传输、软件和信息技术服务业，2家从事水利、环境和公共设施管理业，2家从事科学研究和技术服务业。我们发现其中比重最大的是制造业，占了81.2%，其次是信息传输、软件和信息技术服务业，占了6.3%，其他行业均占比未达5%。这48家公司从事的行业集中于制造业大类，这与中国制造业大国的国情相符合，然而风险也就相对集中，存在一定的非系统性风险。

三、创业板上市公司成长性界定

对于什么是企业的成长性，目前国际上并没有形成统一的界定，国内外学者均给出一定的定义。Gregory Tassey（1997）指出成长性是指公司在其自身发展过程中，通过优化生产要素和成果的变动速度以获得的公司价值的增长，具体表现为公司所处的产业与行业具有长远的发展前途，公司产品前景广阔，规模逐年持续扩张和经营效益不断增长。[1] J. Solvay 和 M Sanglier（1998）认为公司成长由以下因素决定：通过商业周期变化导致的短期需求的波动和公司长期技术进步的趋势，从长期来看，学习和创新是提高其生产能力和发挥其潜力的主要驱动因素。通过技术的进步可以提高员工的生产能力，在一定条件下可以使更多的资源投入公司未来生产能力的建设方面，以促进公司生产能力的成长。[2] 惠恩才（1999）认为上市公司成长性是指公司在自身的发展过程中，其所在的产业和行业受国家政策扶持，具有发展性，产品前景广阔，公司规模呈逐年扩张、经营效益不断增长的趋势。[3] 朱和平、王韬（2003）认为成长性是公司生存发展的一种存续状态。成长包括公司规模扩张、公司结构和公司质量的改善更新等。

---

[1] Gregory Tassey. The Economics of A&D Policy [M]. Quorum Books, 1997: 155-203.

[2] J. Solvay & M. Sanglier. A model of the growth of corporate productivity [J]. International Business Review, 1998(5): 463-481.

[3] 惠恩才. 关于上市公司成长性分析 [J]. 财经问题研究, 1998(4): 49-51.

测评公司成长性的标准中,公司规模的扩张是公司成长的结果,公司成长的核心是质量和结构的变革以及制度创新。公司通过制度创新、改善结构等方式保持一个良好的成长方向才可能有良好的成长结果。[①] 影响企业成长性的因素一般可以分为两类：一类是外部因素,另一类是内部因素。在外部因素中包含了行业发展潜力、国家产业政策、市场需求等因素,由于外部因素较为复杂,企业无法控制并且覆盖领域宽泛,有一定的时间和地域方面的独特性和特殊性,我们难以从外部因素对创业板公司成长性的影响方面进行很好的定量分析,因此本章着重研究的是影响创业板公司成长性的内部因素。

四、评价指标选取原则及选取

(一) 评价指标选取原则

1. 相关性原则

本章研究的是影响创业板公司成长性的内部因素,因此需要选择的指标应该与成长性高度相关。实际操作中可以选择的评价指标有很多,但是我们须选择精简有效的指标。

2. 全面性原则

评价指标的选择应尽可能地覆盖研究对象的绝大部分内容,否则评价结构就会有一定的局限性且结论可能失真。因此应选择其中最具代表性的指标。这些指标虽不能反映评价对象的整体情况,但是能够反映具较高价值方面的问题。

3. 可操作性原则

可操作性原则要求尽可能利用可量化指标来进行数据统计和实际操作处理,避免主观观点和生活意识形态对实证模型和结果造成影响而导致无法得出客观的结论。本章主要是从上市公司年报以及相关的财务报表中采集信息并进行分析,以期得到客观真实的实证结果。

4. 独立性原则

独立性原则指选取的创业板上市公司的各项指标存在较小相关性,因

---

① 朱和平,王韬. 论现代企业成长的内在机制 [J]. 江南大学学报 (人文社会科学版), 2003(2): 54-57.

此尽量减少指标之间统计处理上的重复,但在保持评价指标的独立性的同时也应注意指标之间的逻辑性。

(二)评价指标选取

企业财务信息是企业经营状况的综合反映,是一段时间内企业经营的结果,可以通过对企业财务数据的分析得出企业过去的经营状况,同时也可以对企业未来的经营和成长进行预测。由于财务指标具有易获得性及准确性、及时性和方便定量分析等特性,也使得财务指标在研究影响企业成长性内部因素时被国内外学者广泛运用。本章根据评价指标选取原则,并在参考现有国内外研究的基础上,选择江苏省42家在2013年之前上市的创业板公司并根据其2012年及2013年度的公司年报信息,选取营业收入增长率作为衡量企业成长性的指标,并分别从企业的盈利能力、偿债能力、营运能力、创新能力、企业规模5个方面选取了13个指标,作为影响企业成长性的内部因素的指标。运用因子分析法对成长性影响因素指标进行综合研究,通过spss的因子分析功能从13个指标中归纳出少量公因子并结合企业的成长性指标进行多元线性回归分析,以研究影响创业板上市公司成长性的内部因素。

成长能力:营业收入增长率。公司在创业板上市的先决条件之一就是发行人应当主要经营一种业务,其生产经营活动符合法律、行政法规和公司章程的规定,符合国家产业政策及环境保护政策,因此,创业板公司的营业收入增长率可以较好地代表公司整体的成长情况。

营运能力:包括存货周转率、流动资产周转率、现金流量收入比(经营活动现金流量/营业收入)。上述三项指标均反映了企业经营过程中的日常项目,具有一定的重要性和代表性,而且比率类的指标能够较大程度上减少不同企业因规模不同而导致的巨大差异。

盈利能力:包括净资产收益率、每股收益、营业利润率。这三项指标能够较为全面地概括企业的盈利情况并且不会出现严重的概念和数据重复计算。

企业规模:包括总资产对数。可以降低不同规模企业的离散程度,减小误差率。

偿债能力:包括流动比率、速动比率、资产负债率。这三项指标代表着企业的资产结构状况和迅速变现能力的强弱,能够较为充分地表达偿债能力的强弱。

创新能力：包括技术人员比率、研发投入比率、员工本科及以上人数比率。这三项指标反映的是企业在技术研发和整体素质方面的信息，而将技术人员比率、研发投入比率和员工整体素质等指标作为代表企业创新能力的指标。

五、实证研究

（一）成长性因素研究方法

本章在国内外现有研究的基础上，利用因子分析法和多元线性回归法来研究影响江苏省创业板上市公司成长性的内部因素。首先，在确定成长性内部影响因素指标的基础上，运用因子分析法归纳提炼出需要的主因子，然后运用多元线性回归法，找出影响创业板上市公司成长性的因素。影响创业板上市公司成长性的内部因素较多，而因子分析法可从许多相关指标中精炼出少量公因子，使研究更加具有针对性，同时因子分析法以主因子的方差贡献率作为权重来构建研究函数，从客观角度反映指标之间的相关关系，以降低人为因素的影响，使得研究结果更可靠；多元线性回归法是在对大量数据进行统计分析的基础上，用数学表达式来定量描述变量间相互关系的方法。

（二）样本选择

本章研究的是影响江苏省创业板上市公司成长性的内部因素，由于研究的需要，每一个样本个体需包含最新两年的数据，我们选取 2012 年以及 2013 年度的年报数据。江苏省截至 2014 年年末有 48 家创业板上市公司，但其中有 6 家是 2012 年 12 月 31 日之后挂牌上市的，因此选择可提供 2012 年及 2013 年年报的江苏省 42 家创业板上市公司作为研究样本。

（三）数据收集

选取的样本和数据均来自锐思数据库及深圳证券交易所提供的创业板上市公司的 2012 年、2013 年年报。

（四）因子分析

以本章选取的 13 个指标的原始变量作为解释变量，分别为 X1 存货周转率、X2 流动资产周转率、X3 现金流量收入比、X4 净资产收益率、X5 每股收益、X6 营业利润率、X7 流动比率、X8 速动比率、X9 资产负债率、X10 资产规模、X11 研发投入比、X12 本科及以上学历占比、X13 研发人员占比。根据指标数据进行相应处理，运用 SPSS17.0 软件，采用统计方法中的因子分析法进行综合研究。主要分为以下几个步骤：

第一步，将整理好的数据输入 SPSS 软件，进行 KMO 检验和 Bartlett 球形检验，以确定选取的若干变量是否适合做因子分析。KMO 检验可以用于检验变量间的偏相关系数是否过小；而 Bartlett 球形检验则可用于检验相关系数矩阵是不是单位阵，如果得出的结果 sig. < 0.05，则表示各个变量都是各自独立的，可以进行接下来的操作。

表 4.2　KMO 检验和 Bartlett 球形检验结果表

取样足够度的 Kaiser-Meyer-Olkin 度量		0.575
Bartlett 的球形度检验	近似卡方	1 565.165
	df	78
	Sig.	0.000

从表 4.2 中可以看出，KMO 检验结果为 0.575，大于 0.5，可以用选择的指标做因子分析处理；Bartlett 球形检验的 sig. 取值为 0.000，小于 0.05，该结果表示拒绝原假设，认为各个变量之间不是独立的。综合以上两项测试，可以认为本研究所选取的 13 个指标变量适合做因子分析。

第二步，构造因子变量共同度表。我们在完成 KMO 检验和 Bartlett 球形检验后发现所选指标适合做因子分析，然后通过 SPSS 软件构造因子变量共同度表。该表可以给出提取公共因子前后各变量的共同度，是衡量公共因子相对重要性的指标。

表 4.3　因子共同度表

	初始	提取
X1	1.000	0.910
X2	1.000	0.751
X3	1.000	0.885
X4	1.000	0.936
X5	1.000	0.839
X6	1.000	0.864
X7	1.000	0.911

续表

	初始	提取
X8	1.000	0.905
X9	1.000	0.695
X10	1.000	0.936
X11	1.000	0.900
X12	1.000	0.827
X13	1.000	0.749

如表4.3所示,每一个变量的共性方差都在0.6以上,且绝大多数接近或超过0.8,这说明提取出来的公因子能够较好地反映原变量的大部分信息,适合提取公因子。

第三步,提取公因子。在提取公因子之后,通过SPSS软件构造公因子总方差解释表。表中列出了所有的主成分,并且按照特征根从大到小的次序排列,以此提取公因子并了解每个公因子的方差贡献率和累计方差贡献率。

表4.4 公因子总方差解释表

成分	初始特征值			提取平方和载入			旋转平方和载入		
	合计	方差的%	累积%	合计	方差的%	累积%	合计	方差的%	累积%
1	4.671	35.929	35.929	4.671	35.929	35.929	3.913	30.098	30.098
2	3.764	28.954	64.883	3.764	28.954	64.883	3.069	23.606	53.704
3	1.653	12.713	77.596	1.653	12.713	77.596	2.929	22.53	76.234
4	1.021	7.853	85.448	1.021	7.853	85.448	1.198	9.214	85.448
5	0.633	4.867	90.316						
6	0.564	4.338	94.653						
7	0.251	1.929	96.582						
8	0.220	1.690	98.272						
9	0.143	1.097	99.369						
10	0.049	0.381	99.750						
11	0.027	0.205	99.955						
12	0.004	0.030	99.985						
13	0.002	0.015	100						

从表 4.4 中可以看出，变量相关矩阵的前 4 个因子为最大特征根，其分别为 4.671、3.764、1.653、1.021，均大于 1，方差的贡献率依次为 35.929%、28.954%、12.713%、7.853%，而其累积贡献率为 85.448%，说明这 4 个因子提供了能够解释 13 个指标中 85.448% 的信息，可以提供足够的原始数据信息。

第四步，因子识别。取上述 4 个因子建立初始因子载荷矩阵，对初始因子载荷矩阵按方差最大正交旋转法进行旋转，得到旋转后的因子载荷矩阵表，如表 4.5 所示。

表 4.5　旋转后的因子载荷矩阵表

	成分			
	1	2	3	4
X4	0.966	−0.040	−0.008	−0.005
X6	0.915	0.148	0.067	0.040
X5	0.907	0.098	0.021	−0.075
X3	−0.791	−0.372	0.334	−0.092
X7	0.086	0.935	0.171	−0.019
X8	0.098	0.929	0.179	0.005
X9	−0.147	−0.805	−0.040	0.155
X12	0.054	0.134	0.895	0.065
X13	0.133	−0.025	0.846	0.120
X10	−0.464	0.419	0.679	−0.290
X2	0.335	−0.311	−0.648	0.351
X11	−0.552	0.462	0.592	−0.177
X1	−0.031	−0.087	0.021	0.949

我们可从表 4.5 中得知因子 1 在 X3（现金流量收入比）、X4（净资产收益率）、X5（每股收益）、X6（营业利润率）上有较大载荷，有 3 个变量都是反映企业盈利能力的指标，因此将因子 1 命名为盈利能力因子。因子 2 在 X7（流动比率）、X8（速动比率）、X9（资产负债率）上有较大载荷，3 个因子均反映企业的偿债能力，因此将因子 2 命名为偿债能力因子。因子 3 在 X2（流动资产周转率）、X10（资产规模）、X11（研发投入比）、X12（本科及以上学历占比）、X13（研发人员占比）上有较大载荷，5 个

因子代表了企业规模和创新能力,因此将因子3命名为企业规模及创新能力因子。因子4在X1(存货周转率)上有较大载荷,因此将因子4命名为营运能力因子。

第五步,建立因子得分函数。运用SPSS软件得出变量的得分系数矩阵,从而得到因子得分表达式。

表4.6 因子得分系数矩阵

	成分			
	1	2	3	4
X1	-0.078	0.095	0.064	0.875
X2	0.025	0.000	-0.184	0.226
X3	-0.162	-0.162	0.120	-0.057
X4	0.281	-0.083	0.098	-0.089
X5	0.263	-0.037	0.080	-0.129
X6	0.257	-0.008	0.099	-0.014
X7	-0.022	0.347	-0.064	0.113
X8	-0.019	0.346	-0.057	0.134
X9	-0.003	-0.292	0.101	0.042
X10	-0.072	0.058	0.171	-0.142
X11	-0.118	0.111	0.122	-0.028
X12	0.090	-0.079	0.377	0.117
X13	0.114	-0.135	0.391	0.137

从表4.6我们可以得出因子得分系数,从而得到因子得分表达式:

$$\begin{cases} F1 = -0.078 \times 1 + 0.025 \times 2 + \cdots + 0.144 \times 13 \\ F2 = 0.095 \times 1 - 0.162 + \cdots - 0.135 \times 13 \\ F3 = 0.064 \times 1 - 0.184 \times 2 + \cdots + 0.391 \times 13 \\ F4 = 0.875 \times 1 + 0.226 \times 2 + \cdots + 0.137 \times 13 \end{cases}$$

(五)多元线性回归

由于企业在创业板上市的先决条件之一就是发行人应当主要经营一种业务,其生产经营活动符合法律、行政法规和公司章程的规定,符合国家产业政策及环境保护政策,因此,创业板公司的营业收入增长率可以较好地代表公司整体的成长情况。所以本章选择营业收入增长率作为成长能力的衡量指标，我们将营业收入增长率定义为 $Y1$。

经过上面的因子分析，本研究得出了分别以偿债能力因子、营运能力因子、盈利能力因子、企业规模及创新能力因子为代表的 4 个因子变量，并依据因子得分系数表建立了因子得分表达式。接下来以营业收入增长率作为因变量，以 $F1$、$F2$、$F3$、$F4$ 分别代表盈利能力因子、偿债能力因子、企业规模及创新能力因子、营运能力因子 4 个因子变量作为自变量，建立以下回归模型：

$$Y = \alpha_0 + \alpha_1 F1 + \alpha_2 F2 + \alpha_3 F3 + \alpha_4 F4 + \varepsilon$$

对数据进行收集整理，运用 SPSS 软件构建多元线性回归模型，并进行以 $Y1$ 作为成长性指标的多元回归。

第一步，确定被引入和被剔除的变量。将数据导入 SPSS 软件，得到变量引入/剔除表。

表 4.7　变量引入/剔除表

模型	输入的变量	剔除的变量	方法
1	$F4$、$F3$、$F2$、$F1$		输入

由表 4.7 可以看出，模型最先引入的变量是 $F4$，然后分别是 $F3$、$F2$ 和 $F1$，并没有变量被剔除，说明模型比较合适。

第二步，检验模型拟合度。对于多元线性回归模型，一般采用其调整的判定系数来进行判断。

表 4.8　模型概述表

模型	R	R 方	调整 R 方	标准误差的估计
1	0.552	0.304	0.268	23.488 58

可从表 4.8 得知模型 1 的复相关系数为 0.552，判定系数为 0.304，调整判定系数为 0.268，由于本章选取的是面板数据，因此该模型拟合程度可以接受。在接受模型的前提下，可以继续分析模型的方差和确定回归系数。

第三步，运用 spss 17.0 对建立的模型的方差进行分析。

表 4.9　方差分析表

模型		平方和	df	均方	F	Sig.
1	回归	18 349.43	4	4 587.358	8.315	.000a
	残差	41 930.22	76	551.713		
	总计	60 279.65	80			

表 4.9 显示了多元线性回归模型的方差分析结果,从表中可以看出,回归模型的 F 统计量的观察值为 8.315,F 值比较大,且回归模型的 Sig. 值为 0,小于 0.05,该结果说明该模型有显著的统计意义。在确定模型具有统计意义后,我们开始确定回归系数以及相应的显著程度。

第四步,确定回归系数。运用 SPSS 软件得到回归分析的结果如表 4.10,从左到右依次表示未标准化的回归系数、标准化的回归系数、t 检验统计量值和 Sig. 值。

表 4.10　回归系数表

模型		非标准化系数		标准化系数	t	Sig.
		B	标准误差	Beta		
1	常量	17.319	2.610		6.636	0
	F1	11.546	2.626	0.421	4.397	0
	F2	-9.392	2.626	-0.342	-3.576	0.001
	F3	-1.736	2.626	-0.063	-0.661	0.511
	F4	2.201	2.626	0.080	0.838	0.404

根据回归系数表 4.10,我们能够得到回归模型:

$Y1 = 17.319 + 11.546F1 - 9.392F2 - 1.736F3 + 2.201F4$

　　(6.636)　(4.397)　(-3.576)　(-0.661)　(0.838)

$R^2 = 0.304$　　　$F = 8.315$

因此通过上述多元线性回归分析,我们可以得到以下结论:在 95% 的置信区间内,F1(盈利能力)和 F2(偿债能力)显著,说明在以净利润增长率代表江苏省创业板上市公司成长性的情况下,盈利能力和偿债能力对公司成长性有着显著作用,盈利能力越强则越有助于江苏省创业板上市公司的成长,而偿债能力越强则会制约公司的成长性。

表 4.11 江苏省创业板上市公司成长性

变量	指标	自变量系数
X1	存货周转率	0.019 739
X2	流动资产周转率	1.116 553
X3	现金流量收入比	-0.681 25
X4	净资产收益率	3.660 956
X5	每股收益	2.960 668
X6	营业利润率	2.843 784
X7	流动比率	-3.151 89
X8	速动比率	-3.080 18
X9	资产负债率	2.623 952
X10	资产规模	-1.981 02
X11	研发投入比	-2.678 74
X12	本科及以上学历占比	1.388 516
X13	研发人员占比	2.211 081

通过因子得分系数我们可以还原得到最初的 13 个自变量在模型中的系数。从表 4.11 中可以发现，流动资产周转率、净资产收益率、每股收益、营业利润率、资产负债率、本科及以上学历占比和研发人员占比系数为正，对于江苏省创业板公司的成长性有较大的推动作用。而存货周转率虽然同样表现为正相关，但作用较小。流动比率、速动比率、资产规模、研发投入比系数为负，且对公司成长性有较大抑制作用。尽管现金流量收入比系数也为负，但是作用较小。

六、结 论

本章选取了 2013 年之前上市并能够提供 2012 年及 2013 年年报的江苏省 42 家创业板上市公司作为研究样本，通过其从事的行业以及地域分布进行定性分析，又从盈利能力、偿债能力、经营能力、创新能力和企业规模 5 个方面选取 13 个指标，运用因子分析法和多元线性回归法相结合的方法，定量分析了内部因素对创业板上市公司成长性的影响。通过研究不难发现江苏省创业板公司集中于苏州和南京，并且所从事行业相对集中于制造业大类，存在一定的非系统风险。而通过因子分析和多元线性回归，我们看到企业盈利能力与公司成长性之间表现出正相关关系，说明盈利能力是企业成长的主要推动力之一，这就要求创业板公司将主营业务作为根本来发展，而这恰恰也是这些公司能在创业板挂牌的前提条件之一。而公司的偿债能力与成长性之间表现出负相关关系，说明公司的偿债能力是制约其成长的关键因素之一，偿债能力越强，公司对资金的利用效率越低，成长性也就越差，这就需要公司管理者视公司自身的具体情况以及经济环境随时调整公司的流动性资金和易于变现的资产。企业规模以及创新能力尽管在模型中表现得不是那么显著，但是其-1.736的负向相关关系也表现出其对于公司成长性一定的拖累。而营运能力在本研究中表现出来的是并不显著的正相关关系，一定程度上也反映了企业家能力对于公司成长性的促进作用。同时也提醒投资者在追逐热点和题材股的同时多加注意上市公司信息和数据的披露，进行理性分析，从而稳健地进行投资，这也要求监管当局加强对信息披露的监管，使披露的信息更加真实、透明和全面。

第五章

我国废物再生能源（WTE）项目 PPP 融资风险管理研究

——基于垃圾焚烧发电项目的案例分析

本章通过对中国 20 个 PPP 垃圾焚烧发电项目的现实风险事件的分析，发现了 10 个影响垃圾焚烧发电 PPP 项目的关键融资风险：垃圾供应风险、运营成本超支风险、费用支付风险、技术风险、环境风险、民意风险、政府信用风险、支持性基础设施缺乏风险、合同变更风险和法律与政策风险。同时，通过对上海天马垃圾焚烧发电 PPP 项目进行调查研究，总结出关键风险的有效防范与管理措施。对于 PPP 项目的合同结构、风险分担机制、关键融资风险应对机制进行了详细研究。研究结果可为政府和私人投资者有效缓解与管理废物再生能源 PPP 项目的融资风险提供借鉴。

一、引 言

由于常规能源的减少、频繁的能源安全问题和不断提升的公众环保意识，全球对于可再生能源发电的支持度越来越高。与此同时，在世界很多城市有大量固体废弃物。为了在生产能源的同时解决垃圾导致的严重环境问题，很多国家推广废物再生能源产业，我国的相关产业近几年也发展迅猛。

为解决政府的财政约束问题并充分利用私营企业先进的生产经验和管理系统，PPP 融资模式被广泛应用于废物再生能源项目的建设与发展，尤其是垃圾焚烧发电项目，例如重庆同兴、广西来宾的垃圾焚烧发电厂。PPP 被认为是吸引私营部门资本到公共领域的有效方式，它可以减短建设时间，降低建设及运营与维护成本。PPP 在发展中国家尤其受欢迎，因为它通过利用私有资本，更快地提供了所需产品与服务。在中国，私营企业正在公共建设与服务领域扮演愈发重要的角色。

由于 PPP 项目有投资规模大、特许期长、参与者众多、权利与义务交错等特点，尽管 PPP 融资模式在垃圾焚烧发电项目中得到广泛应用，但仍有许多不确定因素在不同过程中影响项目的实施，例如项目决策制定、可行性研究、融资、设计、建设、运营和维护等。本章通过对 20 个垃圾焚烧发电 PPP 项目遇到的风险事件的总结，识别影响 PPP 垃圾焚烧发电项目的关键融资风险，再通过对其中部分成功与失败项目风险应对措施的分析，理解成功项目的风险应对机制。同时，通过对一个融资风险管理有效案例的重点研究，吸取有效防范与应对策略，以此为我国垃圾焚烧发电 PPP 融资项目未来的建设与发展提供借鉴。

二、项目概况与 PPP 融资模式

（一）我国城市固体废弃物及废物再生能源项目概况

20 世纪 80 年代以来，世界城市固体废弃物（MSW，Municipal Solid Waste）排放量急剧增加，尤其是在经济高速发展和生活质量迅猛提升的中国。目前，中国已经超过美国成为最大的城市固体废弃物生产国。据亚洲开发银行报告，在中国，每年有超过 1.5 亿吨城市固体废弃物产生，并以 8%~10% 的速度逐年增长。据预测，到 2030 年，城市固体废弃物年排放量将至少增加至 4.8 亿吨。与每年大量的城市固体废弃物排放相比，中国大部分城市的垃圾管理设施不足，垃圾收集与处理系统不够有效。研究显示，中国 30% 左右的城市固体废弃物没有得到收集，超过 200 个城市被垃圾包围。

我国主要有三种城市固体废弃物处理方式：一是废渣填埋法，约占 50%；二是废物再生能源（WTE，Waste-to-Energy），约占 12%；三是垃圾堆肥，约占 10%。废物再生能源是通过处理垃圾产生电力或热能的过程。它是一种能量回收形式，包括垃圾焚烧发电、热解聚产油、生化处理等。目前，我国的垃圾处理方式主要是传统填埋，对环境尤其是土壤会造成严重破坏。而且，我国沿海经济发达省份有着高人口密度，例如，上海人口密度是伦敦的三倍、巴黎的四倍，土地资源的稀有导致垃圾填埋法成本大大提高。与此同时，垃圾并非一无是处，作为可再生资源，若加以循环利用，可达到经济效益与环境效益的双赢，为我国经济可持续健康发展创造巨大价值。近年来，在三种垃圾处理方式中，只有废物再生能源项目不仅数量越来越多，而且废物处理能力越来越强，是我国解垃圾围城之困的最佳选择。①

在废物再生能源项目的多种实施方式中，垃圾焚烧发电是目前最普遍使用的一种，它通过燃烧垃圾等有机物来回收能量。如果使用现代焚烧炉，垃圾焚烧发电可以将原有垃圾减少至90%甚至95%，并持续稳定供电。目前，国内垃圾焚烧发电比例大约为15%~20%，而日本、丹麦、瑞士的比例都达到了70%~80%。②

在各种政策鼓励及经济环境刺激下，垃圾焚烧发电项目的建设在2013年达到顶峰。到2013年年底，我国已建设166家垃圾焚烧发电厂，日垃圾处理总量达158 000吨，比2011年增长57%。无害化处理率持续上升，从2005年的10%提高到2013年的30%。③

（二）PPP项目融资简述

1. PPP的概念及形式

PPP即Public-Private Partnerships，被翻译成"公私合伙制"或"公私伙伴关系"，即公共部门与私人企业合作模式。在公共服务领域，政府采取竞争方式选择具有投资和运营管理能力的社会资本，双方按照平等协商原则订立合同，公共服务由社会资本提供，政府将根据公共服务绩效评价结果对社会资本支付对价。政府或其指定代理机构给予私企一定的合同特许期，允许企业融资、建设和运营特定公共基础设施。私人企业也被允许通过向用户收费、售卖产品来解决贷款问题并收回投资和盈利。PPP融资是以项目为主体进行的，项目的预期收益、资产和政府扶持措施的力度是其主要依据。还贷的资金来源是新项目经营的直接收益以及政府扶持所能转化的效益，还贷的安全保障则是政府承诺和公司资产。

狭义上看，PPP包括多种形式，例如BOT（Build-Operate-Transfer，建设—运营—移交）、BOO（Build-Own-Operate，建设—拥有—运营）、TOT（Transfer-Operate-Transfer，移交—运营—移交）等。其中，BOT和BOO是

---

① 任俊元. 我国垃圾焚烧发电建设融资模式探析 [J]. 商, 2013(31): 276-276.

② Yelin Xu et al. Critical risk factors affecting the implementation of PPP waste-to-energy projects in China [J]. Applied Energy, 2015(158): 403-411.

③ Yun Li et al. Waste incineration industry and development policies in China [J]. Waste Management, 2015(46): 234-241.

PPP较为普遍的两种形式。在BOT模式下，资产经过私营企业固定时间的开发、建设和经营后，通过移交，政府取得最终成果。在BOO模式下，一旦项目完成，项目公司拥有所有权，当地政府只购买项目服务。

2. PPP融资模式内涵

（1）新型的项目融资模式。PPP是一种基于项目的融资活动，主要是基于项目获得预期收益、资产和政府支持而不是项目投资者或发起人的信贷安排融资。项目管理的直接获利和政府支持的效益是偿还贷款的资金来源，项目公司的资产和政府的有限承诺是贷款的担保。

（2）民营资本更多参与。在特许协议的基础上，私营企业与政府公共部门全程合作，共同负责整个项目周期。私营企业能够参与到项目的前期工作中，例如项目的确认、设计和可行性研究。这不仅引进了私营企业在投资建设中更高效的管理方法与技术，而且也使项目建设运营的有效控制得以实现。因此，民营企业的投资风险和整个项目建设投资的风险都得以降低，较好地保障了各方利益。这对缩短项目建设周期、降低项目运作成本甚至资产负债率都有值得肯定的现实意义。

（3）民营资本有利可图。既能够还贷又有投资回报的项目是私营部门的投资目标，无利可图的基础设施项目则很难吸引到民营资本投入。而采取PPP模式，政府可以给予私营部门相应政策扶持作为补偿，从而解决该问题，如贷款担保、税收优惠、给予民营企业土地优先开发权等。

3. PPP融资模式的优缺点

与传统的政府单一投资相比，对政府而言，PPP作为一种新型融资模式，能有效吸引私人资本进入公共基础设施建设项目，帮助政府协调财政困难与基础设施建设资金短缺的矛盾，转移政府负债风险；而作为一种管理模式，PPP可以促进投资主体多元化，将先进理念引入公共产品与服务，加速推进中国的行政、财政以及投融资体制改革。对私人发起人而言，发起人在PPP融资模式下出资比例低，债务融资比例高，资本支出减少，实现了"小投资做大项目"；通过建立PPP项目实体（即SPV，Special Purpose Vehicle），可以将项目负债从公司资产负债表中隔离出来，减少对公司资产负债表的直接影响；另外，还能得到有利的税收条件。

但是与此同时，PPP充分合理的项目风险分摊结构很难落实；因为风险大，融资机构要求更高的风险溢价和更全面的保险，导致项目成本增加；而融资机构要求严格监控项目，项目管理方、政府和私人发起人失去很多自由；PPP 项目通常有大量的资源投入、延长的特许期限（通常为 30 ~ 40 年）以及较多的利益相关者，这也让 PPP 易受政治、经济、社会和环境因素影响。

（三）我国垃圾焚烧发电项目的 PPP 融资模式

垃圾焚烧发电项目的融资模式主要有政府投资和 PPP 模式。政府投资是项目融资及早期建设阶段的有力保障，但垃圾焚烧发电项目的发展需要高额资金，包括初始建设成本、运营成本和维护成本，这些对于我国各级政府来说都是巨大挑战。且政府投资往往存在建设期过长、运营低效、费用过高等问题。而另一方面，国际游资希望获得投资机会，本国私营企业经济实力继续增强，也有投资欲望。故而，引入民间资本，在私营企业与公共部门间通过建立伙伴关系（PPP 模式）融资垃圾焚烧发电的建设运营就显得顺理成章，切实可行。

图 5.1 展示了中国 PPP 融资模式下的垃圾焚烧发电项目的一般结构，项目主要现金流入包括政府补贴以及通过电力购买协议卖到电网的电费收入。具体看来，则是政府方成立新公司或利用现有投资公司与社会投资人成立合资公司共同投资经营。投资焚烧发电厂内的部分主要由有业绩和专业团队的社会投资人负责，基础设施方面则主要由政府投入一定配套资金。项目完工后，根据特许经营协议的规定进行垃圾处理和发电，政府按照协议规定履行相应义务，主要是保障电力销售和支付垃圾处理费，给予投资者约定的税收优惠和财政补贴，项目公司据此收回成本并得到合理报酬。

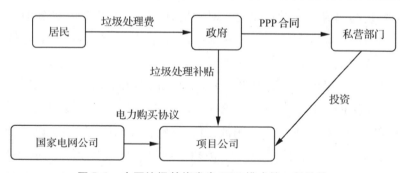

图 5.1　中国垃圾焚烧发电 PPP 模式的一般结构

资料来源：Jinbo Song et al. Risk identification for PPP waste-to-energy incineration projects in China ［J］. *Energy Policy*, 2013(61)：953 – 962.

特许经营期满后，根据相关协议要求，投资方永久拥有发电厂，或者将运营良好的垃圾焚烧发电厂移交给政府。在这一模式下，企业投资方在技术管理上的优势得以发挥,政府的综合协调能力得以运用,公司的服务水平和运营效率得以提高,有效地将企业融资和企业管理相结合。

在 PPP 融资模式下,政府更深入地参与了垃圾焚烧发电项目中后期运营管理,企业更深入地参与了项目前期科研、立项等。企业与政府都是全程参与,双方合作时间更长,信息也更对称。据统计,截至"十二五"末期,我国就已有超过 70% 的垃圾焚烧发电项目通过 PPP 融资。PPP 已成为我国废物再生能源项目融资的主流模式。

三、垃圾焚烧发电 PPP 项目的融资风险

(一) PPP 融资风险

融资风险是指融资活动中由于筹资规划引起收益变动的风险,受财务风险和经营风险双重影响。融资风险的内因主要包括负债比率大、负债利息高、负债的期限结构不合理等,外因包括经营时企业税前利润的不确定、预期现金流入量和资产的流动性不足及金融市场风险等。融资风险有很多表现类型,包括政治风险、环境保护风险、市场风险、金融风险运营风险等。

除了一般融资风险的普遍特征外,PPP 项目融资风险还有以下特征:

1. 风险偶然性较大

PPP 融资项目投资需求量大、建设周期长、贷款偿还期长,在整个项目运行周期中,项目所在环境可能发生不可预测的变化。项目周期越长,突发事件概率越高,因此,PPP 融资项目有较大风险偶然性。

2. 项目各方承担的风险不同

PPP 项目的顺利实施和正常运营需要项目参与各方合作,但由于各项目参与者预期收益和建设初衷的差异,他们所要承担的风险不同。对于政府公共部门来说,其风险主要是对私营企业选择的风险等。私营部门面临的主要风险是项目建设的不确定性和公共部门相关法律法规的变化,实际收益不能达到预期的风险等。对于银行来说,整个项目建设和运营过程中各个环节都可能对贷款回收时间和能力产生影响。

3. 风险具有阶段性

为了有效降低整体风险,PPP 项目融资一般都是多种融资方式的组合,其目的是把融资风险分解到项目不同阶段。因此,PPP 融资风险也具备明显的阶段性特征。此外,根据这类项目本身的生命周期特征,PPP 项目可

分为建设期、运营期等,不同阶段的风险类型与大小也不同。

4. 风险具有较大不确定性

PPP项目有很多参与主体,包括政府或公共部门、私营企业、股权与债权人、材料供应商、项目公司、保险公司和建设项目最终用户等,各方协作过程会带来较大不确定性。此外,当地法律法规和相关政策的调整变化会增大项目风险的不确定性;私营企业还要面对可能的国有化改革风险。

(二) 垃圾焚烧发电PPP项目的成本与收益分析

1. 成本分析

如图5.2所示,垃圾焚烧发电PPP项目的成本主要可分为投资成本和运营成本。投资成本包括设备、基础设施建设、土地使用费用等,运营成本主要有原材料费用、员工工资、折旧等。

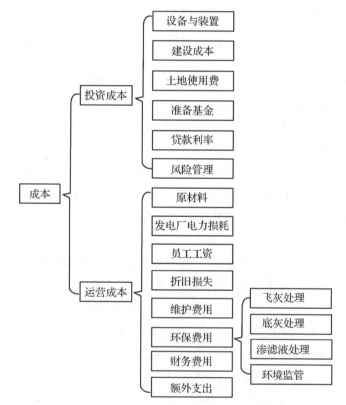

图5.2 垃圾焚烧发电PPP项目的成本结构

资料来源:Xingang Zhao et al. Technology, cost, a performance of waste-to-energy incineration industry in China [J]. Renewable and Sustainable Energy Reviews, 2016(55): 115-130.

（1）投资成本。投资成本是指在垃圾焚烧发电 PPP 项目建设期间产生的费用，主要包括设备购买、建造费用和设备组装费用。我国一个日处理能力为 1 000 吨的垃圾焚烧发电厂大约有 48.2% 的投资成本来自设备购买费用，21.5% 来自建设费用，26% 来自设备组装费用。

投资成本与垃圾焚烧发电厂的技术和规模关系密切。使用不同的技术时，投资成本也有所不同。即便运用相同的技术，使用国内设备的投资成本比进口设备的成本低 50%。土地费用是建设成本中的不确定成分，它与当地经济发展水平以及政府支持度有关。近年来，房价上涨，土地成本费用在建设费用中占有越来越大的比例。

（2）运营成本。运营成本是指垃圾焚烧发电项目运营期间的成本。建设后的运营成本范围在 56.2 元/吨到 224.9 元/吨之间，主要与使用的垃圾焚烧发电技术有关。① 一家垃圾日处理能力 1 000 吨的垃圾焚烧发电厂的运营成本如图 5.3 所示。其中，折旧和维护费用占比最高，为总运营成本的 37%，辅助燃料费用占 31%，员工工资占 14%。除此之外，化学药品的购买、水电费等也占据一定比例。

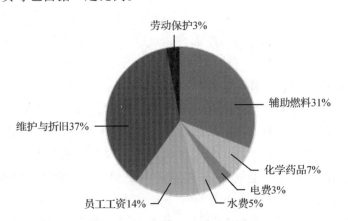

图 5.3　垃圾焚烧发电厂运营成本

数据来源：林鉴军，任五珑，陈跃华. 我国垃圾发电厂上网电价定价模型［J］. 生产力研究，2007(7)：102－103.

2. 收益分析

大数额初始投资、低运营成本和稳定的高额利润都是垃圾焚烧发电

---

① 林鉴军，任五珑，陈跃华. 我国垃圾发电厂上网电价定价模型［J］. 生产力研究，2007(7)：102－103.

PPP 项目的特征。它的收入不仅来自政府的垃圾处理补贴和发电收入，还来自税收激励、热能供应和煤渣销售。垃圾处理补贴和售电所得是补偿与利润的主要来源。根据对中国垃圾焚烧发电项目的研究，垃圾焚烧发电厂的发电收入占总收入的70%～85%，垃圾处理补贴占15%～30%，内部收益率为8%～12%，投资回收期为8～12年（特许运营期限为25～30年）。①

发电收入是指项目所在电网公司支付给项目公司的售电收入，由项目所在地的电网公司支付。垃圾焚烧发电电价与国家可再生能源政策密切相关，2012年4月，国务院发布的《关于完善垃圾焚烧发电价格政策的通知》中明确规定，垃圾焚烧发电执行全国统一垃圾发电标杆电价0.65元/kWh（含税），高于中国平均并网电价，从而鼓励垃圾焚烧发电、限制传统能源的使用。

垃圾处理补贴是指政府对每吨处理的垃圾给付的资金。虽然能得到国家的电价补贴，但垃圾发电收益不足以维持项目运营，所以当地政府一般还会从财政资金中拨款支付给发电厂一定的处理服务费。

不同于电价，各处的垃圾处理补贴标准有很大不同。一方面，它们与垃圾焚烧发电厂所在地有关，东部发达地区的补贴标准普遍比中部和西部地区高；另一方面，它们与使用的垃圾焚烧发电设备有关，譬如循环冷床燃烧就相对比较便宜，补贴数额为56.2元/吨至89.9元/吨。

在税收鼓励方面，垃圾处理补贴免税，同时，售电收入的增值税在付过后会即刻返还。目前，政府只对垃圾焚烧发电PPP项目征收收入所得税，并且给予"三豁免三减半"的税收激励政策，即：垃圾焚烧发电PPP项目在盈利后的前三年免除企业所得税，第四年到第六年企业所得税减半征收。

垃圾焚烧发电PPP项目也能带动它的产业链。上游产业包括各种垃圾移除和焚烧设备，中游是技术设计、咨询、建设等，下游产业包括垃圾焚烧发电厂的运营、垃圾渗透液的处理等。

除了巨大的经济收益外，垃圾焚烧发电项目还有巨大的环境收益，它能实现循环经济、减少温室气体排放、节约土地资源等。

---

① Xingang Zhao et al. Technology, cost, a performance of waste-to-energy incineration industry in China [J]. *Renewable and Sustainable Energy Reviews*, 2016(55): 115-130.

(三) 垃圾焚烧发电 PPP 项目的融资风险识别

国内外学者对于垃圾焚烧发电项目的融资风险都有过不同界定与分类，本章主要从政治风险、市场风险、金融风险、运营风险、完工风险出发，通过分析垃圾焚烧发电 PPP 项目的成本收益和 PPP 项目的风险特点，预判出如下可能发生的风险：从政治角度看，可能有国有化/征用风险、国家风险、政府决策风险、政府信用风险、法律与政策风险；从市场角度看，可能有价格风险、市场需求风险；从金融角度看，可能有利率变动风险、通货膨胀风险、汇率变动风险；从运营角度看，可能有技术风险、费用支付风险、运营成本超支风险、环境风险、垃圾供应风险、支持性基础设施缺乏风险；从完工角度看，可能有合同变更风险、民意风险、项目审批延误风险。

四、垃圾焚烧发电 PPP 项目的关键融资风险

(一) 20 个案例介绍与风险事件总结

为识别垃圾焚烧发电 PPP 项目关键融资风险，我们对相关案例进行分析。从"十一五"到"十二五"期间，我国有超过一百个垃圾焚烧发电 PPP 项目，而本研究的选择标准为：① 在该垃圾焚烧发电项目的建设、运营或转移过程中出现过严重风险导致其遭受重大损失或被关停的；② 分析的案例广泛分布于中国不同地区，在不同条件下运营；③ 能找到项目的相关资料或新闻报道。根据以上原则，我们选取了我国 20 个案例进行风险事件分析。表 5.1 为 20 个垃圾焚烧发电 PPP 项目的基本情况。

表 5.1　20 个案例项目概况

项目编号	项目名称	投运时间	设计日处理生活垃圾（吨/开）	投资金额（亿）	投资方	模式
1	广西来宾垃圾焚烧发电厂	2008	500	2	私企	BOT
2	郑州荥锦垃圾焚烧发电厂	2004	1 050	2.45	私企	BOT
3	吉林四平垃圾焚烧发电厂	2011	800	2.7	私企	BOT
4	深圳盐田垃圾焚烧发电项目	2003	450	2.7	私企	BOT
5	武汉北汉口垃圾焚烧发电项目	2011	1 000	5.3	私企	BOO
6	宁波枫林垃圾焚烧发电项目	2002	1 000	4	私企	BOT

续表

项目编号	项目名称	投运时间	设计日处理生活垃圾（吨/开）	投资金额（亿）	投资方	模式
7	深圳平湖垃圾焚烧发电厂	2005	675	2.86	私企	BOT
8	深圳南山垃圾焚烧发电项目	2003	800	3.62	私企	BOT
9	中山市中心组团垃圾焚烧发电项目	2007	900	3.8	私企	BOT
10	福建晋江垃圾焚烧发电厂	2005	750	2.36	私企	BOT
11	重庆第二垃圾焚烧发电厂	2012	1 800	9	私企	BOT
12	重庆同兴垃圾焚烧发电厂	2005	1 200	4.5	私企	BOT
13	昆明五华垃圾焚烧发电厂	2008	1 000	3	私企	BOT
14	安徽芜湖垃圾焚烧发电项目	2003	600	2.03	私企	BOT
15	山东菏泽垃圾焚烧发电厂	2001	600	1.8	私企	BOT
16	江苏吴江垃圾焚烧发电厂	2009	700	3.2	私企	BOO
17	天津市双港垃圾焚烧发电厂	2005	1 200	5.8	私企	BOT
18	北京六里屯垃圾焚烧发电厂	2011年停建	650	2.2	私企	BOT
19	秦皇岛西部垃圾焚烧发电厂	2007年缓建、2011年弃建	1 200	7.5	私企	BOT
20	许昌天健垃圾焚烧发电厂	2004	1 000	0.5	私企	BOT

资料来源：中国PPP服务平台官网PPP项目库、各市环境保护局官网、部分垃圾焚烧发电PPP项目公司官网。

由表5.1可知，这20个垃圾焚烧发电PPP项目主要以BOT和BOO模式运营，其中大部分是BOT模式。除了北京六里屯垃圾焚烧发电厂是全部由政府出资外，其他项目都是企业负责投融资，政府通过垃圾处理费等方式对企业进行补贴。

根据Yelin Xu et al[1]和Jinbo Song et al[2]的研究，以及部分项目公司官网信息和相关新闻报道，我们整理总结了这20个案例项目在建设和运营期

---

[1] Yelin Xu et al. Critical risk factors affecting the implementation of PPP waste-to-energy projects in China [J]. *Applied Energy*, 2015(158): 403-411.

[2] Jinbo Song et al. Risk identification for PPP waste-to-energy incineration projects in China [J]. *Energy Policy*, 2013(61): 953-962.

间发生过的融资风险事件，并对其进行了分类，如表 5.2 所示。

表 5.2　20 个垃圾焚烧发电 PPP 项目的融资风险总结

项目编号	风险事件	风险分类
1	（1）自 2008 年运营以来，日垃圾供应量只有 170 吨，而特许协议中保证的最小供应量是 450 吨；垃圾供应严重短缺，导致发电量较少，发电厂经历较大损失。	垃圾供应风险
	（2）燃煤价格上涨幅度大，导致生产成本不断增加，累计亏损 2 956 万余元，2011 年停产近一个月。	运营成本超支风险
	（3）上网电价补贴被取消。	费用支付风险
2	（1）由于雇员与运输车辆不足，造成严重的垃圾短缺，三个机子只能轮流运转；2004 年该发电厂遭受超过 1 000 万元的损失，在 2005 年前半年，遭受将近 1 100 万元损失。	垃圾供应风险
	（2）运营一段时间后，在发电厂和垃圾资源间新建了一个公路收费站，导致运营成本上升（每卡车上升 70~80 元）。	运营成本超支风险
3	由于四平的人口较少，每日其内部产生的垃圾少于 400 吨；相反，铁东区与铁西区都有垃圾填埋地，一些垃圾直接运往被填埋，导致该电厂遭受严重垃圾短缺状况。	垃圾供应风险
4	设计的垃圾处理能力是一天 450 吨，但盐田区的垃圾收集量一天只有 200 吨，因此，该厂经历了半开半停。	垃圾供应风险
5	项目建在居民和商业区，垃圾焚烧发电产生大量有害气体，公众强烈反对项目的运营。	民意风险
6	积攒的废水不能及时运往污水处理处，恶臭影响了周围环境；随后，道路被污染，因为内部垃圾含水量高，焚烧前必须堆放三天。	环境风险
7	发电厂被刺激的气味和噪音包围，真实投资与原计划差异很大，一些项目没有达到设计标准。	环境风险
8	（1）垃圾焚烧带来的有毒气体未经处理直接被排入空气。	环境风险
	（2）由于当地电压不稳定，进口的废气处理设备无法正常运转。	技术风险
	（3）垃圾处理的补贴与电力的支付都被拖延。	费用支付风险
9	垃圾包含低热值的粉尘、建造垃圾和其他无机杂质，因此，通过垃圾焚烧收集到的能量只有设计时的五分之四。	垃圾供应风险
10	垃圾没有分类，导致一些建筑和工业垃圾进入垃圾焚烧器，破坏了设施。	垃圾供应风险

续表

项目编号	风险事件	风险分类
11	市中心与垃圾处理装置距离过远,由于运输路段建设的延迟,垃圾不能按时运往该厂。	支持性基础设施缺乏风险
12	(1) 由于相关处理设施不足,周围环境被城市固体垃圾和污水污染。	支持性基础设施缺乏风险
12	(2) 由于交通设施的短缺,政府只能通过普通货车运送垃圾,导致垃圾供应严重不足。	垃圾供应风险
12	(3) 包括燃料费和收费站费用在内的运营成本上升。	运营成本超支风险
12	(4) 政府机构原先保证垃圾是由城市的五个区供应,但实际上主要来自一个区。	政府信用风险
12	(5) 没有法律或政策应对违约行为。	法律与政策风险
13	(1) 项目运营后,收集垃圾处理费很困难,且政府与项目公司没有在调整和收集废物处理费上达成一致。	费用支付风险
13	(2) 借鉴于美国的技术对于解决当地城市固体废物不适用。	技术风险
13	(3) 美国的最初投资者在建造时撤资,投资者换成一家中国公司,导致项目两年后重建。	合同变更风险
13	(4) 缺乏激励当地居民支付费用和支持 ppp 项目的政策。	法律与政策风险
14	垃圾焚烧的上网电价低于火电企业。	费用支付风险
15	(1) 由于技术缺陷和项目可行性研究的不足,焚烧炉不能应用于当地的城市固体垃圾,四年间累计运营损失达1 500万元。	技术风险
15	(2) 作为补充燃料的煤量超过国家限制,焚烧炉排放过量温室气体。	环境风险
15	(3) 当地政府机构违背了合同内容,没有按照承诺支付补贴。	政府信用风险
15	(4) 没有法律和政策应对违约行为。	法律和政府风险
15	(5) 私人承包商退出项目参与。	合同变更风险
16	(1) 项目地址距京杭大运河100米,距平望镇1 000米,距太湖15 000米,环境影响评估报告被公众质疑。	政府信用风险
16	(2) 尽管已得到3.2亿投资(包括来自银行的2亿多),由于当地居民的反对,项目一建成就被停。	民意风险

续表

项目编号	风险事件	风险分类
17	（1）伴随焚烧垃圾产生的二噁英气体有致癌因素的传播导致周边居民恐慌，上访投诉乃至群体事件不断。	民意风险
	（2）合同规定由于约定原因导致项目收益不足，政府提供财政补贴，但是对补贴数量没有明确定义，导致项目公司承担了收益不足的风险。如2012年财政补贴不足5 800万元，仅占公司主营业务收入的1.25%。	费用支付风险
18	公众反对并举报项目环评公众参与部分涉嫌造假，项目公司并未重新组织环评公众参与调查，项目环评批复被省环保厅撤销。	民意风险
19	项目选址于15年前，规划滞后，规划地周围居民众多，万人签名反对，可能对水源地造成污染。	民意风险
20	（1）掺烧煤的价格大幅上涨而电价却没有相应调整。	运营成本超支风险
	（2）垃圾焚烧设备无法满足要求，垃圾成分不稳定和易腐蚀性导致设备寿命缩短、运营费用增加。	技术风险

（二）垃圾焚烧发电PPP项目关键融资风险的认定

表5.3对表5.2中20家垃圾焚烧发电PPP项目遇到的不同融资风险进行了数据统计，从中我们可以总结出十项关键融资风险，按照频率由高到低分别为：垃圾供应风险、民意风险、费用支付风险、运营成本超支风险、环境风险、技术风险、政府信用风险、法律与政策风险、合同变更风险和支持性基础设施缺乏风险。

表5.3　表5.2中20个案例的融资风险事件频率统计

风险名称	项目1	项目2	项目3	项目4	项目5	项目6	项目7	项目8	项目9	项目10	项目11	项目12	项目13	项目14	项目15	项目16	项目17	项目18	项目19	项目20	频率
垃圾供应风险	*	*	*	*				*	*			*									7
运营成本超支风险	*	*										*								*	4
民意风险					*											*	*	*	*		5
环境风险				*	*	*									*						4
技术风险						*						*	*							*	4
费用支付风险	*					*							*	*			*				5

续表

风险名称	项目1	项目2	项目3	项目4	项目5	项目6	项目7	项目8	项目9	项目10	项目11	项目12	项目13	项目14	项目15	项目16	项目17	项目18	项目19	项目20	频率
政府信用风险												*			*	*					3
法律与政策风险												*	*		*						3
合同变更风险															*	*					2
支持性基础设施缺乏风险											*	*									2

垃圾供应风险，是由于政府未能满足需要供应的垃圾数量或质量，导致发电量下降或运营成本增加等情况的风险。供应垃圾的质量越差，每单位垃圾生产的电能就越低，每单位垃圾的处理成本就越高。在这20个项目中，不少PPP垃圾焚烧发电厂都是因为城市固体废弃物供应不足或非许可垃圾的进入，从而使得垃圾焚烧发电厂生产电量不足，资金困难。例如案例（项目）2中，由于雇员与运输车辆不足，郑州荥锦垃圾焚烧发电厂遭受严重垃圾短缺，三台处理装置只能轮流运转，致使该发电厂在2004年遭受超过1 000万元的损失，在2005年前半年，遭受将近1 100万元损失。类似的事件在本章选取的20个案例中就发生过7次。

民意风险，即由于损害公众的利益，公众强烈反对而造成项目中止、延期重新设计或完工后被停的风险。民意风险通常来源于对相关环境知识和项目信息的缺乏。在前文20个案例的风险事件中，25%的项目都遇到过民意风险问题。尽管政府大力推行垃圾焚烧发电，民意压力常常能导致项目延误、暂停与终止。大部分公众反对的方式是群体性事件和拒绝支付垃圾处理费。例如第19个案例（项目）北京六里屯垃圾焚烧发电厂，项目规划地周围居民众多，可能对水源地造成污染，导致项目建设时万人签名反对，最终项目被停。

费用支付风险，指有关公共部门没有按时、足额向项目公司支付补贴或上网电费，从而给项目运营带来财务问题，甚至导致项目服务暂停或终止的风险。垃圾焚烧发电PPP项目的收益主要来自废物处理补贴和上网电费，如果政府补贴和其他优惠政策不能得到落实，项目将面临较大资金缺口。垃圾处理费和电费的支付需要电力公司与政府的支持合作。但是，许多不确定因素会影响政府在特许期支付处理费的力度。例如案例（项目）8中，深圳南山垃圾焚烧发电项目就曾遇到垃圾处理补贴与电力支付都被拖延的问题。

运营成本超支风险,即由于 CPI、煤炭价格、上网电价及电量、运输费、垃圾处理补贴费和项目运营标准等变化致使项目成本改变,公众、政府或项目公司利益受损,从而导致不能收回投资。例如案例(项目)2 中,郑州荣锦垃圾焚烧发电厂在运营一段时间后,发电厂和垃圾资源间新建了一个公路收费站,导致运营成本上升(每卡车上升 70~80 元)。即便当地政府斥资 700 万为项目新建了一条路,运送费依然减少不大,且煤炭价格在一年内从每吨 170 元上涨到 350 元。与此同时,并网电价和垃圾处理补贴却通常不能做到相应的调整。

环境风险,即由于在运营时破坏了周边环境,而需要对此弥补的财务风险。例如案例(项目)8 中,垃圾焚烧的有毒气体没有经过处理直接排入空气,对周围环境造成较大污染。

技术风险,即由于垃圾焚烧设备不满足预期要求或者与生活垃圾特性不相符,以及项目技术方案不成熟从而导致项目运营困难甚至投资者撤资的风险。例如案例(项目)13 中,昆明五华垃圾焚烧发电厂借鉴美国的技术,但不适用于解决当地城市固体废物,导致项目遭受财务损失。又如我国一些垃圾焚烧发电 PPP 项目经历过技术困境,为了节省资金,而将现有的旧设施改造为垃圾焚烧厂。但这些低技术水平的焚化炉无法达到垃圾焚烧发电的要求,最终导致项目遭受财务损失。

政府信用风险,即政府完成其直接或间接义务的可靠性出现问题。在垃圾焚烧发电 PPP 项目中,政府信用对于项目长期运营有重要意义,但据研究显示我国当地政府机构违背合同的概率相对较高。[①] 例如案例(项目)12 中,政府机构原先保证垃圾是由城市的 5 个区供应,但实际上主要来自 1 个区,导致发电厂运营出现问题。

法律与政策风险,即由于政策的不稳定性或相关法律政策不完善导致的问题。例如,我国发改委、财政部、建设部、环保局都颁布有垃圾处理收费系统的相关法律政策,但一些地方政府并没有完全遵从。更糟的是,这些法律政策没有惩罚违约行为的具体条款。又如相关法律合同并没有确定项目经营亏损时,怎样解决偿债问题,各投资方的利益如何保证。

合同变更风险,即由于合同的一方退出、更换或股东要求的变更等,

---

① Li Shoushuang. *The Legal Environment and Risks for Foreign Investment in China* [M]. Berlin Heideberg:Springer-Verlag, 2007.

导致项目建设无法完工或延期完工,对项目造成的综合性负面影响包括项目投资成本增加、项目贷款利息增加、贷款偿还期限延长、项目现金流量不能按计划进行甚至错过市场机会。例如案例(项目)13 中,昆明五华垃圾焚烧发电项目最初的美国投资者在建造时撤资,换成一家中国公司,导致项目两年后才建好。

支持性基础设施缺乏风险,即当 PPP 项目建设、运营或管理必需的设备因时间或价格过高等原因无法获得时,则存在支持性基础设施缺乏风险。支持性基础设施不是 PPP 项目中的一部分,但它极大地影响了垃圾焚烧发电 PPP 项目的正常运转和建设。例如,在垃圾焚烧发电厂周围缺乏渗滤液处理厂可能导致渗滤液无法及时得到处理,最终导致环境污染。

(三) 部分案例(项目)关键风险应对措施的比较与分析

根据后续对 20 个项目的进一步调查(项目所在市环境局民众投诉意见栏的相关市民投诉与政府回复、部分新闻报道),在 20 个项目中,较为失败的案例主要都是因为企业和政府没有积极有效地配合应对融资风险所致。如案例 5、6、18、19,都是在民意风险或环境问题下,政府与企业无所改变,导致项目停建或迁址。但在案例 7 中,深圳平湖垃圾焚烧发电厂按照国际一流标准,对现有垃圾焚烧厂实施技术、环境及功能等全面改造升级,最终解决了发电厂的环境风险问题;又如在案例 17 中,确认上诉事件不断的原因在于垃圾运送车辆渗沥液洒漏后,当地政府出面要求天津双港垃圾焚烧发电厂加强对垃圾运送车辆的检查,对洒落渗沥液及时处理,减少对周围群众的影响,最终成功应对该民意风险。基于信息可得性和完整性,本章对其中四个成功应对风险的案例做进一步分析。

案例 1 广西来宾垃圾焚烧发电厂

在表 5.2 的总结中,广西来宾垃圾焚烧发电厂主要遇到三个风险事件,但事后政府与企业都采取了较为迅速而积极的应对措施。针对发电厂经历的垃圾供应短缺问题,市政府要求武宣县、合山市政府投入资金,加快各乡镇的垃圾转运站和农村垃圾池的建设,从而渐渐填补了垃圾供应的不足;针对运营成本超支引起的停产,来宾市财政预支 100 万元垃圾处理费给发电厂作恢复生产之急用,而发电厂停产期间,附近新建的垃圾填埋场接收了运来的垃圾,避免垃圾无处可放的问题;针对上网电价补贴被取消的费用支付不足问题,来宾市物价局持续与自治区相关部门保持沟通和协调,帮助该厂争取到每度电 0.25 元的电价补贴。在该案例中，企业持续与政府沟通，政府积极为 PPP 项目争取权益。该项目三个风险的应对主体如表 5.4 所示。

表 5.4 案例 1 的风险应对主体

风险	风险应对		
	政府	共同分担	私营企业
垃圾供应风险	*		
费用支付风险	*		
运营成本超支		*	

根据上文对案例 1 的分析编制。

案例 3　吉林四平垃圾焚烧发电厂

如表 5.2 所示，该厂主要遇到垃圾供应风险。由于四平人口较少，每日其内部产生的垃圾少于四平垃圾焚烧发电厂的预估日垃圾处理量；相反，铁东区与铁西区都有垃圾填埋地，一些垃圾被直接运往填埋。因此，市政府协调将铁东区与铁西区的垃圾也运来处理，解决了垃圾供应不足的问题。项目的垃圾供应风险由政府应对。

案例 8　深圳南山垃圾焚烧发电项目

如表 5.2 所示，该项目主要遇到三个风险事件。针对垃圾焚烧毒气排放带来的环境风险，公司升级了烟气排放系统，且烟气排放指标通过 LED 屏幕对外实时发布，接受公众监督；针对废气处理设备无法正常运转的技术问题，公司实施提升改造工程；针对垃圾处理费拖延问题，政府争取分期收取，在 2 至 3 年内予以彻底解决。该项目三个风险的应对主体如表 5.5 所示。

表 5.5 案例 8 的风险应对主体

风险	风险应对		
	政府	共同分担	私营企业
环境风险			*
费用支付风险	*		
技术风险			*

根据上文对案例 8 的分析编制。

案例 16　江苏吴江垃圾焚烧发电厂

如表 5.2 所示，该项目主要遇到两个风险事件。针对环评报告被公众质疑的政府信用问题，吴江采取网络监管、抽检、市民督察员等多种方式，对垃圾焚烧厂的运营进行立体化监督，运营数据与城管局、环保局在线联网，实时向民众公开，邀请市民代表和周边居民代表为市民督察员，全天候监督检查发电厂；针对当地居民强烈反对的民意问题，吴江市政府向广大市民承诺停止项目建设，之后再次正式投产运营时则征求了众多人大代表、政协委员及当地居民的意见，最终成功再次运营。该项目两个风险的应对主体如表 5.6 所示。

表 5.6　案例 16 的风险应对主体

风险	风险应对		
	政府	共同分担	私营企业
政府信用风险	*		
民意风险	*		

根据上文对案例 16 的分析编制。

由此可见，成功项目的风险分担机制符合风险分配原则，例如，风险应被分配给最有能力管理它的一方。将天马项目的风险分担机制与 Ke et al. 研究所得的风险配置偏好进行比较，可以得出：政府偏好承担与政府行动相关的风险[①]，例如政府信用风险、垃圾供应风险等。特许权获得者偏好承担项目相关风险的大部分责任，例如技术风险。政府或特许权获得者都无力单独承担的风险应由双方共同承担，例如运营成本超支风险。

五、上海垃圾焚烧发电 PPP 项目的案例分析

（一）项目背景

位于上海松江区的天马垃圾焚烧发电厂于 2013 年开始建造，占地 400 亩，日垃圾处理能力为 3 000 吨。该厂建设分两个阶段，第一阶段的日垃圾处理能力为 2 000 吨，第二阶段为 1 000 吨，总计 3 000 吨。项目第一阶段

---

① Ke Y. J. et al. Preferred risk allocation in China's public-private partnership (PPP) projects [J]. *International Journal of Project Manage*，2010,28(5)：482-492.

覆盖 144 亩的垃圾焚烧发电和 193 亩的煤灰填埋，剩余空间为第二阶段的垃圾焚烧发电区域。项目总投资金额为 14.2 亿元人民币，服务范围覆盖上海松江区和青浦区。

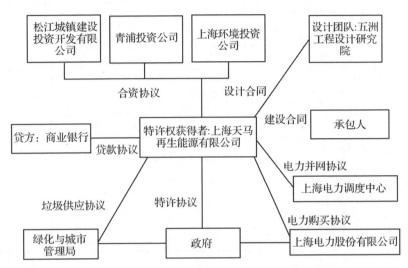

图 5.4　上海天马垃圾焚烧发电 PPP 项目合同结构

资料来源：根据上海天马垃圾焚烧发电 PPP 项目特许协议合同，以及 Yelin Xu et al. Critical risk factors affecting the implementation of PPP waste-to-energy projects in China [J]. *Applied Energy*, 2015(158): 403 – 411 编制。

2012 年，上海政府授予上海天马再生能源有限公司 30 年的项目特许经销权，包括投融资、建设、运营和维护。特许期到期后，该厂将被免费移交给政府。特许公司上海天马再生能源有限公司由上海松江城镇建设投资开发有限公司、上海青浦投资公司和上海环境投资公司组成。松江区绿化与城市管理局和青浦区绿化与城市管理局负责供应发电厂所需垃圾、监管其运营以及支付垃圾处理费。生产的电量由区政府保证卖给上海电力股份有限公司。天马垃圾焚烧发电 PPP 项目的合同结构如图 5.4 所示。

（二）项目风险分配方案

根据对该垃圾焚烧发电 PPP 项目特许协议的分析，我们在表 5.7 中总结出它的部分风险分配方案。

表 5.7　天马垃圾焚烧发电 PPP 项目的风险分配

风险	风险应对		
	政府	共同分担	私营企业
国有化/征用	*		
政府信用	*		
政府决策	*		
法律与政策风险	*		
合同变更	*		
项目审批延误	*		
支持性基础设施缺乏	*		
通货膨胀	*		
民意风险		*	
运营成本超支			*
利率变动			*
汇率变动			*
技术风险			*
费用支付风险	*		
市场需求变化	*		
价格变化	*		
垃圾供应风险	*		
环境风险			*
国家风险		*	

资料来源：根据上海天马垃圾焚烧发电 PPP 项目合同，以及 Yelin Xu et al. Critical risk factors affecting the implementation of PPP waste-to-energy projects in China [J]. *Applied Energy*，2015(158)：403–411 编制。

特许权获得者负责项目的融资、建设、运营和维护，同时承担筹资风险、环境风险和运营成本超支风险。特许权获得者必须接收垃圾并在特许协议下无害地处理垃圾。排放的气体和垃圾残余必须符合环境保护部门监管下的相关国家标准。当特许期结束，特许权获得者应将项目设备和财产免费移交给当地政府或其指定代理机构（无任何补偿）。政府负责在项目运营期间将不少于保证数量的授权垃圾运至垃圾焚烧发电厂。根据真实的垃圾焚烧发电能力和特许协议中规定的垃圾处理费用标注，区财政局每月收取垃圾处理费交至绿化与城市管理局。绿化与城市管理局再将垃圾处理费付给特许权获得者，并保留根据综合物价指数调整垃圾处理费的权利。

政府不能干预该项目的建设、运营和维护，除非是为了保护公众健康安全或履行其法定职责。同时，政府应努力减少第三方干扰项目的可能性。项目征用、国有化等都被看作是不可抗力，为预防不可抗力，相关风险由当地政府承担。如果政府在收到特许权获得者书面催促的14天内不履行其义务或未履行成功，政府将对由于行动延误使特许权获得者遭受的损失进行弥补。为预防特许权获得者由于税务规定、建设的实施修订或退出标准及垃圾焚烧发电厂的技术规范发生变化而产生额外费用，特许权获得者可通过调整垃圾处理费价格接受政府补偿。反之，若特许权获得者节约了成本或得到了额外收入，政府有权要求特许权获得者将所得利益上交。

政府将协助特许权获得者获取土地使用权、土地建设计划许可和建设项目计划许可，确保特许权获得者取得项目合法建设权。政府也负责项目的支持性基础设施建设，包括市政道路、用水供应、排水管道工程和电力接入项目。按照国家政策，政府也有义务与电力公司合作，购买垃圾焚烧发电厂的净产出电量。

特许权获得者雇佣承包商，须对其承包商、代理、直接或间接雇员的任何错误或遗漏承担全责。政府和私营部门联合承担国家风险等不可抗力。若由于群体性事件导致项目建设或运营期被推迟超过30天，特许期也将被延长。

与前文20个案例项目风险应对措施分析的原则类似，上海天马项目采取的风险分担机制也符合风险应被分配给最有能力管理它的一方这一原则：政府偏好承担与政府行动相关的风险，例如政府干预、国有化或征用等；特许权获得者偏好承担项目相关风险的大部分责任，例如运营成本超支风险；政府或特许权获得者都无力单独承担的风险应由双方共同承担，例如民意风险和国家风险。

（三）几个项目关键风险的应对机制

PPP项目的实施很大程度上依赖于政府和私人投资者有效的风险联合应对，本部分主要选取了四个天马项目特许协议中关注最多的关键融资风险进行重点介绍，从中分析天马的相关应对机制。

1. 垃圾供应风险

（1）垃圾供应不足。垃圾供应不足会导致发电量减少、运营收入降低，为有效减轻垃圾供应风险，政府保证供应双方签订的特许协议中特许权获得者要求的垃圾量。天马项目的特许协议有以下条款：

① 政府或委员会代理应在运营期间每年运往垃圾焚烧发电厂不少于保证吨数的许可垃圾。

② 若政府的垃圾供应量不足以达到项目设计的生产能力，经政府批准后，特许权获得者会将垃圾处理服务提供给第三方。

③ 垃圾处理服务费是可调整的，若政府垃圾供应量超出保证的吨数，超出部分的垃圾处理费比保证部分的要少（由于保密性原因，无法提供具体数据）；若政府的垃圾供应少于保证数量，垃圾处理费将按照保证的最少垃圾处理量计算。

④ 绿化与城市管理局应代表当地政府每月支付垃圾处理费。

在PPP项目中，"照付不议"规则是保证特许权获得者运营收入的普遍方式。在天马项目中，特许合同不仅设置了最低垃圾供应量和垃圾处理价格来保证特许权获得者的最低运营收入，而且规定了垃圾供应和垃圾处理价格的最大值，以此解决设备负荷运营的问题，并预防设备使用寿命缩短的风险。

（2）非许可垃圾的处理。非许可垃圾会提高运营成本，甚至导致设备失效。天马项目协议中规定，若特许权获得者发现政府指定的代理运送非许可垃圾进入发电厂，应将此情况报告给政府并提交所有相关信息。同时，特许权获得者应立刻指挥将非许可垃圾搬出发电厂。若非许可垃圾已经被倾倒进配料室或贮存处，特许权获得者有权通知政府移除。若被送进发电厂的非许可垃圾来源或运送方未知，或运送方无法移除该垃圾，特许权获得者应作为政府代理隔离非许可废物并在项目现场包装、安置、隔离和保存。同时，特许权获得者应通知储存地政府该垃圾的规模等情况，政府应及时清除非许可废物，或委托他人按照有关法律法规将废弃物移走。特许权获得者在支付包装、搬运和清除非许可垃圾的费用后应得到政府基于支付票据的返还。若指定机构将非许可垃圾运到发电厂导致任何有害物质被排出，政府应免除特许权获得者的相关责任与罚金。政府也需补偿特许权获得者因此类活动导致的所有费用与损失。

2. 环境风险

由于我国垃圾分类不够有效，这些垃圾通常有复杂成分，而垃圾焚烧发电会排放有害污染物，因此，当地政府必须对垃圾焚烧发电厂进行污染排放的定期和抽查测试。测试对象包括 HCI、CO、粉尘、NOS、SOX 和二噁英。政府保留检查特许权获得者测试数据的权利。若测试误差小于 5%，政府认定为合理测试结果；否则，将根据特许协议的争议条款解决。对于排放标准不合格项目，政府应该给特许权获得者发出整改通知书，特许权获得者应在收到通知的三天内整改，并自行承担整改费用。整改后，政府应组织专业人士重新评估检查，以防特许权获得者在整改期内无法达到排放标准，特许权获得者应承担相应损失。

3. 费用支付风险

为了最小化费用支付风险，特许协议规定了垃圾处理费的支付流程、时间和数额。特许权获得者应在每个月底的 10 个工作日内向政府上交垃圾处理服务费用清单，并提供所有支持材料以供政府确认。在收到文件的 10 个工作日后，政府应通知特许权获得者支付的数额以便开出正式发票。在收到正式发票的 10 个工作日内进行支付。若特许权获得者提供的垃圾处理费用清单有争议，政府将首先把无争议部分付给特许权获得者，再在收到垃圾处理费用清单的 14 天内处理有争议部分。清单上有争议的部分将通过争议解决程序来处理。

若未支付的数额通过争议解决程序得到证实，政府不仅需要支付全部本金，并且要根据当前的银行贷款利率支付从应付日期到实付日期之间产生的利息。对于已经支付的经过争议认定后不应支付的费用，特许权获得者应返还政府所有数额并支付利息。

为了应对建设和运营成本的一系列变化，例如材料费、工资和设备维护与运营费用，特许协议增加了以下垃圾处理费的调整条例：垃圾处理费可根据过去两年的价格指数变化每两年进行一次调整。计算方式如下：

$$P_n = P_{n-2} \times (1 + i_{n-1}) \times (1 + i_{n-2})$$

其中，P_n 是第 n 年的垃圾处理价格；

P_{n-2} 是 $n-2$ 年的垃圾处理价格；

i_{n-1} 是 $n-1$ 年的综合物价指数；

i_{n-2} 是 $n-2$ 年的综合物价指数。

综合物价指数 = [（零售物价指数/2 + 工业产品价格指数/2）- 100] / 100

其中的价格指数由国家统计局发布。

4. 支持性基础设施缺乏风险

当地政府应帮助特许权获得者得到土地使用合法权利，在建设期间，政府必须与相关部门协调促进项目可行性研究、环境影响评估报告的批准等。政府负责土地购置、水电渠道以及项目发布前的场地准备。政府还需要提供支持性设施援助，包括市政道路、水力供应、排水管道工程和天然气管道工程。若由于支持性基础设施缺乏导致特许权获得者成本上涨或无法按时生产，特许期将被延长。

六、垃圾焚烧发电 PPP 项目关键融资风险的应对策略

垃圾焚烧发电 PPP 项目的关键融资风险之间是有内外关联的。

第一，尽管可能出现其他风险，关键融资风险通常集中在前文讨论的 10 类，而且根据 20 个案例风险事件的表现，这些关键风险之间有一些相关性。例如，政府决策与信用风险可能导致不合理的项目选址，从而恶化周围环境引发公众强烈反对，即民意风险，这最终可能导致合同变更风险。又如，当垃圾供应风险、费用支付风险或技术风险出现时，项目成本或收入可能改变，由于没有政治或法律保障项目运营，项目可能会修改原有合同。

第二，中国城市固体废弃物的成分对于垃圾焚烧发电项目的发展依然是一个严重限制。它所带来的垃圾供应风险直接导致技术风险、合同变更风险和运营成本超支风险。由于中国社会生活方式的特征和垃圾分类意识的薄弱，垃圾成分问题对于垃圾焚烧发电是个巨大挑战。

第三，我国垃圾焚烧发电项目不仅缺乏既有技术能力又有管理经验的专家，还缺乏创新的金融产品融入合作。例如，保险资金参与 PPP 融资有巨大优势，保险资金量大，收益要求合理，供应稳定，投资期限长，如通常有 10 年以上期限的寿险产品；同时，PPP 项目资金需求量大，收益相对稳定，建设期限长，若平衡好交易结构设计、收益分配和风险控制，保险资金是 PPP 融资的强有力方式。目前，我国保险资金已参与过多个 PPP 项目，包括 2008 年投资 160 亿元参与京沪高铁建设，成为第二大股东，2010 年以 150 亿元合同规模参与南水北调工程等，但垃圾焚烧发电项目却没有相关合作，仍旧是单纯的企业银行投融资。

PPP 已经被广泛运用于我国交通、水处理、传统电力发电等不同领域，但 PPP 垃圾焚烧发电项目依然处于初始阶段，也遇到了很多融资风险问题。以上讨论的三点尤其值得关注。基于对 20 个垃圾焚烧发电 PPP 项目的风险

事件的归纳及上海天马融资风险分配及应对机制的重点分析，本章针对 10 个关键融资风险，从政府和私营企业两个角度，总结了各自的防范策略。

针对政府信用风险，政府应建立稳定的公众监管机制，提升政府信用和绩效评估系统，规避个人追求政治收益的贪污腐败；私营企业应以书面形式获得政府信用支持，通过在合同中确定义务权利来寻获政府保障，并与政府机构保持联系，获取最新相关政策。

针对法律与政策风险，为避免不同政府机构从自身利益出发制定政策，政府应设立清晰的政策目标；企业应在合同中明确风险的影响因子（如政府官员的替换等），从而减少潜在损失，同时，在合同中包含特许价格提高或特许期延长的补偿条款。

针对技术风险，政府应跟上最严格的国际标准，采用有效的投标过程选择合格有经验的私人参与者；企业应仔细分析当地城市固体废弃物的特点，采取适合的技术，推动垃圾焚烧发电技术的研发，提升员工技术训练水平。

针对环境风险，政府应严格监督整个排放过程，谨慎处理城市固体废弃物的分类，开展常规和突击检查；企业应根据法律规定控制排放，谨慎报告排出的污染物。

针对民意风险，政府应调查并评估项目引发的问题，咨询公众并在合适的时机举行公开听证会，对临近发电厂的居民做出合理补偿；企业应对当地居民开放运营信息，提高运营期间的透明度和公众度。

针对垃圾供应风险，政府应设置完整的城市固体废弃物分类系统，建立合适的法律与政策限制垃圾倾倒，在基础设施上做更多投资去提升垃圾分类质量；企业可以签订"照付不议"协议确保项目回报，并 24 小时监管记录城市固体废弃物热值。

针对费用支付风险，政府可以贯彻全国统一上网电价政策；私营企业可以与政府达成协议，对逾期支付追加费用，同时在税收上获得更多优惠，增厚投资回报的安全垫。

针对运营成本超支风险，政府除了减免税收外，可以适当对私营企业予以补贴，例如对通货膨胀等提供价格补贴；私营企业应密切关注设备与试剂的动态价格变动，随时做好调整工作，确保投资能够顺利获得最初设定的目标收益率。其中最直接的办法就是损失控制，即利用期权期货交易平台提前锁定大宗物料价格，将物价上涨风险控制在可接受范围内。

针对支持性基础设施缺乏风险，主要是政府应考虑投资更多基础设施建设，支持PPP项目建设运营。

针对合同变更风险，双方可在合同中确定：政府应对由其变更合同导致的成本增加及时间延误负责，任何私营企业的变更都应得到政府部门批准，否则，特许经销权将被终止，私营企业应付押金确保项目顺利完成。同时，可考虑项目分段融资、建设、运营，分段获得收益，缓解合同变更风险对整个项目的影响，并且可以更好地依据不同投资人的风险偏好和利益追求，采用差异化融资结构吸引更多投资人，实现共赢，降低单个投资人变更合同对整体的影响。例如，北京地铁十六号线创新使用的"股权融资+特许经营"复合型PPP投融资模式，将16号线总投资分为两部分，一部分通过股权融资方式，引入保险股权投资；另一部分通过特许经营方式引入社会投资者（香港地铁）作为特许经营的合作方，进行初始投资。

七、结　论

我国越来越多的垃圾焚烧发电项目通过PPP融资为地区绿色环保事业做出了重大贡献，但同时也遇到很多风险，如何通过有效管理规避融资风险显得十分重要。

第一，通过20个垃圾焚烧发电PPP项目的融资风险事件分析反映出影响项目实施的关键融资风险主要来自运营。10个关键融资风险包括法律与政策风险、政府信用风险、技术风险、环境风险、运营成本超支风险、费用支付风险、民意风险、垃圾供应风险、合同变更风险和支持性基础设施缺乏风险。

第二，天马项目合理的风险分配机制为未来PPP项目在中国特殊的政治、经济和社会环境中分配风险提供了借鉴，在合同中应明确规定风险分担主体，而且风险应被分配给最有能力管理它的一方。与政府行动直接相关的风险应分配给政府，例如国有化、政府信用、法律与政策风险等；运营成本超支风险、环境风险、汇率风险等最好由私营企业承担；有些风险需要双方联合承担，因为没有另一方的支持，一方无法成功管理这些风险，例如民意风险。

第三，每个关键融资风险的应对机制应遵守成本效益高、现实可行、符合风险意义这三大原则。可采取合适的政府担保来缓解关键风险。例如，

"照付不议"条款就是保证特许权获得者运营收入的普遍方式。特许协议不仅应设置垃圾供应和垃圾处理费的最低值来保证特许权获得者的最低运营收入,还应规范垃圾供应和垃圾处理费的最高值,从而解决设备负荷运转的问题,预防设备寿命减短风险。为最小化费用支付风险,特许协议需规定清除垃圾处理费的支付流程、时间和数额。为加强对运营方的管理控制,应选择资信良好且经验丰富的项目运营商,可采取全球招标的模式进行,要求运营方具有良好的资信、雄厚的资金、相关的技术基础和运营经验,并采取有效激励制度促使管理层提高管理水平;还可以要求运营方参股或者采取利润分成等手段。同时,向其他领域 PPP 学习,创新融资模式,引入更多金融合作,例如考虑"股权融资+特许经营"复合型 PPP 投融资模式、引入保险资金等。

  这些经验不仅可以为垃圾焚烧发电 PPP 项目提供借鉴,更可以拓展到废物能源再生 PPP 融资项目中。但需要注意的是,不同特征与外部环境的项目有不同融资风险,本章只重点讨论了 10 个关键风险,其他融资风险也不能忽视。

第六章

资管新规背景下券商资管发展问题及路径探索

——以 D 证券公司资管为例

为了不断规范金融机构资产管理业务，保障金融稳定，2014 年以来，监管层针对我国资产管理业务发展暴露出来的问题，陆续发布了一系列政策文件，从严监管趋势愈来愈明显。2018 年 4 月 27 日，央行、银保监会、证监会、外汇局联合印发的《关于规范金融机构资产管理业务的指导意见》坚持问题导向，对金融机构的管理业务做出具体规范，成为覆盖全面的纲领性原则性文件，大资管格局将得到重塑。D 证券公司是全国中型券商的典型代表，也是资管新规连续出台背景下积极应对的样本。在客观分析我国资管行业，特别是券商资管市场格局的基础上，基于对 D 证券公司资管业务的实地调研，客观描述了资管新规对其资管业务的影响，辩证分析券商面临的传统业务受阻、客户需求偏差、营销渠道狭窄等方面问题，并提出提升主动管理能力、拓展三方代销渠道、创新产品设计服务等具体措施，力求拓展从严监管背景下大券商资管业务发展的新路径。

一、引 言

（一）选题背景及研究意义

1. 选题背景

我国券商资产管理业务起步于 2003 年《证券公司客户资产管理业务试行办法》的颁布，但那时的券商集中于发展传统的投行和经纪业务，错过了资产管理业务发展的大好时机，导致我国券商资管业务水平和规模长期落后于银行、信托等其他金融机构。2012 年，《证券公司客户资产管理业务管理办法》落地实施,放开券商资管业务类型及投资范围,券商资管业务迎来政策红利,在相对宽松的政策环境下跳跃式增长。此后监管政策开始逐步收紧。2014年2月,《关于进一步规范证券公司资产管理业务有关事项的补充通知》发布,明确禁止券商通过集合资产管理业务开展通道业务。2016年7月18日,证监会发布的《证券期货经营机构私募资产管理业务运作管理暂行规定》正式施行,继《证券期货经营机构落实资产管理业务"八条底线"禁止行为细则》之后再出重拳,进一步传递出监管从严的政策信号。2017年11月17日,央行等部门联合起草的《关于规范金融机构资产管理业务的指导意见(征求意见稿)》发布,既为吸收公众意见、完善政策规定,也在释放更加强烈的全面从严监管信号。2018年4月27日《关于规范金融机构资产管理业务的指导意见》(以下简称《指导意见》)正式发布,成为我国金融监管历史上的一个标志性事件。《指导意见》直指金融机构资产管理业务中普遍存在的多层嵌套、刚性兑付、套利严重、资金池不规范等问题,直接阻断了券商一些传统资管业务的继续开展,比如通道业务、超过最高质押率的股票质押业务、与银行信托合作形成的三方嵌套项目等,对资管规模较大的银行理财、信托、券商资管和基金专户与子公司带来强烈冲击,行业面临大规模的洗牌。不可否认,券商资管的大部分业务是在政策红利的环境下发展起来的,对愈来愈紧的一系列严格监管会有一个痛苦的适应过程。资管新规显示未来券商资管业务将面临更加严格的监管环境,券商资管业务的未来发展面临严峻考验。

2. 研究意义

金融服务业发展的最终目的是服务于实体经济,券商资产管理业务为居民富余财富提供了投资理财的途径,为实体企业创造了规范的融资平台,已成为多层次金融服务领域不可缺少的重要一环。近几年来监管政策收紧,是为了创造公平良好的金融环境,回归资管行业代客理财的本源,防范业务风险和监管套利,降低实体经济融资成本,促使资管行业更好地为实体经济服务。

本章通过对我国资管行业概况和D证券公司资产管理业务具体案例的研究,剖析我国券商资管业务在新规冲击下的发展现状和困境,提出发展对策,为券商资管的创新发展提供可借鉴的思路,对其未来的发展具有一定的现实启发意义。同时,资管产品创新和服务升级也为投资者提供了更多理财选择,为融资人创造多渠道的融资服务,对金融服务实体经济具有重大意义。

(二) 文献综述

资产管理业务的本质是"受人之托,代人理财"(孟祥君,2017)。资产管理业务起源于美国,最初的模式是由投资银行对其合伙人及相关人士的资产进行管理,之后逐步演变为机构或个人委托专业金融机构管理资产的金融业务(曹敏,2016)。国内外学者对资产管理业务做了大量研究,涌现出丰富的、多维度的理论成果。

1. 国外研究现状

国外对资管业务的研究早于我国,一般认为资产管理源于金融创新。WG Dewald(1971)认为,金融机构的监管是解释行业内大量公司运营和专业化程度的关键因素,信息系统的改进被认为是金融创新所依赖的技术进步的最重要来源。Greenbaum 和 Haywood(1973)提出著名的"财富增长理论",该理论提出金融创新的主要动力源于居民财富的增长,并带来人们对金融资产和金融交易的需求,市场需求的更新变化要求金融机构不断进行金融创新。Bernard(2002)通过大量的调研总结,认为个人投资者更倾向于寻求金融投资顾问来帮助其理财,正是社会需求促进了资产管理的发展。M. R. Dixon(2014)对资产管理只是"财务控制、需求预测、项目移交、风险管理、投资评估、应急计划"的传统观点进行分析,指出资产管理的独特卖点在于它提供了一个框架,所有必要的工具和技术都可以与之交互。

国外在资产管理业务投资领域的研究成果非常丰富。在投资策略研究方面,King Rebecca(2011)认为,资产管理业务的投资需以技术为支撑,构建技术软件需要考虑9个步骤,包括商业目标、预期收益、绩效评估、技术管理等。K. Thomas Liaw(2012)指出投资银行信息技术一直是提高投资银行整体效率的重要因素,技术进步也使公司能够设计和定价复杂的合同与衍生品,并分析其潜在风险。风险管理软件不仅可以分析公司、部门和交易柜台的市场风险,还可以将公司的风险分解为潜在风险。在风险管控研究方面,国外学者对风险测评的主要模型——VaR 模型做了大量研究。VaR 即风险价值,作为一种风险评估方法,其本质是在一定概率下计算标的资产在未来一段时间的最大损失。Philippe Jorion(2001)根据多种模型、大量金融实例和真实数据资料,通过量化风险,探讨 VaR 技术的实际应用,揭示金融风险发生的根源及从中所获得的经验和教训。Mathieu Le Bellac 和 Arnaud Viricel(2017)运用定量分析对 VaR 模型进行评估,指出金融行业和监管机构已经配备了关键风险指标,其中风险价值最为突出。一些美国投行,如高盛、摩根、美林等,均建立了以 VaR 模型为核心的风险控制系统,综合运用压力测试、蒙特卡洛模拟法等现代金融技术进行风险管理,确保资产的高质量管理。

2. 国内研究现状

我国的资产管理业务起源于银行理财，其他金融机构资管业务的兴起，比如信托、证券等，也大多起源于银行出表业务的需求。其中，券商资产管理业务的创新历程伴随着金融市场、资管业务及监管政策的变迁（张春辉，2013）。国内对资产管理的研究比较广泛，主要有以下几大方向：对国外投行资管模式的总结学习、对资管发展现实困境的研究、对行业监管和风险控制的建议、对未来资管发展的模式探索。

我国资管业务起步较晚，国外投行在资产管理业务方面的经验更为丰富，更加值得借鉴，我国学者对此进行了总结。吴琴伟、冯玉明（2004）通过对中外资产管理业务的比较分析得出，国外机构投资者更加重视资产管理人的风控能力和其推荐产品风险的自我承受能力，而国内机构投资者往往只关注产品的收益。孔祥宇、谢卓然（2006）以美林证券为例，从资产管理部门结构、业务的主要特点以及业务的管理监控三方面做了详细介绍。卫剑波（2014）指出美国同行有三方面值得我国券商学习，一是股东对资管业务相对了解，对管理层考核更为理性；二是美国投行资管业务以客户为导向，善于把握客户的核心需求；三是善于抓住市场机会，适时推出符合市场的资管产品。

对我国资管行业出现的问题，学者们近几年分析总结较多。孙永文（2014）指出券商资管在快速发展壮大的同时，存在市场份额较低、行业影响有限、业务结构不均、通道比重较大的问题。高海红、高蓓（2014）认为银证合作作为"影子银行"的重要组成部分，动机源于监管套利，监管部门应对银证合作业务进行合理规范和引导。陈俊（2017）将信托、券商和基金的资管业务发展现状、业务开展要求、产品形式、投资范围进行对比，指出三者存在部分业务同质化严重的问题。

关于资产管理业务风险及防范的研究，是我国学者持续多年的课题，且不断引向深入。刘正峰（2008）着眼于券商资管委托合同的法律管制，提出与信托公司具备同一实质业务的证券资产管理关系应纳入信托法制范围，保护委托合同的有效性。针对券商资管具体业务，如集合资产管理业务，程书音（2012）对其流动性风险进行探究，指出要控制时间、份额数量、间接影响等因素。方铁道（2013）认为在业务创新的同时，也存在一定的产品设计和操作方面的法律风险，业务流程和相关制度需要进一步规范。

贾清琳（2017）探析了券商资管的现状和发展路径，从监管政策的角度给出了统一监管口径、规范行业准入制度和增强监管执行与惩罚力度的建议。

关于资管发展模式，大量研究关注证券公司资管业务发展及创新领域。郭颖华（2013）从与信托合作的创新业务入手，探寻券商与信托大拆小、长拆短、风险再分配、固定变浮动、资产再利用等合作模式。吴佳其（2014）以金融机构建立有限合伙模式为例，研究该模式的作用、实现路径、交易特点、风控措施，探讨金融机构资源整合的混业合作。冀江波（2013）分析了2012年以来资管业务迅速发展的原因，指出各大券商需严控风险，将各类业务整合升级。郭福春、潘锡泉（2016）强调，符合市场需求的金融人才的缺失是大资管时代行业变革的核心阻力，需要基于互联网思维，着力培育应用型、复合型金融"通才"，为资管业务的发展打下人才基础。

自2016年的监管新规"新八条"出台后，更多学者把目光转向券商资管业务的转型问题，探索券商资管业务的新模式。焦阳（2017）认为，券商资管的通道业务其本质是监管套利的载体，在未来的发展中必须回归主动管理。他提出了"固收+多策略"、资产证券化、全业务链这三种多元化发展路径。王旭颖（2017）分析了"泛资管"背景下券商资管业务面临的产品定位不明、通道业务风险大、创新能力薄弱的问题，指出了整合资源、强调产品个性化设计、打造高素质团队的对策建议。马青青（2017）立足于"大资管"时代，即业务放开、混业经营的背景，分析了银行、信托、保险、基金、期货相较于证券公司开展资产管理业务的优势，对比了美国摩根士丹利和中国中信证券的业务发展模式，梳理出主动管理业务、通道业务、资产证券化业务、另类子公司业务的创新途径。

综上所述，我国对资产管理业务的研究涉及面较广，在借鉴国外研究成果的基础上结合具体国情，理论成果不断丰富。但对一系列资管新规出台后，特别是2017年《指导意见》征求意见稿发布后的券商资管现状缺少研究和总结，更多的是从宏观角度进行探究，对券商资管的案例分析相对不足，有待学者和实际工作者不断弥补充实。

二、资产管理行业概况

本章首先研究我国总体的资产管理行业概况，其次从券商资产管理规模、收入、排名等方面对其市场格局进行概述，为具体分析研究提供详实背景。

(一) 我国资管行业概况

银行、信托、保险、基金、期货以及券商是我国从事资产管理业务的主要金融机构。一度，由于监管的不断放开，互联网金融、私募以及其他游离于监管体系之外的投资公司也涉足资产管理业务，资产管理行业进入进一步的竞争、创新、混业经营的阶段，即"大资管"或"泛资管"时代。在制度红利的大环境下，各类资管机构迅速发展，形成了我国资管行业的多元发展格局。

在从事资产管理业务的金融机构中，银行占据客户、渠道、资金三大优势，长期以来在资管行业中处于优势地位。信托业的资产管理业务发展历史相对悠久，且具有较高的投研能力和专业素养，积累了大量的资源和经验，在我国资管业务中占有一席之地，规模仅次于银行理财。其他金融机构也不甘落后，奋起直追。数据显示，截至2017年12月底，不考虑交叉持有因素，我国金融机构资管业务已经达到百万亿元规模。其中，银行表外理财产品资金余额22.2万亿元，信托公司受托管理的资金信托余额21.9万亿元，证券公司资管计划、基金公司及其子公司资管计划、公募基金、私募基金、保险资管计划余额分别为16.8万亿元、13.9万亿元、11.6万亿元、11.1万亿元、2.5万亿元。与此同时，非金融机构如互联网企业、各类投资顾问公司等开展的资管业务也十分活跃。[①] 显然，银行理财依旧在资管业务中处于领先地位，信托产品规模与银行差距极小，券商资管经过一段时间的发展也积累了相对可观的规模。经济的持续稳定增长和中等收入群体的逐步壮大促使机构投资者和居民的理财意识与理财需求日益强烈，尽管资管新规导致规模一定程度的缩小，但在未来一段时间资管业务的需求仍保持增长态势，资管业务的发展空间与潜力仍待探索。

资管行业在快速发展的进程中涌现出两大主要模式，即以银行理财为代表的资金池模式和以余额宝为代表的结合互联网金融的货币基金模式。[②] 资管新规对资管资金池和互联网理财做出了相关规定，禁止金融机构开展或参与资金池业务，明确非金融机构不得发行、销售资产管理产品。未来这两种业务模式都将面临规模萎缩乃至到2020年年底前的过渡期间全面清

---

① 中国人民银行有关负责人就《关于规范金融机构资产管理业务的指导意见》答记者问[EB/OL].2018-04-27.http：//www.pbc.gov.cn/goutongjiaoliu/113456/113469/3529603/index.html.
② 张华宇.未来资管行业发展要变换跑道 银行理财真正转向净值化[EB/OL].腾讯网, 2018-01-25.http：//new.qq.com/omn/20180125/20180125A0BU81.html.

理的情况，资管业务规模的持续增长将依赖投资端的主动管理能力和渠道端的客户营销能力，对金融机构的资管业务提出了规范、统一、公平的要求。

（二）券商资管市场的格局

自 2012 年证券公司资产管理业务新管理办法出台以来，证监会大幅拓宽了券商资管计划的投资范围，我国券商资管规模开始爆发式增长，已超过基金专户规模成为机构资管的主力军，成为证券公司的重要收入来源。中国证券投资基金业协会数据显示，截至 2017 年年底，证券公司资产管理业务规模达 16.8 万亿元，从基金业资产管理规模总量 53.6 万亿元来看，券商资管规模占比 31.34%，依旧保持主力地位，但从券商自身来看，其规模较 2017 年 6 月末的 18.1 万亿元减少 7.18%，呈现较明显的下滑趋势。①这主要是由券商通道规模萎缩导致的。

如图 6.1 所示，从行业内公司看中信证券以 16 182.12 亿元的月均规模排行首位，领先第二名华泰资管（7 885.62 亿元）近一倍，具有绝对优势。国泰君安资管以 7 826.52 亿元的规模排名第三位。前 20 名的券商资管月均规模达到 96 282.68 亿元，约占券商资产管理总规模的 57%。②由此可见，

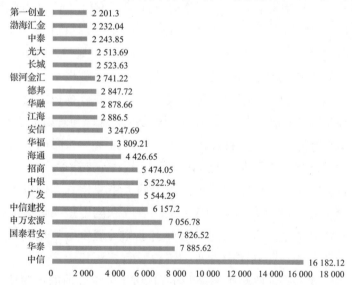

图 6.1　2017 年证券公司资产管理月均规模前 20 名（单位：亿元）

---

① 中国证券投资基金业协会．证券期货经营机构资产管理业务统计数据（2017 年四季度）［EB/OL］．2018 - 02 - 12. http：//www. amac. org. cn/tjsj/xysj/zqqhjyjgzcglywtjsj/392774. shtml.

② 中国证券投资基金业协会．2017 年四季度资管业务各项排名［EB/OL］．2018 - 02 - 12. http：//www. amac. org. cn/tjsj/xysj/zqqhjyjgzcglywtjsj/392775. shtml.

尽管各券商的资管业务都有了井喷式发展，但大型券商的资管业务仍占据现行券商资管市场的半壁江山并不断扩张，而它们在社会地位、人才配备、资金规模等方面的优势给中小型券商资管业务的拓展带来一定的挤出效应。

从2017年全国证券公司各项业务收入情况看，券商最主要的收入来自代理买卖证券业务，即经纪业务，实现营收820.92亿元；证券承销与保荐业务，即投行业务是券商第二收入来源。这两大主营业务收入占到各项业务收入的71.96%。资产管理业务收入位居各主营业务收入第三，达到310.21亿元，占比18.52%。① 尽管资管业务收入也是券商的主要收入来源，但与传统的经纪和投行业务相比还存在一定差距，传统规模冲量的通道业务仅收取较少的通道费，利润较低，高净值的主动管理型业务才是券商资管收入的主要渠道，收入结构有待进一步优化。

由图6.2可知，自2012年至2017年，全国券商资管业务收入持续提高，特别是2014年到2015年，资管业务收入增长率高达121%。从2015年开始，券商资管业务收入增长态势放缓，年均增长率在6%左右。② 这种变化与监管政策的收紧、资金资产荒相继出现的大环境密切相关。预计在2018年，受资管新规的冲击，券商资管业务会进入一个瓶颈期，收入增长态势进一步放缓，传统的通道等业务阻断后甚至可能出现收入下滑的趋势，券商资管的转型刻不容缓。

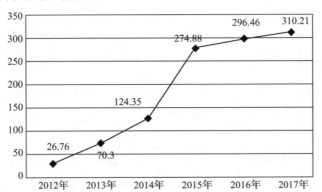

图6.2　2012－2017年全国券商资管业务收入折线图（单位：亿元）

---

① 中国证券业协会．证券公司2017年经营数据［EB/OL］.2018－02－05. http://www.sac.net.cn/hysj/zqgsjysj/201802/t20180205_134441.html.

② 中国证券业协会．证券公司经营数据（2012－2017）［EB/OL］.http://www.sac.net.cn/hysj/zqgsjysj/.

三、D 证券公司资管现状及问题

作为苏州的地方中型券商,D 证券公司对苏州乃至江苏金融的发展影响较大。分析解剖 D 证券公司的资管现状,对面广量大的中小券商具有很好的借鉴意义。

(一)D 证券公司资管部门架构及主要业务

D 证券公司的前身为组建于 1992 年的苏州证券,公司总部及注册地在苏州市,是苏州的本土券商。① D 证券公司资产管理部作为公司的重要部门之一,其资管业务在短短五六年间获得三次大飞跃。首先是规模的飞跃,如图 6.3 所示,从 2011 年的不足 3.5 亿,到 2017 年的超 1 928 亿,资管规模 6 年增长 550 倍,行业排名上升至 15 位;② 其次是收入的飞跃,从落后中位数到挤进行业前 30 位,收入 6 年增长 37 倍;最后是品种的飞跃,主动管理的产品从单一二级市场大集合,扩充至 6 条产品线、130 多只产品。③ D 证券公司资管的迅速发展不只是个例,资管行业整体都在较短时间内飞速发展。

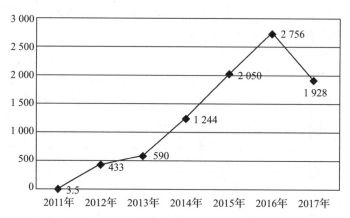

图 6.3　2011—2017 年 D 证券公司资管受托管理资产规模走势图(单位:亿元)

---

① D 证券公司官方网站公司介绍 [EB/OL]. http://www.dwjq.com.cn/whoweare/introcudtion.

② D 证券公司. 2011—2017 年年度报告数据统计 [EB/OL]. http://www.dwjq.com.cn/InvestorRelations/periodicReport.

③ 数据来源:根据 D 证券公司资产管理部调研座谈记录整理。

D证券公司资产管理部门分为前台和中后台。前台由各个业务团队组成，负责资管项目的对接、销售等。中后台分为产品设计部、质量控制部、项目管理部、营销管理部和综合管理部，负责资管产品的设计、合同的编制与签订等支持性工作。从部门结构看，部门的设置齐全，类似于一个小型基金公司，但对资管业务销售来说，缺少针对不同渠道的专业团队和人员，各部门做的多是基础的支持工作，从研究、运营角度来说，需要跨部门合作。

D证券公司资产管理部门业务主要分为两个方向：主动管理类型业务和通道类型业务。通道类型业务是D证券公司资管的主要业务类型，约占业务总规模的80%[①]，2017年下半年，受资管政策的影响和控制风险的需要，通道业务基本停滞，导致管理规模大幅缩减。主动管理类型的业务主要是定向委外业务，资产底层根据投资标的不同分为债权类、股票类、FOF等。集合类资产管理业务主要是与政府平台、上市企业合作，例如以政府平台为依托的融资项目、项目收益权买入返售项目等。股票质押业务也是主动管理业务的一种。融资人质押上市公司股票给证券公司，根据质押率、融资利率和市值获得资金，项目设置预警线和平仓线，若融资人无法还款，证券公司有权处理被质押的股票。目前以存量股票质押续转业务为主。从传统业务品种看，主要集中在定向通道业务，高净值的主动管理型产品较少，主要的业务方向比较单一，经历井喷式的增长后进一步发展放缓。在发展传统业务的同时，D证券公司资管积极寻求转型，提升主动管理能力，2018年年初基本形成了以投研方向区分的专业团队，包括固定收益、产业基金、FOF团队等，变传统的被动业务为主动业务，着力提升销售能力，以应对瞬息万变的市场格局。

从数据看，受新规影响，部分存续到期的业务由于不再符合相关规定，以及自身折扣率、融资成本等方面的弱势，资产管理总规模有所下滑，截至2017年12月31日，D证券公司资产管理总规模1 918.25亿元，同比下降30.41%。同时，在新规的推动下，D证券公司主动谋求业务转型升级，着力提升主动管理能力，从结构化模式居多调整到以管理型产品为主的发展模式。主动管理规模的增长同时带来收入的增长，2017年资管业务实现

---

① 数据来源：根据D证券公司资产管理部调研座谈记录整理。

收入 5.13 亿元，同比增长 16.22%①，实现了监管层的要求和初衷。

（二）D 证券公司资管业务面临的主要问题

1. 监管新规阻断传统资管业务

资管行业的发展与政策导向息息相关，券商资管业务的井喷式发展和业务瓶颈都是监管层政策松紧变化的结果。随着政策收紧，对传统券商资管业务带来的不利影响开始显现。

第一，传统通道业务全面停滞。监管层接连发布新政，直指券商通道业务。2016 年 7 月"八条底线"严控多层嵌套业务，10 月《关于修改〈证券公司风险控制指标管理办法〉的决定》将券商资管纳入表外业务，通道业务计入杠杆率约束。2017 年 2 月，《关于规范金融机构资产管理业务的指导意见》内审稿将银行、信托、基金公司、证券公司、期货公司、保险公司等发行的资管产品纳入统一监管，主要目的就是"去通道"。受新政的冲击，2017 年上半年券商资管的通道业务基本处于停滞状态。2017 年 11 月的《指导意见》带来了更强烈的冲击，彻底禁止通道业务，这对于依赖传统通道业务的券商来说是一个沉重打击。随着该《指导意见》正式发布，未来这部分业务规模还会继续缩减直至 2020 年年底前完全清理到位。由此，几乎占据 D 证券公司资管 80% 的纯通道类业务将在未来不长时间内不复存在。

第二，股票质押业务竞争力下降。对融资人来说，他们关心的是融资效率、融资成本和资产利用率。② 融资效率通常是指能否以最快的速度融到相应的金额，融资成本则与利息、折扣率密切相关。受 2017 年 5 月 31 日减持新规的影响，股票质押业务折扣率下降严重，平均下降 0.5 个百分点。③ 自 2018 年 3 月 12 日正式实施的股票质押新规对质押率、融入方、券商做出了更加紧缩的要求。例如新规之前 D 证券公司资管股票质押业务中流通股可以打到 4.5 折，而现在最多只能打 4 折，这意味着相同金额的融资规模，客户需要质押更多的股票给证券公司，可供客户支配的股票数量减少。同时，最高质押率的调整压缩了业务容量，融资人希望可质押股份

---

① D 证券公司 2017 年年度报告 [EB/OL]. 2018 – 03 – 27. http：//www.dwjq.com.cn/Investor-Relations/periodicReport.

② 以金融创新为突破口，构建券商核心竞争力 [EB/OL]. 南方财富网，2012 – 09 – 06. http：//www.southmoney.com/gupiao/bkjj/201209/387110.html.

③ 数据来源：根据 D 证券公司资产管理部调研座谈记录整理。

越多越好，他们能融到更多的资金。新规出台之前 D 证券公司资管股票最高质押率可以达到 95%，但新规明确股票质押率上限不得超过 60%[①]，直接砍断了一大批股票质押业务。这使得 D 证券这样的中小型券商资管的竞争力下降，客户更乐意选择折扣率高且最高质押率高的金融机构进行业务合作。

  第三，多层嵌套业务发展受阻。在大资管时代，银行、信托、券商等金融机构紧密合作，多层嵌套结构是其合作的产物。然而，多层嵌套的业务结构增加了资管产品的复杂性，导致底层资产和风险难以穿透，也拉长了资金链条，提高了企业融资成本，不利于实体经济的发展。[②] 对此，监管层从严规范，明确资管产品只可以再投资一层资管产品，使得传统的多层嵌套业务，例如银行、信托、券商三方合作形成的由银行放款给资管计划，资管计划再去投信托产品的结构，不再符合规定。而在此之前，这类多层嵌套业务广泛存在于金融机构间，包括 D 证券公司资管 2017 年下半年发行的中利腾晖、建湖一号等资管计划均采用了双层嵌套的模式，多层嵌套业务结构的取缔对 D 证券公司资管的业务带来冲击。

  2. 客户对高收益的需求与实际收益存在落差

  投资者选择理财产品或资管计划，最主要的诉求是获取比银行存款等其他选择更高且更稳健的投资收益。在市场竞争多元的背景下，各金融机构为刺激销售抢夺客户，不断抬高收益，恶性竞争。以 D 证券公司资管 2017 年 10 月发行的两只产品为例，其中，中利腾晖资产管理计划是两年期年化 6.8% 的产品，东吴汇信盐城建湖一号产品设计为 "2+1" 模式，年化预期 6.5%。[③] 这样的收益相对于外部一些财富公司高达 8% 甚至 10% 以上的预期收益来说竞争力较弱。作为相对保守型的券商，D 证券公司资管在资金投向的选择上会尽量避免地产、中小型民企等高风险行业，而社会上大部分激进的财富公司则大胆投放。投资者在选择资管产品的时候往往更关注其是否能带来相对可观的预期收益，而忽视高收益背后隐藏的高风险。投资者对投资收益要求越来越高，收益相对较低的产品销售压力大，销售总量下降，不能分期发行的新规也带来成高成本的问题，利润空间缩

---

  ① 沪深交易所，中国证券登记结算有限责任公司. 股票质押式回购交易及登记结算业务办法（2018 年修订）[Z]. 2018 - 03 - 12.

  ② 赵亚蕊. 资管新规对资管行业的格局将产生深远影响. 金融界网站，2018 - 04 - 27. http：//finance.jrj.com.cn/2018/04/27203724467454.shtml.

  ③ 数据来源：根据 D 证券公司资产管理部调研座谈记录整理。

减。同时，对融资人而言，他们期望以较低的成本获取资金，水涨船高的融资成本加大了融资人还款的难度，2018年开年的融资成本已经达到9%以上，一些公司不得不以"借新还旧"的方式保证充足的运营资金。这样的恶性循环加大了资管产品的信用风险，一旦融资人的资金链断裂，投资者无法取得相应的收益，甚至血本无归。

另外，新规出台后要求打破刚性兑付，向资管净值化方向转型，严禁资金和资产的期限错配，这会对以往默认保本的资管产品产生强烈冲击。这意味着资管产品年化预期的高收益将无法得到保证，与投资者高收益低风险的预期相悖，给资管产品的销售带来困难。投资者对净值化的理解也可能存在偏差，当产品公布的净值与其理解不符时，可能会给该产品带来负面影响，例如投资者在到期时不再续买，从而影响资管产品的管理规模。

3. 资管产品同质化严重，创新力不足

一方面，整个资产管理行业各金融机构间的资管产品存在雷同。当一家券商推出创新型产品后，往往不久就被竞争对手照搬，跟风发行类似资管产品，导致整个市场产品同质化严重。同业间相互争夺资源，抢占市场，往往大型金融机构会比中型机构更占优势。同时，券商资管未能充分发挥与银行、信托等不同渠道的优势，产品区分不足，既未服务好庞大的具有一定风险承受能力的中高端客户，也无法与占据规模优势的银行、信托抢占市场，导致券商资管业务相对竞争力得不到有效提升。以汇信类集合资管计划为例，苏州各大信托、银行间也在争相开展这类资管业务，往往越能拿到第一手资源，就能越快开展业务，这更考验投资管理人获取资源的能力，无法真正体现券商的优势所在。

另一方面，在单一券商资管内部，其产品设计也大同小异，界限不清，没有针对不同的客户群体、客户需求进行明确的定位和细化。从D证券公司资管2017年下半年发行的几只产品来看，大多是两年期的产品，年化收益率也均在6.5%左右。[①] 除委托方不同外，其他关键要素，如产品结构、还款方式等差异不大。当这些产品在集中的时间段发行募资，专业化程度不高的投资人会对产品设计产生困惑，长此以往会削弱产品本身的吸引力。在其他要素基本一致的情况下，投资人自然而然会选择相对收益更高的那只产品，使得收益率相对较低的产品面临更加窘迫的融资境地。

---

① 数据来源：根据D证券公司资产管理部调研座谈记录整理。

最后，在政策红利下发展起来的 D 证券公司资管业务集中于传统的通道、股票质押等业务，投研能力较弱，主动管理能力相对欠缺，这也使得其产品缺少核心竞争力，无法与市场上以高净值主动管理而备受青睐的产品，如东方资管的"东方红"系列产品抗衡。主动管理王牌产品的缺失使其在券商资管中缺乏竞争力。

4. 营销渠道受限，产品宣传困难

券商资管销售产品的途径主要有两种，一是营业部直接销售，二是通过银行代销。[18]然而，拥有资金和人脉两大优势的银行自身也会发行大量理财产品，不缺少有待销售的产品，对代销产品的资质、收益率要求较高，因此产品的大部分销售还是依靠营业部直销，银行代销只占很少或可忽略不计的比例。在 D 证券公司各营业部，销售的模式比较单一固定，由客户经理推荐给其拥有的客户资源，缺乏创新空间。客户经理的销售力度与相关产品的营销激励政策直接相关，每期产品的营销激励各不相同，对于营销激励较少的产品，客户经理往往缺乏销售的热情。这样的营销模式对产品本身有失公平，可能导致本身优质的项目因相对较低的营销激励而销售不力。

同时，基于监管要求，和银行、公募等金融机构相比，券商资管产品的营销渠道相对狭窄。以集合资管产品为例，不得通过电视、报纸、广播等公共媒体进行推广①，只能小范围地面向特定客户进行推介。而公募基金的一些产品，只要风险提示符合规定，可以选择在互联网网页、微信公众号、报纸等媒介进行宣传。这使得券商资管产品的宣传范围非常有限，无法最大限度地挖掘潜在客户。D 证券公司资管的产品总是面向相对固定的客户群体销售，而这些客户的投资能力是有限的，很容易出现集中发行产品时销售不力的情况。相比便捷迅速的网络等媒介，直接宣传的营销方式成本大、效率低，不利于 D 证券公司资管增强竞争力。

四、结 论

加强金融监管是保障金融安全的必然要求。面对渐趋严格、渐趋规范的监管带来的问题与挑战，金融机构应在坚决执行各项监管要求的基础上，

---

① 中国证券监督管理委员会. 证券公司集合资产管理业务实施细则[Z]. 2012 – 10 – 18.

转换思维、创新思路，积极做出适应性调整，充分利用2020年年底前的过渡期，探寻符合自身实际、能够发挥自身特长的发展路径。就D证券公司而言，针对其面临的主要问题，建议重点突出以下几个方面：

(一) 提升主动管理，谋求转型升级

在监管愈发趋严的大资管时代，随着部分传统业务的停滞乃至被清理，券商资管提升主动管理能力是大势所趋，这也是D证券公司资管未来发展转型的主要方向和必然途径。

从投研能力角度来看，资产管理机构的核心竞争优势在于优异的长期投资能力，D证券公司资管应着力提升专业化的投研能力，培养对宏观经济形势、相关产业前景、具体企业情况等独到而深刻的认识，深度研究债券市场、股票市场等，提高对市场的判断能力，顺应未来投资的趋势。通过提高产品设计和服务能力，充分发挥券商自身在融资融券、股权质押等业务领域的比较优势，打造资产管理核心竞争力，实现由简单的通道业务向全面自主的资产管理业务的转变升级。

从团队建设角度来看，强化主动管理的能力离不开专业人才的支持。D证券公司资管应着力培养、挖掘、引进具有相关行业经验的专业人才，建立专业化的投资管理团队。各团队依据自身的经验，专攻所擅长的投研方向和领域。现今，D证券公司资管在争取转型的过程中，已成立了专门的产业基金团队、量化投资团队、权益投资团队、FOF团队等。这样明确而具体的团队分工有利于提高研究效率，增强投资能力，为实现主动管理的转型目标打下坚实的后备人才基础。

从运行效率角度来看，应促进各部门合作效率的提高。其他支持性部门的工作效率，如综合管理部材料的审批进度、信息技术部对网络客户端的管理、运营部门与银行等机构的沟通效率等，都可能间接影响到主动管理工作的开展。D证券公司资管应进一步建立、完善部门合作流程，提高跨部门沟通能力和速度，在控制风险的前提下适当简化不必要的程序，保障团队工作的顺利进行。

从公司部门合作角度来看，在现有资源中寻找自身业务的同时，资管部门可以积极地与公司其他部门，如固定收益部、投行部进行合作，共享资源，从不同渠道为融资人融资和设计产品，既为融资人融入更多的资金，也促成公司部门的合作共赢。

（二）坚持需求导向，提升客户服务

一是优化产品设计，为客户提供多元化的配置和服务。D证券公司资管产品的设计应在投资范围、产品特征等方面体现灵活性，以客户需求为导向，既引导其调低不适当的高收益预期，又积极做好市场调研工作，满足目标客户群体对资管产品多样化、个性化的需求。针对D证券公司资管中具有较高风险承受能力的中高端客户，可以利用大数据，根据其风险收益特征进行分类，开发出适应不同风险承受等级的产品，推进大客户的专项资管定制服务。对于零售客户，包括风险承受能力较弱的中小型投资者，可以开发工具性产品，如现金管理、固定收益等标准化产品，从不同维度满足客户的投资需求，激发潜在投资者的购买欲望。

二是培育核心客户，以优质的服务提高客户留存率。对融资人，充分调研其资质，在双方平等的基础上加强沟通，以优质的服务态度和专业的服务水准助力实体经济，争取多方位合作；对投资者，在满足客户对产品多样化需求的同时，提升对客户从证券开户、风险测试、产品介绍、产品购买到疑难解答的整体服务质量，提升全线服务人员的专业素养和个人修养，营造专业化、人性化、以客户为本的服务环境。不论是营业部网点的线下服务，还是互联网金融的线上服务，都要以提升客户感受为首要任务，提供专业细致的服务，彰显D证券公司文化，从而增强客户的粘性，为券商资管项目合作和产品销售积累较为稳定的资源。

（三）开发新型业务，对接资产资金

经济结构转型，金融创新加快，传统的产品结构和业务模式将无法满足越来越高的客户要求，开发出符合现实要求的业务模式是当务之急。ABS、各类收益权等新型业务模式成为券商未来发展的选择。

ABS，即资产证券化。随着金融创新的深化，ABS将成为未来券商资管发展的重要方向和利润增长点。作为一种新型金融工具，资产证券化能有效盘活存量资产，提高资金使用效率，促使资本市场资产与资金的对接，实现投融资的一体化[1]，在PPP、绿色环保等领域都能发挥重要作用。苏州乃至江浙、长三角地区经济发达，企业众多，PPP等各类资金合作项目数量可观。D证券公司应充分发挥地域优势和自身的主动管理能力，挑选

---

[1] 广发资管领跑资产证券化，盘活存量支持实体经济发展．中国经济网，2016-09-21．http://finance.ce.cn/rolling/201609/21/t20160921_16144494.shtml．

合适的基础资产进行包装，灵活设计出结构合理的产品模式，并将其销售给风险承受能力合适的投资者。未来，ABS还可作为担保品进行质押，或成为非标转标的合规方式①，将带来更广阔的业务机会。

各类收益权，包括应收账款收益权、商业地产抵押贷款债权等，也将成为严监管下业务发展的主要突破口之一。资管计划通过购买融资主体的项目收益权，如应收账款的收益权，将资金放给融资主体，资管计划到期后，券商将应收账款收益权返售给融资主体，获得本金及收益。与传统直接发放流动贷款的模式不同，这使得资金与资产得到有效对接，也符合相关监管穿透性审查等规定，保障了资管计划的安全性。D证券公司正积极寻求各类收益权的合作机会，解决实体经济的融资困境。

（四）拓展销售渠道，推进三方合作

传统的券商资管依赖于各营业部的直接销售，这既受限于营业部客户的资金流状况，也对各营业部的销售施加了不小压力。改善销售困境，扩大产品规模，需要搭建更全面更完备的销售网络和客户渠道，从多方汇聚资源，合作共赢。

首先，各营业部结合自身区位特点、优势，寻找项目。作为直接面对客户的主力军，营业部掌握着最丰富的客户资源。营业部可以根据网点所在地企业的融资需求、居民的投资喜好，推荐相应的资管产品。例如，在苏州张家港地区，大型上市公司数目可观，张家港营业部可以主动了解上市企业有无股票质押回购融资方面的融资需求，挖掘潜在合作机会。在苏州大部分地区，居民可供投资的资金相对充足，可承受的风险也相对较高，营业部应充分发挥区位经济优势，除固定收益类产品之外，有选择地向投资者推荐权益类、FOF等产品，丰富投资者的选择，吸引更多不同需求的客户。

其次，拓展三方代销机构合作，利用第三方机构销售渠道。通过与第三方机构签署代销协议，包括各大银行和有代销资质的金融机构，如陆金所、天天基金、同花顺等，可以大大缓解资管新产品销售乏力的困境。第三方代销机构在产品营销上拥有比券商资产管理部门更专业的模式、更丰富的经验、更广泛的渠道。比如很多第三方机构都有专门的网页和App，

---

① 监管新规重塑ABS格局：REITs爆发 非标转标火爆. 第一财经日报（上海），2018-02-25. http://money.163.com/18/0225/21/DBH6PULB002580S6.html.

能最大限度地容纳互联网上的潜在客户群。尽管每一家机构的销售量可能有限,但总量可观。当然,券商在与第三方合作的过程中需要保持一定的自主权,不能全盘被动接受第三方提出的一切条件,努力在双方平等的基础上进行合作。

最后,整合金融机构资源。银行、信托、私募等其他金融机构在多年发展中已积累了一大批较为稳定的客户,项目资源较为丰富,证券公司可以充分利用金融机构之间的资源集聚效应,如通过托管行搭线收益稳定、风险可控的优质项目,同时联结期货、信托、PE 等综合业务的优势,实现多方共赢。2018 年以来,D 证券公司资管着力对接银行丰厚的资金,加强银证合作,研究符合规定的产品结构,为未来双方的业务拓展打下基础。

(五)加强风险管理,严格资质审查

作为综合性的业务,券商资管产品范围广、品种多,风险管控是保证各类业务顺利进行的关键。D 证券公司资管在 2017 年 12 月公布的券商夏普比率中排名第一[①],投资管理人的风险控制实力凸显,未来应进一步完善风险管控体系,加强应对风险的能力,将风险预防、评估、管理等贯穿于业务始终,推动资管业务的长足发展。

对券商主动管理的产品,投资主办人应设置合理的风险预警线,随时关注产品的净值等指标,减少波动,将产品风险控制在可控范围内。合理安排资金的期限配置,长短期结合,确保对资产的生命周期有所覆盖。对投资者应提前进行风险告知和警示,防患于未然,提高产品信息的透明度和及时性,切实保障投资者的利益。

对资管业务的融资主体,事前对融资主体的资质从严审查,特别是对雨后春笋般出现的平台公司等进行全面的、实地的尽职调查,深入了解融资主体的主营业务、战略布局、未来动向,确保融资主体有稳定的现金流和足够的还款实力;事中定期对融资人进行回访,及时更新相关主体的财务数据,掌握资金的用途和流向,确保融资方的资金投向实体经济,不能用于放贷、投资股票等,保证资金与资产的有效对接,降低信用风险,促进资管业务健康发展。

---

① 券商资管管理哪家强?中信规模称霸 东吴风控第一. 证券时报, 2017 - 12 - 25. http://finance. ifeng. com/a/20171225/15886656_ 0. shtml.

第七章

明星基金的溢出效应

——基于开放式股票型基金的实证研究

本章选取了 2012 年至 2017 年共 24 个季度的 774 只开放式股票型基金及其家族为样本进行实证研究，发现无论从家族角度还是个体角度看，我国的开放式股票型基金均存在显著的溢出效应，但溢出效应具有不对称性，即业绩排名靠前的明星基金能为家族带来超额的资金流入，但排名靠后的垃圾基金不会带来显著的反向溢出。且相比于明星基金家族的其他成员，与明星基金拥有相同经理人的基金能获得更多的资金流入。基金家族上期的业绩表现、成立时间、规模、旗下基金数量、家族的稳定性以及基金经理特征变量均会对家族及个体基金的资金流产生重要影响。随后，分析了溢出效应对基金家族以及投资者产生的影响，发现溢出效应会为家族的造星行为提供动力，从而损害投资者利益。最后，本章基于理论与实证分析，从基金家族、投资者以及监管机构三方面提出了相应的意见与建议。

一、引　言

（一）研究背景与意义

1. 研究背景

证券投资基金作为我国资本市场中一种重要的投资工具，为普通投资者提供了专业化的理财渠道。基金公司通过向市场出售份额，将投资者的闲散资金集中形成独立的基金财产，统一进行证券投资管理。份额持有人即资金的实际拥有者按其所持份额享受收益并承担风险。

相比于英美等发达国家，我国基金业起步相对较晚，直至 2001 年才成立了第一只开放式基金——华安创新。但经历了十几年的飞速发展，无论是在数量规模还是在产品种类上，开放式基金均取得了巨大的发展与突破，目前已成为证券市场上不可或缺的投资工具之一。截至2017年12月，我国已有超过4 700只开放式基金，百余家基金公司管理着超过11万亿元的资产。

我们将管理着两只及以上开放式基金的基金管理公司称为基金家族，将家族内的基金个体称为家族成员。由于基金数量的增长速度远远超过基金管理公司，基金不再以一个单独的个体存在，而是以家族成员的方式存在于基金家族中。相比于单独存在的基金个体，基金家族作为一个整体能够获得规模经济效应。基金家族能对各类资源进行整合，并恰当地协调分配。同时，家族成员之间可以共享投研团队的报告及相关资讯，分摊运营、销售等各类资源投入，在提高效率的同时降低单个基金的运作管理成本。所以，基金家族化发展是基金业极速成长过程中的必然产物，一家基金公司旗下有着数只或几十只基金产品已成为常态。目前我国基金市场中的开放式基金被几百家规模不等的基金管理公司所掌管，其中博时、鹏华、广发等基金管理公司旗下的基金数目均超过了一百只。由于基金家族的存在，这些基金产品之间有着或多或少的关联。在这个层面上，单只基金的表现不仅会影响其自身的发展，还可能会对同一家族的其他基金乃至整个家族产生影响，同样原本独立存在的基金不可能完全脱离基金家族而保持独立性。

我国股票市场上的投资者热衷于追涨杀跌，基金市场上的投资者是否也会有此行为还有待研究。通常，基金的历史业绩是投资者在选择基金时所考虑的重要因素之一。我们将业绩排名靠前或是评级高的基金称为明星基金，明星基金通常能吸引众多投资者的关注，理论上会吸引大量资金流入，我们将这一现象称为明星效应。但也有部分学者发现投资者可能会选择卖出高收益的基金，因为投资者预期基金业绩不能长期维持，所以选择了赎回基金，让收益落袋为安。此外，由于基金家族的存在，基金的业绩排名不仅会影响自身的资金流动，还可能会影响家族其他成员。我们将明星基金为家族带来的超额资金净流入现象称为明星基金的溢出效应。

国外学者率先注意到溢出效应。他们在基金业绩和资金流动关系研究的基础上发现，明星基金不仅能为自身吸引资金流入，还会为基金家族带来更多资金流入。而国内学者对于该问题的研究起步较晚，且限于可供研究的时间、样本不足,无法得出统一的结论,对于明星基金溢出效应的存在性仍有一定的争议。

此外,明星基金所带来的溢出效应会对基金家族的行为及投资者的收益造成不同程度的影响。基金家族作为一家营利性公司,以利润最大化为目标,希望家族内基金能吸引更多的资金流入,从而获得更多的管理费收入。而投资者希望能选择真正的优质基金从而实现资产的增值。在某种程度上,基金家族的利益与基金份额持有人的利益存在一定的冲突。基金家族在采用某些竞争策略来提高基金家族利益时,甚至会给基金持有人以及其他利益相关者带来经济上的损失。

在这种背景下,我们有必要对明星基金的溢出效应进行更深层次的研究,以此帮助投资者选择优质基金,帮助基金管理公司提高管理能力,实现互利共赢。

2. 研究意义

随着基金市场的不断发展壮大,探寻投资者如何选择基金以及基金公司的行为策略等问题得到越来越多的关注。与传统研究将每一只基金作为独立的个体不同,本章将基金家族作为一个整体纳入研究范围,研究基金业绩排名对于单个基金以及整个家族的资金流的影响。笔者认为,深入研究明星基金的溢出效应具有重要的理论价值和实践指导意义。

从国外成熟市场的经验来看,众多学者在早期研究中将目光集中于单个基金的业绩与资金流的关系,发现业绩排名靠前、评级高的明星基金会吸引更多的资金。此后他们将研究扩展到了家族层面,发现明星基金会产生溢出效应,为整个家族带来超额的资金流。由于我国开放式基金市场成立较晚,国内文献对于单个基金层面上的研究较多,从基金家族层面上进行研究的较少,且仅有的研究受到时间、样本数量等因素的制约并不全面。但从基金家族的角度来研究基金是十分必要的。基金家族会设置投资决策委员会等机构,且部分基金经理同时管理着多只基金,单只基金的投资管理、行为决策会受到家族的影响。因此,本章希望能利用新的且更为完整的时间段,更为丰富的基金样本,对单个基金以及基金家族进行全面而深入的研究,在一定程度上丰富我国关于溢出效应以及基金家族行为的研究。

此外,本章的研究还有较强的现实意义。首先,对于溢出效应的研究能帮助基金公司更清楚地认识基金业绩与资金流的关系,厘清资金流的影响因素。帮助基金公司通过增强基金经理管理能力、公司研究投资能力以及降低成本费用等方式,依靠实力创造真正的明星基金,而不是刻意地采用造星策略打造所谓的明星。同时,缓解投资者与基金管理公司的委托代理矛盾。

其次,本章对于溢出效应及其影响的研究分析了基金家族与投资者的行为,并在一定程度上给予投资者以投资建议。在众多的基金与基金公司中,投资者很难有效地选择真正好的基金。他们无法了解基金家族内部的运作策略,无从知晓基金家族真正的投资实力。本章的研究能帮助投资者对明星基金以及基金家族的实力进行全面认识,选择真正的业绩有持续性的绩优基金。

此外,对于基金行业的监管者而言,了解市场的运行规律,熟悉基金公司的行为,有助于其充分发挥对市场的监管职能,为我国基金市场的健康稳定发展提供支持和保障。

(二)国内外研究现状

1. 国外研究综述

溢出效应是由对基金业绩与其资金流动关系(Performance-Flow Relation,简称PFR)的研究衍生而来的。在溢出效应的存在性问题上,国外学者的观点较为统一,认为拥有突出业绩的基金会为自身以及家族带来资金流入。

(1) 基金业绩的溢出效应。Spitz (1970) 最早对基金业绩与资金流之间的关系进行了研究,他以20只美国市场中的基金在1960年至1967年的数据为研究样本,发现历史业绩与资金净流入存在正相关关系。此后学者们对该问题做了进一步研究,发现业绩与现金流之间并非是简单的线性关系,而是存在着不对称性。Ippolito (1992) 将143只基金按照历史业绩分为"输家"和"赢家"两组,对其从1965年到1984年间的资金流动状况进行分析。研究发现基金当期的现金流入与过去几年的收益率均呈现出正相关关系,但是"赢家"所获得的资金流量远大于"输家"所流失的资金流量。

此后,也有部分学者将目光转向基金家族,研究单个基金的优异表现是否能带动整个家族的资金流入,即产生溢出效应。溢出效应是指某项经济活动的经济效益从活动主体溢出到了另一个相关的主体,从而产生外部收益的现象,在经济学各领域都存在着各类溢出效应。

Sirri 等（1998）最先对明星基金的溢出效应进行了实证研究，证实了溢出效应的存在性。他们采用分段回归模型发现收益排名前 20%的优质基金除了自身能获得更多的资金流外，还会为家族中的其他成员带来更多的资金，但是投资者并没有大量赎回排名后 20%的劣质基金。Nanda 等（2004）为了消除不同的明星基金定义方法对最终实证结果产生的影响，采用资本资产定价模型的调整收益、三因子模型、Carhart 四因子调整收益等多种方法定义明星基金。他们发现无论在哪种定义方式中，明星基金均能为家族成员带来超额资金净流入。Khorana 和 Servaes（2007）采用基金所占市场份额的变化代替单位资产净资金流指标衡量基金的资金流动状况。他们发现明星基金家族的市场份额会上升，也证实了溢出效应的存在。

在不同的市场以及不同的基金产品中，同样发现了溢出效应。Park 等（2011）对韩国市场中的溢出效应进行了研究，发现明星基金家族的资金流比普通家族高 2.5%。此外，他们认为采用明星基金在家族中的资产占比代替虚拟变量对溢出效应更有解释力度。Adrianto（2016）以 782 只社会责任基金为样本对溢出效应进行了研究，发现明星 SRI 基金能为家族每月带来 0.7%的超额资金流入。

还有部分学者对于溢出效应做了进一步研究。Huij 和 Verbeek（2007）在验证溢出效应的基础上，发现基金家族化发展增加了基金业的竞争，同时加深了基金投资者和基金家族之间的矛盾。

但是，也有学者得出了相反的结论。Ivkovic（2002）认为不存在显著的溢出效应。他将明星基金和明星家族以虚拟变量的形式加入面板回归模型来度量溢出效应，但最终的实证结果否认了溢出效应的显著性，即绩优的明星基金并不能给家族带来显著的资金净流入。但他们证实基金家族的规模大小是影响旗下基金资金流动的重要因素。

（2）溢出效应产生的影响。由于溢出效应的存在，各基金家族可能会采用营销或其他竞争策略来吸引投资者的资金流入。Massa（2003）在发现溢出效应后进行了进一步的研究，发现基金家族会制定扩大家族产品种类和数量的策略来吸引投资者关注，从而获得更多的资金流入。Zhao（2004）对明星基金的关闭申购行为进行了研究，认为关闭申购是为了尽可能扩大明星基金的溢出效应，当投资者无法购买明星基金的时候，他们会退而求其次地选择家族中的其他基金，从而产生更大的溢出效应。

也有部分学者发现溢出效应为基金家族刻意打造明星基金提供了直接

动力。Gaspar 和 Massa（2006）发现家族内部存在交叉补贴的行为，即牺牲非明星基金的利益补贴最有可能成为明星基金的基金。他们总结了三种交叉补贴的方式：压低业绩较差的基金、低费率基金以及老基金的业绩。Nanda 等（2004）认为，投研能力较差的基金家族可能会采用"造星"策略来刻意打造明星基金，从而利用溢出效应实现管理费收入的增加。Bhattacharya 等（2013）证明只能投资于家族内其他基金的 FOF 被普遍用于缓解家族其他成员的流动性短缺问题，家族会采用牺牲 FOF 基金业绩的策略使家族整体受益。Eisele 等（2016）对基金家族造星的方式进行了研究，发现交叉补贴会为明星基金带来 1.7% 的超额收益，明星基金的表现取决于其通过交叉补贴损害其他基金的程度。

在研究溢出效应对投资者的影响时，由于无法获得每个投资者投资收益率的直接数据，学者们通常以基金净值收益率替代基金投资者的实际收益率。因此关于溢出效应对投资者影响的研究，就转化为明星基金与其他基金后期的收益率是否有显著差异的研究。Nanda 等（2004）采用 T 检验对基金的后期业绩进行了分组对比，发现相比于一般家族，明星基金家族并未取得超额的收益，即投资者追逐明星基金及其家族并不能获得超额的回报。

2. 国内研究综述

由于国内的基金市场起步较晚，基金市场也存在着诸多不完善，关于我国基金市场是否存在溢出效应的争论不断，采用不同方法、不同样本的研究结果存在着较大差别。

（1）基金业绩的溢出效应。国内学术界关于基金业绩——资金流的研究主要集中在基金个体层面。早期研究该问题的学者大都得出我国基金市场存在赎回异象的结论，即基金业绩越好，在之后的时间内资金的流出量越大。陆蓉、陈百助等（2007）对 14 只开放式偏股型基金进行分析，发现业绩与资金流呈负相关关系。他们采用行为金融理论中的"处置效应"对这一现象进行了解释。但此后蒋志平等（2013）将基金业绩分段，考查高、中、低不同业绩基金的资金流状况，结果表明基金的业绩-资金流曲线为凸性，高业绩基金组的资金流回归系数大于中等业绩组，而低业绩组的回归系数虽为负数但不显著。廖海波（2015）以 2005 年上半年至 2013 年上半年共计 17 期的半年度数据为样本，采用半参数模型证明了赎回异象仅仅是假象，实际基金业绩与资金净流量之间是正相关的凸函数关系。

相比于对单个基金的研究，我国对于基金家族的研究较少，起步也相对较晚。林树等（2009）以2005—2007年间的主动型股票基金为样本研究了溢出效应。他们借鉴国外学者采用的资金净流入增长率作为衡量资金流动的指标，通过面板数据回归发现明星基金具有显著的溢出效应。宋伟（2012）采用2006年至2011年的所有股票型基金以及混合型基金为样本，对基金资金流进行了统计，发现明星基金家族的资金净流入比均值为10.61%，而普通家族的均值为5.99%。此外他还通过面板数据回归进一步证实了我国开放式基金存在溢出效应，明星家族吸引的资金流入比普通家族高4.97%。王立洲（2012）以2008年第四季度至2010年第四季度的股票型开放式基金为研究对象，也得出类似结论，发现明星家族比一般家族的资金净流入高出6.88%。此后，汪剑琴（2013）、叶佩蕊（2017）等均发现溢出效应的存在。也有学者在对溢出效应的进一步研究中发现了溢出效应存在非对称性。叶佩蕊（2017）发现垃圾基金对于自身和家族其他成员的资金净流量并无显著的影响。王晋忠、张夏青（2017）发现明星基金对整个基金家族存在溢出效应，而垃圾基金则并没有发生反向溢出。由于存在溢出的非对称性，基金家族可能主动实施"造星"行为，通过各种短期行为打造出明星基金。

对于明星基金的定义，不同学者采用了不同的方法。戴晓凤、张敏文（2010）通过因子分析的方法对股票型基金和积极配置型基金的业绩进行了评价，并根据这一评价对基金进行排序，分为高业绩组与低业绩组。他们对两组基金的资金流入数据分别进行explore勘探分析，得出溢出效应存在的结论。他们将溢出效应产生的原因归于投资者对明星基金家族的管理水平过于信任。王晓晖（2015）采用晨星基金排名和业绩排名两种方法定义明星基金，对主动投资型基金进行了实证分析。他发现在这两种定义方法下，明星基金以及明星基金家族成员均能获得更高的资金流入，业绩排名前5%的基金能为家族带来8%的超额资金流入，而晨星五星评级的基金能带来13%的超额资金流入。

但是也有部分学者选择不同的样本、时间区间、实证模型得出了不同的结论。许宁、刘志新、蔺元（2010）采用动态面板GMM回归方式，发现在个体层面上明星基金虽然自身有现金流出，却能为家族其他成员带来一定的正向溢出效应。但是从整个基金家族的角度来看，明星基金没有给整个基金家族带来显著的现金流入，溢出效应不显著，说明基金家庭的

"造星"策略并不十分有效。张婷（2010）采用2004年到2008年的数据从基金个体层面研究了溢出效应问题，实证结果表明明星基金可以为自身带来较高的资金净流入率，但是并不会为家族的其他成员带来资金流入。姚颐、高兴（2013）选取2004年到2010年所有开放式股票型基金，采用基金份额变动来衡量资金流动，也得出了不存在溢出效应的结论。结果表明明星基金在当年申购、赎回、份额净增长上均不产生溢出效应，对明星基金家族而言，资金规模的壮大来自明星基金规模的扩大而非同一家族其他基金资金流入。朱臻、刘白兰（2014）以2005年前拥有2只及以上开放式偏股型基金的基金家族以及旗下的基金为研究对象，发现明星基金并没有为自身和家族其他基金吸引到更多的现金流，溢出效应不存在，基金家族的"造星"策略在短期内无效。回归方式中无论是明星基金还是垃圾基金，对家族资金净流入的影响均为正，但均无法通过显著性检验。

（2）溢出效应产生的影响。明星基金可能会为整个基金家族带来资金净流入，使公司获得更多的管理费收入。学者们认为溢出效应是基金家族"造星"行为的基本动因。我国学者对基金家族的特征进行了分析，多数发现家族规模大、基金数量多、基金业绩之间差距较大的基金公司会有更强烈的"造星"动机。

朱臻、刘白兰（2014）使用反向推导法，给出了基金家族实施"造星"策略的证据。他们发现明星基金家族的规模以及家族内业绩标准差更大，间接证明了家族以牺牲旗下低价值基金的利益为代价，来打造明星基金树立品牌形象的行为。因为大规模家族拥有的可支配资源更多，能通过减免部分管理费、变更基金经理、投入更多研发成本等方式提高业绩。同时，较大的标准差很可能是明星家族通过资源的不平等分配、倒仓等手段打造明星基金而产生的副产品。宋光辉等（2011）通过Logit模型回归同样发现规模偏大、家族内基金之间业绩离差较大且前期没有明星基金的基金家族更有动机采取制造明星的策略。郭春松等（2015）发现溢出效应会受到共同技能和共同噪声的影响，共同技能越大，溢出效应越大，共同噪声则相反。

共同持股也为基金家族利用溢出效应进行"造星"策略提供了便利。宋伟（2012）构建了基金家族共同持股程度指标，发现共同持股行为能显著提高家族内产生明星基金的可能性。他同时也证实了基金家族内部存在交叉补贴行为。屈源育、吴卫星（2014）将2006年至2012年的主动型投资基金作为研究对象，通过家族共同持股视角分析了基金家族的"造星"策略。他们采用工具变量方法对模型进行两阶段最小二乘回归，证明了共同持股是基金家族"造星"的一种有效手段，基金公司内部存在着"抬轿子"的利益输送方式。此外他们还指出，新成立的基金以及小规模基金常常成为被利用的对象。

在溢出效应对投资者影响的研究中，类似于国外的研究，我国学者朱臻、刘白兰（2014）也对明星家族的业绩与普通家族相比进行了单样本T检验，将净值增长率等收益指标进行对比，发现明星家族并不能创造更高的收益。贺栋（2011）从显性和隐形两个角度分析了溢出效应对投资者的影响，也得出了明星家族业绩未达到投资者预期这一结论。

3. 文献评述

通过对国内外文献的梳理，我们发现国外文献对于溢出效应已形成了较为完善的理论体系，进行了较为丰富的实践探索。但国内学者仍处于争论中，近期也有部分文献得出不存在溢出效应的结论。导致这一现象的主要原因是我国基金市场发展较晚，受到研究样本区间以及数量的限制。部分学者通常采用平衡面板数据，导致样本量被非随机剔除，从而造成样本量偏小，影响结果的可靠性。

而在基金溢出效应的影响方面，国内外学者均注意到溢出效应会影响基金管理公司的行为，并分别从家族资源分配、暂停申购、交叉补贴等"造星"策略方面对家族行为进行了研究。也有部分学者对明星基金家族特征进行分析，帮助投资者辨别真假明星基金和明星家族。已有研究虽然阐述了明星基金溢出效应对家族和投资者行为的影响，但未考虑基金家族特征的差异性，因而政策建议的针对性和时效性有所欠缺。

因此，本章试图从我国基金市场新的发展阶段、更为全面的数据出发，充分研究我国基金市场上是否存在溢出效应、溢出效应的溢出方向、什么样的基金和基金家族能获得更多的资金流入，以及溢出效应可能对基金家族和投资者产生的影响等问题。

（三）研究方法和主要内容

1. 研究方法

本研究采用定性理论分析与定量实证分析相结合的方法，在文献综述与理论分析的基础上，通过对数据的整理分析以及实证模型的运用，从基金个体与家族层面对我国基金的溢出效应进行研究。

主要采用了以下两种研究方法：

一是文献研究法。在上一节文献综述部分我们系统地梳理了国内外学者关于基金溢出效应的研究成果，对其加以总结和评述。这一方面拓展了研究分析的视野，在前人研究的基础上加入新的内容，丰富了关于溢出效应的研究；另一方面为此后进行的实证研究奠定理论基础。

二是实证分析法。在既有研究文献提出的相关模型的基础上，本研究结合我国基金市场的实际情况对相关模型和研究方法进行了必要的调整和适当的拓展，对明星基金的溢出效应从整体和个体两个层面进行了实证分析研究。本研究选取了 64 个基金家族中的 774 只基金，对 2012 年至 2017 年的季度数据共计 10 024 个样本，采用非均衡面板数据模型进行实证分析。通过设置虚拟变量来检验溢出效应的存在性，通过其他控制变量寻找影响基金资金流动的因素，研究资金溢出的方向。通过理论与实证结合的方式研究溢出效应产生的影响，并提出相关的政策建议。

2. 主要内容

在我国，开放式基金已经取得了长足发展并呈现出新的家族化发展特点。新形势下我国基金市场的规律及基金管理公司行为逐渐成为研究者关注的重点。相比于国外较为成熟的研究体系，我国关于基金溢出效应、基金家族行为的研究较少。一方面，大多数学者的研究是单个基金层面的，缺乏家族层面的研究；另一方面，我国基金业起步较晚，但近几年发展迅速，前期研究样本有限，不能涵盖新时期的变化。因此，我们希望采用新时期较为完整的样本数据，对我国开放式股票型基金的溢出效应展开较为全面且深入的研究。

首先，总结了国内外关于溢出效应的文献，充分了解国内外研究现状，并从基金家族与投资者行为两个角度寻找溢出效应产生的理论原因，为后续实证研究打下理论基础。接着，选取了 2012 年至 2017 年我国开放式股票型基金的季度数据进行实证分析。本章根据前人的研究设计调整构建实证模型，从基金家族以及个体两个角度，分别检验我国开放式股票型基金市场是否存在溢出效应，什么样的基金及其家族能获得更高的资金净流入。实证结果表明无论是从家族还是个体层面来看，均存在显著的溢出效应，明星基金能为其家族整体以及家族内的其他基金带来超额的资金净流入，且与明星基金拥有相同基金经理的基金可以获得更高的资金流。此外，家族的规模、团队稳定性、基金经理等特征变量也会对基金家族及个体的资金流产生重要影响。最后，在溢出效应存在的基础上进行了进一步研究，分析溢出效应对基金家族和投资者会产生何种影响，并提出了相应的建议与意见。

（四）研究创新与不足

1. 研究创新

（1）本章对于溢出效应的研究更为全面，分别从基金个体层面和基金家族层面探讨了资金净流入量与基金业绩排名之间的关系，并在此基础上分析了其对基金家族与投资者的影响，而以往的研究多关注于基金个体层面。此外，本章在原有研究的基础上增加了相同基金经理基金的研究，发现明星基金经理管理的基金能获得更大的资金溢出。

（2）本章在实证研究中增加了基金家族及个体的特征变量，用以研究在溢出效应中，哪些基金能获得更多的资金流入。以往的研究大多只有虚拟变量与家族收益、规模，本研究增加了家族内基金收益标准差、基金家族年龄、家族内基金数量、团队稳定性等基金特征变量，并手工搜集了基金经理的学历、性别、从业经验等特征数据，发现基金家族、基金个体、基金经理的某些特征会对资金流量增长率产生影响。根据实证结果提出了相应的建议，帮助基金家族实现更多的资金流入。

（3）基金业的快速发展使得本研究能够获得更多有效的数据，从而有利于克服以往研究的不足，能更充分地对问题展开研究。本研究采用了24个季度的基金样本，700余只基金超过10 000个观测样本，大量的样本数据增加了结论的可信度。

2. 研究的不足

（1）由于我国基金业发展迅速，基金的种类数量繁多，我们在研究时仅选择了最有代表性的股票型基金，并未对所有基金进行研究。

（2）本章对我国基金家族实现其"造星"策略可能实施的途径进行了理论分析，但对于基金家族"造星"策略的具体内部运作方式，如对基金家族部分基金的IPO优先配股、家族成员之间的反向交易行为等问题尚未做进一步实证研究，这些问题可作为后续研究的重要内容。

二、理论分析

(一) 溢出效应产生的原因

1. 基金家族角度

(1) 基金家族化发展。基金家族化发展为基金溢出效应提供了前提。随着基金市场的快速发展,基金家族所拥有的基金数量及其整体规模都在不断扩张,基金之间的关系日益紧密,基金市场呈现出家族化发展趋势。对于基金家族而言,家族化发展能够实现规模经济,有助于树立家族品牌形象;对于单个基金而言,家族化发展能够实现研究信息的共享,还能降低单位资产所需的管理费用。

基金的家族化发展也为投资者带来了诸多投资上的便利。一方面,基金家族内基金数量种类繁多,能满足不同风险偏好的投资者的投资需求。投资者也可将不同类型的基金进行组合,实现自身的投资目标。多样化的基金产品能够降低投资者的选择成本,投资者可在一家公司内实现其目标资产配置。另一方面,基金公司还存在基金之间的转化机制,投资者想将手中持有的基金转为该基金家族的其他基金产品时,不必再次支付申购赎回费用,可直接进行转换。

总的来说,基金的家族化发展增加了家族内基金的关联,使得基金或多或少打上了家族的烙印。同时,基金的家族化发展提高了基金家族的重要性,使投资者除了基金个体外增加了对家族的关注。所以,当家族中有明星基金出现时,投资者不仅会关注明星基金,还会对家族产生较高的关注度,从而产生溢出效应。

(2) 家族成员共同技能效应。家族成员的共同技能效应增强了家族内基金的业绩关联,也为投资者提供了众多明星基金的替代品,该理论为溢出效应的存在提供了解释依据。

Brown 和 Youchang (2014) 提出了基金家族成员共同技能效应 (Common skill),即基金家族内部会进行信息共享,从而做出相似的决策,导致家族成员业绩产生一定的关联。信息共享的主要方式通常是建立专门的研究中心、投资决策委员会等机构,共享投资研究信息资源,并进行全局性的分析和决策。此外,基金经理人往往会同时管理多只基金,"一拖多"现象在中国基金市场中十分普遍。这导致基金家族内的基金可能会拥有相似的基金经理或管理团队。郭春松等（2015）发现我国基金家族成员的业绩关联远超非家族成员，基金家族的共同技能效应是导致这一现象的主要原因。

于是，明星基金会与家族内的其他基金有很多相似之处。在家族发展过程中，基金家族会形成自身的投资风格和经营理念，且相同的内部管理标准、市场基本面分析师团队、交易平台、专业顾问团队和其他相关专家会使得家族成员之间的异质性减少。此外，家族内的基金经理们在一定程度上会相互影响，他们享有共同的市场信息，很有可能选择相似的投资方向，做出相近的投资策略，构建相似的资产组合。基金家族成员间的共同技能导致了基金业绩的相似度提高，基金公司为投资者提供了更多的投资选择。这也会使投资者在挑选基金时，不仅关注明星基金，还会将目光转移至与明星基金类似的家族其他成员上，从而产生溢出效应。

（3）品牌效应。品牌的打造与维护在现代商业社会中是十分重要的，现代人普遍认为有品牌就有保障，品牌关系着现代企业的生存与发展。品牌的树立与推广不仅仅是企业形象的宣传，更多的是为了销售产品而采取的一个重要策略。

将品牌效应应用到基金市场中，即基金公司采用品牌策略对公司的明星基金进行广泛宣传，让明星基金成为家族形象的代表，成为家族的招牌，这种策略不但会提升明星基金的知名度，而且对提升整个公司的品牌声誉都有很大帮助。每年基金的业绩排名、基金的评级被越来越多的基金公司所看重，犹如基金界的"奥斯卡"，各类财经媒体也会竞相报道。对于基金公司而言，若想实行品牌策略，树立优质品牌形象，在众多基金家族中脱颖而出，最为直接的方式便是用业绩说话，通过高收益的明星基金来获得市场的关注，并以此为基础进行品牌宣传。于是，为了吸引更多的投资者购买旗下基金产品，基金公司通常会借助各类媒体采用广告等方式进行自我宣传，特别是对业绩排名靠前的明星基金，公司往往会加大对其宣传力度，增强基金以及整个基金品牌的知名度。

基金投资者在选择基金时，最关注的就是基金的业绩。业绩的排名、媒体的报道加上公司的宣传都不断加深着投资者对明星基金的关注。由于品牌效应的存在，投资者会对明星基金家族整体形成较好的评价。他们的关注不仅仅局限于明星基金，往往会对明星基金经理人管理的其他基金，或是家族内其他较为优秀的基金产生兴趣，进行申购，从而产生溢出效应。

此外，基金家族还可能通过关闭明星基金申购渠道等方式进行品牌造势，迫使投资者转投家族旗下的非明星基金，为旗下非明星基金带来溢出效应。

2. 投资者角度

（1）搜寻成本与有限注意理论。我们通常将为寻找某产品的最优价格或挑选最优产品所付出的时间、金钱、风险、机会成本等支出的总和称为搜寻成本。将其应用到投资者的基金选择情境下，搜寻成本包括投资者找到能为其带来较高收益的基金所花费的咨询费用、浏览比较基金的时间、错误地选择了绩差基金所带来的损失及申购费用等。由于信息不对称的存在，投资者相对于基金公司而言处于信息劣势的地位，无法掌握全面信息，只能利用基金公开信息数据、基金网站推荐信息等进行分析。我国基金业的高速发展带来了基金数量的激增，这在一定程度上也加大了投资者挑选合适基金的搜寻成本。如何在几千只基金中选择合适的一只或几只基金进行投资，成为困扰投资者的问题。

Ivkovic（2002）提出，选择明星基金家族能帮助投资者降低搜寻成本。对于普通投资者而言，选择心仪的基金会花费大量时间精力，所以跟随明星基金能帮助他们有效缩小选择范围。此外，由于家族内基金共同技能效应的存在，同一家族内的基金享有共同的信息资源，同时基金经理也会管理多个基金，造成了家族内基金的业绩趋同。所以投资者在进行基金投资时，相比于非明星基金家族，更倾向于选择明星家族内的基金，从而造成了明星基金的溢出效应。

注意力是心理学研究中的重要课题，现今也被用于行为金融学的研究。投资者的注意力是有限的，不可能应对所有的基金信息，此外甄别和处理这些信息必然会产生较高的搜寻成本，所以投资者容易受凸显的信息的影响而做出非理性的决策。Odean（1999）发现部分投资者热衷于购买近期较引人注目的证券，注意力会驱动投资者的交易行为，即产生"排行榜效应"。在基金市场中也一样，投资者会受到基金业绩排行榜的影响，对明星基金及其家族给予更多的关注，于是明星家族的基金可以获得更多的资金流入，明星基金为其家族带来了资金溢出效应。

因此，信息不对称条件下的搜寻成本与投资者注意力有限理论也对明星基金及其家族会受到更多关注，从而产生溢出效应的原因做出了较好的解释。

（2）锚定效应。心理学家 Tversky 和 Kahnemany（1974）最早提出了锚定效应。他们要求测试者按照自身的认知对联合国中非洲国家所占比重进行估计。但在估计开始前,测试者先通过转盘随机选择一个数字,实验方将告知被测试者正确答案与随机值之间的关系。理论上随机数与真正的答案并无关联,但实验结果却表明测试者会受转盘随机数的影响,获得随机数大的测试者小组的答案明显高于小随机数组。因为,在无法利用已有信息准确估计的情况下,人们的判断往往会受到初始信息的影响。虽然人们会对初始信息进行一定的调整,但他们所做出的调整通常是不充分的,最终估计仍会偏向初始锚定值。

虽然锚定效应始于心理学范畴,但对众多金融和经济现象提供了重要的解释依据。有学者发现在不同的市场中同时进行交易的证券,在一个市场中的定价很大程度上会受到其他市场中该种证券价格的影响。黄婷婷(2014)发现投资者对于上证 A 股的周收益率有锚定效应,过去的价格就可能是现在价格的重要决定因素。

投资者在进行基金选择时会因历史业绩产生锚定效应,通过"锚定"过去的价格来确定当前的价格。他们将过去的收益率作为初始值,在此基础上进行调整,认为将来的业绩也会接近历史业绩。同时,投资者甚至会对家族内其他基金的业绩也产生锚定效应,认为明星家族中的其他基金也能拥有出色的绩效。两个层面上的锚定效应使得投资者认为明星基金及其家族的高额收益会延续,追逐明星能获得理想的投资回报。因此投资者不仅偏好明星基金,也同样偏好明星基金家族中的其他成员。这样一来,业绩突出的明星基金及其家族就能获得更多的资金,产生明星效应和溢出效应。

(3)代表性启发。代表性启发理论和锚定效应也有相似之处,也是投资者的一种非理性行为。这一理论认为投资者通常会因为两事物的相似性而做出类似的决策。由于普通投资者能力有限,很难对市场中的所有信息进行搜集分类与全面分析解读,并做出理性的决策,所以市场中较为显著、有代表性的信息,如涨跌幅榜、基金收益排名等会吸引投资者较多的注意力,并使其进行发散性思考。

明星基金的数量有限,无法满足所有投资者的需求,且投资者不可能将其资产集中于明星基金,所以根据代表性启发理论,人们会因明星基金受到启发,也会对明星基金公司的管理能力予以认可,认为与明星基金拥有相同管理公司的其他基金业绩也较为优秀。基金家族的共同技能也加深了投资者对于这一观点的认可。这种"爱屋及乌"的行为也为明星家族带来了超额的资金流入,产生溢出效应。

综上所述,这一部分主要从基金家族和投资者两个角度解答了溢出效应产生的原理。基金家族化发展为溢出效应提供了基础;搜寻成本及有限注意力理论则解释了为什么明星基金及其家族会受到更多的关注;锚定效应则解释了投资者为何青睐明星基金,解释了投资者认为过往业绩优异的基金也会在将来有出色的表现;最后,基金家族的共同技能、品牌策略以及代表性启发则指出了明星基金溢出效应的直接原因,解答了投资者为何同样偏好于明星家族的非明星基金。

(二) 溢出效应对基金家族和投资者的影响

在这一部分,我们将从委托代理角度,探讨溢出效应对基金家族和投资者产生影响的原理。

委托代理理论建立在非对称信息博弈论的基础上,旨在研究委托人如何通过最优契约的选择来弱化可能发生的信息不对称和利益冲突。相比于一般委托人,代理人通常具有信息优势,为了促使代理人能够确实保障委托人的利益,委托人必须制定有效的激励机制,奖惩分明。Bernheim 和 Whinston(1985)对这一理论进行了拓展,提出了共同代理理论,即多名委托人通过某一个单独的代理人完成某项代理任务的委托代理模式。在这种模式下,不仅需要解决委托人对代理人如何做到有效激励问题,还需关注相关利益如何在多方之间进行分配。

我们也可以将基金投资看作是信息不对称情形下的委托代理和共同代理问题。投资者作为基金资产的实际所有人,承担着投资可能带来的风险,同时也享受着可能带来的收益。而基金家族则是基金资产的实际管理人,他们负责基金的日常管理与投资决策,但不承担风险也不享受收益,依照基金合同约定获取相应的报酬。一方面有相同的利益诉求的单只基金的委托人和基金经理之间存在着委托代理问题;另一方面,一个基金家族通常有数只基金,市场中的投资者是共同代理问题中的多个委托人,而基金公司则是单个代理人。在这种情况下,投资者面临的不仅仅是单一的与基金经理的委托代理问题,还面临着利益分配不均等基金公司行为导致的委托人之间的分配问题。

对于基金家族而言,双方矛盾产生的根本原因是双方目标效用函数的不一致,因此产生利益冲突。投资者的目标是实现收益最大化,即希望基金净值的增长率超过其预期投资收益率。基金公司的目标也是实现收益最大化，但基金公司的主要收益来源则是基金的管理费用以及申购赎回的手续费。两者的实际目标产生了偏离，便会引发"道德风险"。

在健康的委托代理关系中，基金家族应不断提高自身管理投资能力，使得每一只基金都能获得令投资者满意的收益。但基金的委托方投资者与代理方基金家族之间存在着利益不一致的问题。基金家族的诉求是家族规模最大化带来的管理费收入最大化。由于溢出效应的存在，业绩排名靠前的明星基金会为家族带来整体的资金流入，基金公司希望最大限度地提高基金规模来获取最大的基金管理费用，甚至通过交叉补贴、"抬轿"等方式打造高收益的明星基金来吸引资金。

对于投资者而言，由于溢出效应以及信息不对称的存在，投资者并不一定能购买到真正的明星家族基金，获得理想的投资回报。在基金契约签订前，基金公司可能会通过一定的手段吸引投资者。而部分真正优质的基金可能会因宣传力度不足无法获得充分的关注，从而较难在市场上获取较高的资金流入，出现"劣币驱逐良币"的情况。例如家族可能会重点打造明星基金，来吸引投资者的关注，所以投资者最终选择的基金很可能是营造的"优质"家族基金，而并非真正业绩优秀的基金。在契约签订后，投资者仍较难获取经理人对基金具体操作和管理等的相关信息，仅能通过基金公布的季报了解公司的最主要持仓对象、财务表报等信息。而且投资者并非全部都有着丰富的投资学知识，不一定能对所获得的信息进行全面解读。此外，若基金公司继续采用"造星"策略，则会侵害家族中其他基金投资者的利益。因此投资者难以对管理人的行为做出有效的监督与管控，难以对自身利益进行维护。

三、明星基金溢出效应的实证设计

（一）样本的选取与数据

本研究选取国泰安数据库分类中的开放式股票型基金及其家族在2012年至2017年共24个季度的季度数据为样本，研究明星基金是否存在溢出效应，能为其家族内的其他基金乃至整个家族带来超额资金流入。由于基金家族的定义是包含两只及以上基金的公司，所以这里不考虑仅有一只开放式股票基金的基金公司。经筛选后，本研究的实证研究包含64家基金公司的 774 只基金，共计 10 024 个样本。

本研究选择股票型开放式基金主要出于以下两点考虑：首先，开放式基金是我国基金市场上的主流品种，且投资者能根据市场行情和自身意愿随时进行申购或是赎回的操作。而封闭式基金的投资者在一段时间内不被允许购入或是退出所持有的股份，直到新一轮开放期的到来。由于本章研究的是投资者对于明星基金的反应，需考察基金的资金流动情况，所以仅选择开放式基金为研究的样本。同时，股票型基金规定在其所有的投资标的中，股票的仓位不能低于 80%。相比于债券，股票价格的波动较大且基金经理的投资差异化较为明显，导致了股票型基金的业绩收益差距较大。所以相对于其他基金产品，投资者更需要参考基金历史业绩、基金家族管理能力、基金经理等信息综合判断选择合适的基金进行投资决策。此外，选择同一类基金为研究对象，也增强了实证结果的可比性与可信度。

值得注意的是通常开放式基金在成立初期会存在一段时间的封闭期。中国证监会在《公开募集证券投资基金运作管理办法》中规定，开放式基金封闭期期限最长不得超过 3 个月，且基金管理人应当自基金合同生效之日起 6 个月内使基金的投资组合比例符合基金合同的相关约定。所以本研究在选择样本时剔除了季末存续小于 6 个月的基金。

本研究实证所涉及的数据来源于国泰安数据库、iFinD 金融数据库、开放式基金的季报及基金公司官网所公布的基金经理信息，采用 EXCEL、EViews 以及 SPSS 对数据进行操作处理。

(二) 指标的构建

1. 基金季度收益率

基金的业绩衡量方式主要有两种：(1) 不考虑风险因素的收益率，如单位净值增长率、资产收益率等；(2) 经风险调整后的收益率，如超额收益率、Sharpe 指数、Jensen 指数等。本研究主要考虑的是投资者对于基金的选择，而一般投资者关注的收益率为最直接的简单单位净值增长率类指标。天天基金等基金购买平台给出的基金业绩排名也多按照简单的增长率，而非超额收益率或其他经风险调整的收益指标。许宁、刘志新、蔺元（2010）在研究溢出效应时采用了三种不同的收益率，即基金净值收益率、CAPM 单因素收益率以及三因素收益率，实证结果表明采用不同的收益率计算方法并不会对实证结果产生重要影响。所以本研究在选择指标时采用考虑分红后的基金单位净值增长率为收益率的衡量指标，具体计算方式如下：

$$R_{i,t} = \frac{P_{i,t} + D_{i,t} - P_{i,t-1}}{P_{i,t-1}} \tag{7.1}$$

其中，$R_{i,t}$ 为单个基金的季度收益率；$P_{i,t}$ 和 $P_{i,t-1}$ 为基金 i 在 t 期和 $t-1$ 期的单位净值；$D_{i,t}$ 为基金的分红情况。

在计算家族收益时，简单地进行算术平均不能反映家族整体的收益情况，所以本研究采用基金的资产规模进行加权，计算加权平均后的家族收益率。此处的基金家族总净资产规模不包括家族内的非样本基金，仅为基金家族所有样本当期的净资产的总和。家族内 n 只基金的收益经过加权计算后可得：

$$R_{f,t} = \frac{\sum_{i=1}^{n} R_{i,t} \times TNA_{i,t}}{\sum_{i=1}^{n} TNA_{i,t}} \tag{7.2}$$

其中，$R_{f,t}$ 为包含 n 只开放型股票基金的基金家族 f 在 t 期的季度收益率；$TNA_{i,t}$ 为基金的净资产规模。

2. 资金净流入比率

由于基金申购赎回具有时间与价格上的不均衡性，不能直接采用换手率进行测算，所以本研究参照 Nanda（2004）所用的间接方法，即采用季度内基金净资产变动衡量资金的流动情况。影响基金净资产变动的主要因素有投资者的申购赎回情况、基金的投资收益等，而本研究所需的资金流入比率仅为投资者申购赎回的情况，所以在测算时需减去基金投资收益影响净资产的部分。假设所有流入的资金都在期末发生，且分红与收益均被用于再投资，则投资基金在考察季度内资金流动情况为：

$$Cashflow_{i,t} = TNA_{i,t} - TNA_{i,t-1} \times (1 + R_{i,t}) \tag{7.3}$$

其中，$Cashflow_{i,t}$ 为基金 i 在第 t 季度资金的净流入；$TNA_{i,t}$ 为基金的净资产。若计算得出的 $Cashflow_{i,t}$ 大于零，则说明基金在 t 期获得了资金净流入，投资者的申购资金大于赎回；反之则说明基金发生了资金的净流出。为了消除基金规模对资金净流入指标产生的影响，我们采用资金净流入比率这一相对指标。同样，$Cashgrowth_{i,t}$ 大于零表明资金的净流入。

$$Cashgrowth_{i,t} = \frac{Cashflow_{i,t}}{TNA_{i,t-1}} = \frac{TNA_{i,t} - TNA_{i,t-1} \times (1 + R_{i,t})}{TNA_{i,t-1}} \tag{7.4}$$

基金家族资金流入率的计算方式与基金个体相同，家族的资金总流入为旗下所有样本基金的资金流入之和：

$$Cashflow_{f,t} = \sum_{i=1}^{n} Cashflow_{i,t} \tag{7.5}$$

基金家族的资金净流入比率为：

$$Cashgrowth_{f,t} = \frac{Cashflow_{f,t}}{TNA_{f,t-1}} = \frac{\sum_{i=1}^{n} Cashflow_{i,t}}{TNA_{f,t-1}} \tag{7.6}$$

3. 明星基金、垃圾基金、明星家族及垃圾家族的定义

在明星基金溢出效应的研究中，最为重要的是对于明星基金的界定。目前学术界还没有对明星基金和垃圾基金进行统一定义，国内外学者对于明星基金的定义方式主要分为收益率排名以及晨星等基金评级机构公布的基金星级、评级两种。收益率排名根据不同的收益率计算方法会略有不同。晨星基金评级是晨星公司采用"晨星风险调整后收益率"评分得出的，但由于国内投资者对于晨星评级的关注度不高，国内的基金评级机构尚未形成统一的、认可度高的评价体系。宋伟（2012）发现晨星基金评级对家族资金流不会产生显著影响，他将原因归结于投资者偏好短期投资，但晨星评级给出的是三年期业绩的评价。所以本研究采用最为直观，相对较为通用的业绩排名方式定义明星基金。我们将基金收益进行排序，选择前5%的基金作为明星基金，用虚拟变量 Star Fund 表示。同理，排名后5%的基金为垃圾基金（Dog Fund）。

与此同时，我们将家族旗下至少拥有一只明星基金的基金家族称为明星家族（Star Family），旗下至少拥有一只垃圾基金的基金家族称为垃圾基金家族（Dog Family）。明星基金家族中的非明星基金成员称为明星成员（Star Member），而垃圾基金家族中的非垃圾基金成员则称为垃圾成员（Dog Member）。同时我们将与明星基金拥有相同经理人的基金称为明星经理基金（Star Manager）。

4. 基金资产规模

在基金问题的研究中，我们通常使用基金的净资产作为其规模衡量指标。但是由于该指标数值过于庞大，不同的基金之间差距也较大，在实证过程中会造成数据的不平稳以及伪回归等情况，所以我们采用经过标准化处理的资产规模作为变量。先计算当季度所有基金的净资产平均数，再将单只基金与该平均数之比进行对数化处理。具体公式如下：

$$FundSize_{i,t} = Ln\left(\frac{TNA_{i,t}}{\sum_{k=1}^{m} \frac{TNA_{k,t}}{m}}\right) \tag{7.7}$$

同样，在计算基金家族规模时，我们也将得到的规模之和进行标准化处理。对于 t 期的 a 个基金家族，其家族资产规模指标的计算方式如下：

$$TNA_{f,t} = \sum TNA_{i,t} \tag{7.8}$$

$$FundSize_{f,t} = Ln\left(\frac{TNA_{f,t}}{\sum_{l=1}^{a}\frac{TNA_{f,t}}{a}}\right) \tag{7.9}$$

5. 基金家族内收益标准差

基金家族内的收益标准差则反映了家族内基金之间收益的差距，反映了家族整体实力。杨坤等（2013）的实证研究以基金收益标准差这一指标为风险指标，发现收益标准差对基金的资金流具有重要影响。一方面，家族内标准差大的基金家族可能资产管理能力不足，无法实现整体的高额收益，所以表现出部分基金业绩优异，部分表现糟糕的情况；另一方面，标准差大的基金家族可能投资风格更为激进，导致收益大涨大跌，家族内收益差距扩大。基金投资者的风险偏好程度通常比股市投资者低，所以可能偏好于标准差小的基金。

本研究引入基金在滞后季度内基金净值增长率的标准差作为控制变量，衡量基金公司整体的资产管理能力。该指标越大说明基金间收益的差距较大，基金的投资收益不稳定。

$$Std_{f,t} = \sqrt{\frac{1}{n-1}\sum_{j=1}^{n}(R_{i,t} - \overline{R_{l,t}})^2} \tag{7.10}$$

其中，$Std_{f,t}$ 为基金家族的收益标准差；$\overline{R_{l,t}}$ 为 t 时期该家族所有基金的收益均值。

6. 基金家族年龄

本研究将基金家族自成立起所经过的时间作为指标之一，考查新基金家族与老基金家族的资金流是否有差别。基金家族的年龄在一定程度上反映出基金家族的投资经验以及研究实力。投资者可能更看好成立时间较长的基金家族，认为其表现会更为稳定且有持续性，从而进行投资，带来了资金的流入。

由于本章研究的是股票型基金，所以我们将基金家族的年龄设定为基金家族中在研究期内成立时间最早的基金的年龄。虽然这与基金公司成立的时间往往有一定差距，但是从股票型基金投资者的角度出发，其在选择基金家族时更多的是考察家族对于股票型基金的管理经验，而非管理其他债券型或混合型基金的经验。所以本研究采用股票型基金的年龄而非基金公司成立时间。在具体操作时，我们将计算得出的季度数取整并进行对数化处理。例如广发基金公司的第一只股票型基金广发沪深 300 交易型开放式指数证券投资基金联接基金，于 2008 年 12 月 30 日成立，至 2012 年 3 月经历了 13 个季度，经处理后得到的 AGE 为 2.56。为了数据的平稳性，我们将基金家族年龄指标进行对数化处理。

7. 基金家族内基金数

本研究也将家族内基金的数量（Num）纳入模型，基金个数多的家族一般实力较为强大，基金的投资方向多样，为投资者提供差异化的投资选择，从而获得投资者的青睐。所以，我们也将基金家族内基金的数量作为基金家族的特征变量之一。

8. 基金家族稳定性

随着大资管时代的到来，基金行业的竞争日益加剧，基金公司频频换帅的现象也日益突出。虽然人员的流动是行业正常现象，但是若投资研发团队变化频繁，人员离职率很高，势必会对其旗下的基金业绩造成严重影响。尤其是掌管着众多基金的明星基金经理或投资总监等重要岗位发生的离职事件，很可能对旗下所管理的所有基金都产生严重影响。于是，我们引入团队稳定性（Stable）指标反映基金家族经理团队的稳定性。该指标根据基金经理任职情况来计算，数据来源于同花顺 iFinD 数据库。团队稳定性指标的数值越小，说明基金经理的变动越小，基金公司的团队较为稳定。

$$Stable_{f,t} = \frac{\text{Max（期间新经理数，期间离任经理人数）}}{\text{期间平均在任经理数}} \quad (7.11)$$

9. 基金经理

基金经理也是投资者在选择时考虑的重要因素之一，但以往关于基金 PFR 问题研究中较少涉及该因素。在基金个体层面进行明星基金对资金流影响的研究时，我们引入了基金经理相关变量。我们手动收集了基金经理的从业时间、性别、学历等相关信息。基金经理的从业时间（Experience）反映了基金经理的经验，丰富的经验能帮助基金经理更好地应对市场变化。但同时，年轻的基金经理更有活力，未形成思维定式，也更能取得出色的业绩。本研究对该数据进行了对数化处理。基金经理的性别（Sex）若为男性则取 1，女性取 0。基金经理的学历（Education）反映出其受教育的程度，我们对其学历进行以下赋值：拥有本科以下学历赋值 1，本科赋值 2，硕士赋值 3，博士及以上赋值 4。若基金同时有多个基金经理，我们取指标的均值。

（三）实证方法

1. 回归分析

在研究溢出效应存在性以及基金资金流影响因素时，我们采用多元回归模型对该问题进行分析。本章实证所用数据涉及基金样本的截面数据与时间序列数据，在时间序列上取多个截面形成面板数据。面板数据综合了截面数据与时间面板数据的优势，改善了时间序列数据在实证分析时常存在的多重共线性问题，并且能够提供效率更高、变化更丰富、自由度更高的估计模型。

在进行面板数据回归分析时，我们需要确定使用固定效应模型还是随机效应模型。在面板数据线性回归模型中，若不同的截面或不同的时间序列只是模型的截距项不同，而模型的斜率系数是相同的，则称为固定效应模型。固定效应模型中的一个随机变量，表示着模型的个体效应。随机效应模型则是将固定效应模型的个体效应归入随机误差项中，使得所有个体具有相同的截距项，个体之间的差异主要通过随机误差项来反映。随机误差项由两个部分组成，即不随时间变化而变化的误差项与随时间变化而变化的误差项。对于两种回归方式的选择，通常采用 Hausman 检验加以确定。

常见的面板数据为均衡面板数据，即每一期的截面样本数量相同。但是在经济学问题的研究中数据通常是非均衡的。为实现由经验设定的标准均衡形式，而在非平衡面板中提取平衡面板，会损失样本容量，遗失部分重要信息，降低估计的准确性与可靠度。因此，与非平衡面板数据相关的计量问题受到越来越多研究者的重视。本章研究的基金问题，由于每季度都会有新的基金成立，也有部分基金终止交易，所以每一期的观测样本数量不尽相同。为了增强研究的可信度，避免因人为删除数据导致的非随机性，我们采用非均衡的面板数据进行实证分析。在最终的研究样本中，2012 年第一季度第一期仅有 38 个基金家族 181 只基金，但在 2017 年年末第 24 期中共有 63 个基金家族 734 只基金。在模型的估计中，非平衡面板数据并不会影响计算离差形式的组内估计量，所以对固定效应模型和随机效应模型而言，均不会产生实质性的影响。

在本章中，我们将先检验明星家族整体是否会因明星基金产生超额的资金流入，即检验溢出效应在家族层面的存在性，同时也考查其他控制变量对基金家族资金流动的影响。随后，进一步探究家族整体资金流入是由明星基金自身带来,还是明星基金对家族内其他成员也产生了影响,使其获得更多的资金流入。我们以基金家族和单个基金的资金净流入增长率为被解释变量,采用明星基金、垃圾基金、明星家族和垃圾家族等虚拟变量辅以基金的规模、基金经理等特征变量进行回归分析。

此处值得注意的是解释变量均进行了滞后一期的处理,以此检验上一期收益排名靠前的明星基金是否能在下一期产生溢出效应,对基金家族以及个体的资金流产生何种影响。因此,我们构建了如下模型。

$$Cashgrowth_{f,t} = \alpha_f + \beta_1 StarFamily_{f,t-1} + \beta_2 DogFamily_{f,t-1}$$
$$+ \beta_3 Control_{f,t-1} + \mu_{f,t} \tag{7.12}$$

$$Cashgrowth_{i,t} = \alpha_i + \beta_1 StarFund_{i,t-1} + \beta_2 DogFund_{i,t-1} + \beta_3 StarMember_{i,t-1}$$
$$+ \beta_4 DogMember_{i,t-1} + \beta_5 Control_{i,t-1} + \mu_{i,t} \tag{7.13}$$

模型(7.12)主要检验明星基金对其家族整体资金流的影响,而模型(7.13)则是对模型(7.12)的进一步说明,检验明星基金是否对家族内基金个体的资金流产生影响。在具体研究时,我们将模型(7.13)做进一步的拓展,研究资金是否更多地溢出到与明星基金相同经理的家族成员中。

2. T检验

在研究溢出效应影响问题时,我们参照 Nanda 等(2004)和叶佩蕊(2017)的研究方法,采用单样本 T 检验的方式,检验明星家族与所有基金家族、明星家族成员与其他家族成员收益均值是否存在显著的差异。

单样本 T 检验用于检验样本均值与总体均值的显著性差异。统计量 t 的计算公式为:

$$t = \frac{\overline{X} - \mu}{S/\sqrt{n}} \tag{7.14}$$

其中,$\overline{X}$ 为样本均值;μ 为中体的均值;S 为样本的标准差;n 为样本数。

若 t 检验统计量对应的 p 值小于 0.05,则说明样本均值与总体均值存在显著的差异;反之,若对应的 p 值大于 0.05,则说明样本均值与总体均值不存在显著的差异。

四、明星基金溢出效应的实证分析

(一)描述性统计

表 7.1 统计了样本区间内每个季度的基金数目情况,可以发现股票型

基金数量在 6 年内高速增长，从 181 只基金增长到 734 只，最后一期的基金数量接近第一期的 4 倍，我国基金行业呈现蓬勃发展的态势。与此同时，基金家族的数量也翻了一倍，增长到 63 家。国内学者早期的研究统计显示，我国基金家族在 2005 年时旗下股票型基金平均仅为 2 只，但在本研究的窗口期内基金家族内的股票型基金的数量已经从平均 5.08 只增至 11.65 只，可见基金家族化发展之快。

通过明星基金数量与明星基金家族数量的对比可以发现，在样本期前段明星基金与明星家族的数量较为接近，这说明我国股票型明星基金的分散程度较高，未出现明星基金聚集于某一家族的现象。出现这一现象的原因一方面是基金市场还在发展阶段，竞争激烈，尚未出现一家独大的情况；另一方面也是因为家族内基金数量较少，出现多个明星基金的概率也相应较小。2016 年后随着家族规模的不断扩大，明星家族内有可能出现两只或以上的明星基金，明星基金出现了聚集。同时，我们发现明星家族与垃圾家族的数量较为接近，说明明星基金与垃圾基金的聚集情况相似。随着基金数量的迅速增加，基金经理管理的基金数也在以一个较大的幅度增加。在 2012 年第一季度，明星基金的经理只管理着 1 只股票型开放式基金，但到了 2017 年第四季度，与明星基金同经理的基金达到了 73 只，明星基金经理平均管理着 3 只开放式股票型基金。由于本章研究的仅为股票型基金，而实际的"一拖多"现象更为突出。

从基金上一期的收益情况统计可以发现，相比于同期的上证指数收益，基金在总体上起到了分散风险的功能。在大盘下跌时，基金的跌幅通常小于大盘，有时甚至能在大盘下跌时保持盈利；但在大盘上涨的行情中，基金表现则不如指数。

在基金表现优异的时期，基金家族的平均资金净流入率也为正。在 2014 年第三季度前，股票型基金受到股票市场的影响，整体表现不佳，基金家族的平均资金流动增长率多为负。可能是由于股票市场的行情不佳，导致投资者对股票型基金也兴趣不高。但当股票市场回暖时，出现了一波基金热，股票型基金也产生了净资金流入。基金家族整体资金流动的均值季节性浮动较大，2017 年第一季度基金家族的平均资金流入率高达 15.28%，2015 年第三季度为资金流出最多的季度，平均流出 13.60%。

表 7.1 基金基本信息季度统计

时间	基金数量	基金家族数量	家族平均基金数	明星/垃圾基金数	明星经理基金数	明星家族数量	垃圾家族数量	家族平均资金流动	基金上期平均收益	同期指数收益
2012 年第 1 季度	181	38	5.08	9	0	8	8	-0.96%	-4.92%	-6.77%
2012 年第 2 季度	195	39	5.59	9	3	8	6	-0.10%	2.56%	2.88%
2012 年第 3 季度	229	44	5.50	11	5	8	9	1.56%	1.05%	-1.65%
2012 年第 4 季度	246	44	5.86	12	3	8	9	1.70%	-3.50%	-6.26%
2013 年第 1 季度	258	49	5.51	13	16	10	12	-9.19%	4.84%	8.77%
2013 年第 2 季度	273	50	5.64	13	11	10	10	0.05%	1.57%	-1.43%
2013 年第 3 季度	290	50	6.00	14	12	10	10	-8.53%	-4.68%	-11.51%
2013 年第 4 季度	301	50	6.36	15	18	12	13	-4.71%	9.76%	9.88%
2014 年第 1 季度	301	51	6.10	15	5	11	11	-7.99%	-1.85%	-2.70%
2014 年第 2 季度	309	50	7.04	15	5	11	14	0.01%	-4.36%	-3.91%
2014 年第 3 季度	341	50	7.14	17	6	11	14	-7.19%	2.25%	0.74%
2014 年第 4 季度	352	51	6.81	17	22	12	13	15.10%	11.21%	15.40%
2015 年第 1 季度	357	51	6.90	18	46	15	16	13.04%	18.13%	36.84%
2015 年第 2 季度	374	51	7.80	18	19	14	14	1.61%	19.06%	15.87%
2015 年第 3 季度	404	52	8.25	20	8	14	16	-13.60%	12.31%	14.12%
2015 年第 4 季度	430	53	9.05	21	13	13	17	-0.97%	-22.43%	-28.63%
2016 年第 1 季度	477	56	10.35	24	13	20	18	3.05%	19.66%	15.93%
2016 年第 2 季度	590	60	10.87	29	30	19	16	7.68%	-13.01%	-15.12%
2016 年第 3 季度	653	60	11.00	32	41	16	19	6.88%	1.54%	-2.47%
2016 年第 4 季度	657	62	10.95	33	76	23	21	14.56%	2.59%	2.56%
2017 年第 1 季度	675	62	11.05	33	84	24	22	15.28%	-0.15%	3.29%
2017 年第 2 季度	689	62	11.40	34	49	18	23	3.46%	3.36%	3.83%
2017 年第 3 季度	708	63	11.68	35	61	25	25	-0.59%	1.62%	-0.93%
2017 年第 4 季度	734	63	11.65	37	73	24	26	-5.05%	5.54%	1.24%

本章所设计的回归模型中还包含着代表基金家族与个体特征的控制变量，描述性统计如表 7.2 所示。从基金家族的描述性统计中可以发现，家族的平均收益为每季度 2.67%，最高的收益为 55.51%，最多的亏损为 35%。最大的基金家族最高时拥有 42 只基金，最小的仅有 2 只基金。基金

家族内的收益标准差的偏度峰度较大,说明基金间该指标的差距较大。基金的规模数据经过处理后数值较为合理,适合进行回归分析。基金家族团队型稳定指标的均值为 0.048 0。从基金个体的描述性统计中可以发现,单只基金收益均值与家族整体接近,为 2.57%。基金经理性别均值为 0.865 6,说明我国基金业男性基金经理占比较高。基金经理的平均学历达到了研究生以上,仅有个别为本科或以下学历。基金经理的平均证券从业时间的对数为 2.31,约为 10 年,总体经验较为丰富。

表7.2 基金特征变量描述性统计

	特征变量	均值	中位数	最大值	最小值	标准差	偏度	峰度	观测值
基金家族	$R_{f,t-1}$	0.026 7	0.018 4	0.555 1	-0.350 1	0.104 0	0.525 4	6.467 7	1 260
	$Num_{f,t-1}$	8.376 2	6.000 0	42.000 0	2.000 0	6.945 4	1.749 9	6.431 9	1 260
	$Std_{f,t-1}$	0.053 4	0.042 9	0.362 5	0.000 0	0.044 1	2.441 7	12.461 4	1 260
	$Age_{f,t-1}$	3.411 5	3.526 4	4.158 9	1.386 3	0.544 3	-0.920 9	3.388 2	1 260
	$FundSize_{f,t-1}$	-0.810 5	-0.664 9	2.352 2	-5.600 3	1.666 0	-0.560 5	2.872 9	1 260
	$Stable_{f,t-1}$	0.048 0	0.039 2	0.500 0	0.000 0	0.049 5	2.238 2	13.669 3	1 260
基金个体	$R_{i,t-1}$	0.025 7	0.018 3	0.878 8	-0.455 7	0.118 4	0.592 9	6.910 2	10 024
	$FundSize_{i,t-1}$	-1.307 4	-1.324 2	3.494 1	-6.542 2	1.683 5	0.047 1	2.506 3	10 024
	$Sex_{i,t-1}$	0.865 6	1.000 0	1.000 0	0.000 0	0.320 9	-2.130 7	5.815 1	10 024
	$Edu_{i,t-1}$	3.126 1	3.000 0	4.000 0	1.000 0	0.428 3	0.419 4	4.676 8	10 024
	$Exp_{i,t-1}$	2.313 8	2.326 7	3.305 1	-0.291 4	0.351 2	-0.384 9	3.905 6	10 024

(二)明星基金对基金家族整体的溢出效应

1. 平稳性检验

在面板数据回归前,我们需要对数据进行平稳性检验。一些不平稳的经济序列通常会表现出相同的变化趋势,而这些序列之间实际上并不一定有真正的关联,如果不加处理地对这些数据直接进行回归,尽管回归方程可能具有较高的拟合优度,但其结果是没有任何实际意义的,即出现了伪回归。

通常研究均采用单位根检验以确定数据的平稳性。面板数据单位根检验的方法通常有两种:相同根单位根检验(assumes common unit root process),如 Levin, Lin & Chut(LLC)检验;不同根单位根检验(assumes individual unit root process),如 ADF 检验和 PP 检验。如果在两种检验中均拒绝存在单位根的原假设,则说明此序列是平稳的,反之则不平稳。我们先根据数据的图像观察序列是否存在变化趋势,是否存在非零的均值,从而确定在单位根检验时是否需要勾选趋势项或截距项。

根据表7.3所显示的检验结果,除了 $FundSize_{f,t-1}$ 的 ADF 检验在 10%的水平下拒绝原假设,$Num_{f,t-1}$ 的 ADF 检验在 5%的水平下拒绝原假设,但其 LLC 检验均在 1%水平下平稳之外,其余变量均在 1%的水平下拒绝存在单位根的假设。因此,可以确定回归所涉及的数据序列为平稳序列。

表7.3 回归涉及变量的单位根检验结果

变量名	LLC 检验		ADF 检验		平稳性
	Statistic	Prob.	Statistic	Prob.	
$Cashgrowth_{f,t}$	-11.090 8	0.000 0***	395.465	0.000 0***	平稳
$R_{f,t-1}$	-18.351 8	0.000 0***	487.293	0.000 0***	平稳
$Std_{f,t-1}$	-10.702 0	0.000 0***	303.110	0.000 0***	平稳
$FundSize_{f,t-1}$	-3.629 41	0.000 1***	145.035	0.059 6*	平稳
$Age_{f,t-1}$	-5.606 26	0.000 0***	181.863	0.000 2***	平稳
$Num_{f,t-1}$	4.285 19	0.000 0***	131.015	0.028 0**	平稳
$Stable_{f,t-1}$	-8.444 85	0.000 0***	293.370	0.000 0***	平稳
$StarFamily_{f,t-1}$	-8.716 67	0.000 0***	182.855	0.000 0***	平稳
$DogFamily_{f,t-1}$	-7.305 52	0.000 0***	148.173	0.000 0***	平稳

2. 模型的确定

为研究明星基金对家族整体是否能产生溢出效应,本研究构建了如下模型:

$$Cashgrowth_{f,t} = \alpha_i + \beta_1 R_{f,t-1} + \beta_2 Std_{f,t-1} + \beta_3 FundSize_{f,t-1} + \beta_4 Age_{f,t-1} + \beta_5 Num_{f,t-1}$$
$$+ \beta_6 Stable_{t-1} + \beta_7 StarFamily_{f,t-1} + \beta_8 DogFamily_{f,t-1} + \mu_{i,t} \quad (7.15)$$

若明星家族 $StarFamily_{f,t-1}$ 的系数显著为正,则说明有溢出效应存在,明星家族相比于非明星家族能获得更多的资金流入。同理,垃圾基金也可能带来反方向的溢出效应,即导致家族整体产生资金的流出。同时,前期的业绩、家族基金间标准差、家族规模、家族年龄、基金数量、团队稳定性等因素也可能会对基金家族的资金流动产生影响。

在具体进行回归分析之前,需要确定模型的具体形式。非均衡面板数据的回归模型通常有两种,即固定效应模型和随机效应模型。表7.4为模型(7.15)的 Hausman 检验结果,我们可以发现统计量为28.65,伴随概率为0.00,拒绝采用随机效应的原假设。所以,在后续的实证分析中,我们采用固定效应模型。

表7.4 Hausman 检验结果

Test cross-section random effects			
Test Summary	Chi-Sq. Statistic	Chi-Sq. d. f.	Prob.
Cross-section random	28.648 501	8	0.000 4***

3. 实证结果分析

根据 Hausman 检验结果,本研究采用固定效应模型研究业绩出众的明星基金能否对家族整体产生溢出效应。具体的回归结果如表7.5所示。

表7.5 家族层面溢出效应回归结果

Variable	Coefficient	Std. Error	t-Statistic	Prob.
C	0.489 810	0.087 614	5.590 569	0.000 0***
$R_{f,t-1}$	0.424 728	0.220 167	1.929 114	0.053 9*
$Std_{f,t-1}$	-0.419 629	0.368 858	-1.137 643	0.255 5
$FundSize_{f,t-1}$	0.047 364	0.009 623	4.922 124	0.000 0***
$Age_{f,t-1}$	-0.100 867	0.022 906	-4.403 583	0.000 0***
$Num_{f,t-1}$	-0.010 295	0.002 408	-4.276 002	0.000 0***
$Stable_{f,t-1}$	-0.487 557	0.230 160	-2.118 339	0.034 3**
$StarFamily_{f,t-1}$	0.052 137	0.026 102	1.997 412	0.046 0**
$DogFamily_{f,t-1}$	-0.013 796	0.025 267	-0.546 004	0.585 2

注:***表示在1%的显著性水平下显著;**表示在5%的显著性水平下显著;*表示在10%的显著性水平下显著。

回归方程中 F 检验值为3.87,相对应的 p 值为0.00,说明该方程总体回归关系具有显著性。

在关于溢出效应的研究中,我们最关心的是虚拟变量 $StarFamily_{f,t-1}$,其回归系数在5%的显著性水平下为正,说明明星基金确实存在溢出效应,基金家族在上一期是否存在明星基金会对家族整体的资金流产生显著影响,明星基金家族的资金净流入明显高于非明星家族。基金的投资者在选择基金时更倾向于选择明星基金所在的家族,认为投资明星基金家族能获得超额的收益,导致基金家族整体的资金流有正的流入。

但同时我们也可以发现基金排名垫底的垃圾基金家族虽然整体有资金

流出，但是系数不显著，说明基金家族在上一期是否存在垃圾基金不会对家族整体的资金流产生影响。明星基金能产生溢出效应为家族带来资金净流入，但垃圾基金不会导致资金的流出，不存在反向的溢出，溢出效应呈现出非对称的现象。

  造成溢出效应非对称性的原因可能有以下几点：首先，关注度的差异导致了资金流的差异。明星基金家族会以明星基金的突出业绩为焦点对其家族进行宣传，引发投资者的高度关注。由于锚定效应和代表性启发，投资者会追逐明星家族，产生正向的溢出效应。而垃圾基金家族则不会提及其垫底的业绩。同时，相关网站以及评论更多地会将重点聚焦于明星基金而非垃圾基金，所以对于垃圾基金的关注度会低于明星基金，导致溢出效应的非对称性。其次，基金申购赎回费用的存在也会导致溢出效应的非对称性。一方面，部分基金为保护长期投资者利益，会根据证监会的规定对持有期较短的投资者收取一定的赎回费用，垃圾基金家族的持有者可能会因为申购赎回费用而选择继续观望，等待触底反弹的机会；另一方面，由于申购新基金、赎回原有基金均可能产生一定费用，为了避免成本增加，垃圾基金的持有者可能会选择基金转换，这不会对家族的资金流动产生影响。最后，新进入市场的投资者在选择基金时通常会关注业绩的正向排序，选择排名靠前的基金及其家族，而不是将业绩倒序，将垃圾基金家族剔除出投资组合。

  此外，我们关注到基金家族的历史收益对家族整体的资金流动有显著的正向影响，投资者青睐于上期平均收益较高的基金家族。家族收益整体提高1%，便会带来0.42%的超额资金流入。一般而言，业绩作为衡量基金公司管理水平的重要依据，是投资者选择基金的重要标准之一。不同于基金业绩的其他指标需要通过复杂的计算，基金及其家族的整体业绩是一目了然的。前期收益情况好的基金家族有更大的可能吸引资金流入，这也体现出基金如股票市场一样，存在着追涨杀跌的现象。

  基金家族的收益标准差反映的是家族内基金收益的差距。管理投资能力较弱的家族会有相对较大的标准差。此外若基金家族采用了某些"造星"策略，如交叉补贴、资源倾斜分配等方式提高某一只或几只基金的收益，也会带来较大的标准差。同时，管理能力差的基金经理选股择时的能力较差，能在股票上涨期间跟随大盘获利，但是在整体行情不理想的时期则缺乏调整能力，也可能带来较大的收益标准差。回归结果显示，基金家族内的收益标准差系数虽为负,但不具有显著性,表明部分投资者会赎回业绩标准差大的基金公司旗下基金,选择管理能力强、业绩差距小的基金公司。但总体而言,我国基金市场的投资者对基金间业绩标准差的关注度不够,风险意识还有待提高。

基金公司规模的回归系数为正,说明在其他条件不变的情况下,规模大的基金家族相对于中小规模家族会有更多的资金流入。对于基金家族而言,一方面是规模大的家族容易实现规模经济,基金间可以共享整体行情信息,降低单个基金的研究成本;另一方面,规模大的基金会有更为专业的人员配置,且总的研究投入明显高于小规模基金。所以在一定程度上,基金家族的规模代表了其实力。投资者选择相信大基金家族,认为其成员会有相对更为出色的表现。

基金家族年龄对整体的资金流动有显著的负向影响。虽然与预期不符,但宋伟(2012)也得出了类似的结论。究其原因可能是投资者认为年轻的基金公司没有固化的投资方式,能够更灵活地管理资产。且新成立的基金公司会在营销中投入大量资源,能迅速吸引投资者的关注。此外,资金流入比率是一个相对量,新家族的扩张速度可能大于成立更久的家族。最后,虽然家族年龄在一定程度上反映了家族的投资经验,但投资者可能更看重的是基金经理的投资管理经验,而非基金家族。

家族成员数量对家族资金流起到了一个较小的反向作用,这与预期假设相反。导致这一现象的原因可能是投资者认为基金家族成员过多,基金投资的方向过于分散,无法集中资源进行研究。此外,基金数量的增加靠的是发行新的基金。彭文平、王叶玲(2016)发现新基金的发行会引发同类型老基金资金的流出,并不能使基金公司的资产规模得以扩大,只不过是一场"拆东墙补西墙"的游戏。基金的数量与规模之间没有必然关系,在选择基金家族时投资者更关注的是家族规模而不是基金数量。

基金家族稳定性越高,整体资金净流入率越大,投资青睐团队更为稳定的家族。投资者担心基金经理团队频繁更换会导致业绩的不确定性,从而赎回基金,使收益落袋为安。

通过上述实证,我们确认了明星基金会对家族整体带来资金的净流入,相比于普通基金家族,明星基金家族可以获得5%的超额资金净流入,但垃圾基金家族不会有超额的资金净流出。但以上发现的资金流入仅仅是因明星基金存在明星效应,为自身带来了大量的资金流入,还是明星基金的光环效应溢出到家族内其他成员，使其获得了超额的资金流入，还需进一步进行实证检验。

（三）明星基金对基金家族成员的溢出效应

1. 平稳性检验

数据平稳性检验的方式已在前文进行了详细介绍，此处不再赘述。表 7.6 为回归模型所涉及的变量单位根检验结果，所有变量均通过了 LLC 检验和 ADF 检验，说明各变量均为平稳序列，能进行进一步的回归分析。

表 7.6 回归涉及变量的单位根检验结果

变量名	LLC 检验		ADF 检验		平稳性
	Statistic	Prob.	Statistic	Prob.	
$Cashgrowth_{i,t}$	-90.028 8	0.000 0***	3 085.34	0.000 0***	平稳
$R_{i,t-1}$	-16.833 2	0.000 0***	3 491.17	0.000 0***	平稳
$FundSize_{i,t-1}$	-35.834 1	0.000 0***	1 445.12	0.000 0***	平稳
$StarFund_{i,t-1}$	-4.660 32	0.000 0***	347.381	0.000 0***	平稳
$DogFund_{i,t-1}$	-4.058 60	0.000 0***	270.545	0.000 0***	平稳
$StarManager_{i,t-1}$	-7.291 07	0.000 0***	495.964	0.000 0***	平稳
$StarMember_{i,t-1}$	-5.817 77	0.000 0***	1 792.43	0.000 0***	平稳
$DogMember_{i,t-1}$	-12.913 3	0.000 0***	1 654.45	0.000 0***	平稳
$Sex_{i,t-1}$	-6.987 21	0.000 0***	346.245	0.000 0***	平稳
$Edu_{i,t-1}$	-19.445 0	0.000 0***	387.455	0.000 0***	平稳
$Exp_{i,t-1}$	-67.801 6	0.000 0***	2 504.87	0.000 0***	平稳

2. 模型的确定

为了进一步研究明星基金是否有助于家族其他基金成员吸引资金流入，本研究在基金个体层面构建了 3 个模型。模型Ⅰ（7.16）进一步验证了溢出效应的存在性，检验明星基金是否能为自身和家族其他成员带来资金流入。模型Ⅱ（7.17）在模型Ⅰ（7.16）的基础上加入了基金经理特征变量，考查经理特征对资金流的影响。模型Ⅲ（7.18）则考察了溢出效应的溢出方向，及与明星基金同经理的基金是否能获得更高的资金溢出。具体模型如下：

模型Ⅰ：$Cashgrowth_{i,t} = \alpha_i + \beta_1 R_{i,t-1} + \beta_2 FundSize_{i,t-1} + \beta_3 StarFund_{i,t-1}$
$\qquad + \beta_4 DogFund_{i,t-1} + \beta_5 StarMember_{i,t-1} + \beta_6 DogMember_{i,t-1} + \mu_{i,t}$ （7.16）

模型Ⅱ：$Cashgrowth_{i,t} = \alpha_i + \beta_1 R_{i,t-1} + \beta_2 FundSize_{i,t-1} + \beta_3 StarFund_{i,t-1} +$
$\quad \beta_4 DogFund_{i,t-1} + \beta_5 StarMember_{i,t-1} + \beta_6 DogMember_{i,t-1} + 1$
$\quad \beta_7 Sex_{i,t-1} + \beta_8 Edu_{i,t-1} + \beta_9 Exp_{i,t-1} + \mu_{i,t}$ (7.17)

模型Ⅲ：$Cashgrowth_{i,t} = \alpha_i + \beta_1 R_{i,t-1} + \beta_2 FundSize_{i,t-1} + \beta_3 StarFund_{i,t-1} +$
$\quad \beta_4 DogFund_{i,t-1} + \beta_5 StarManager_{i,t-1} + \beta_6 DogMember_{i,t-1} +$
$\quad \beta_7 Sex_{i,t-1} + \beta_8 Edu_{i,t-1} + \beta_9 Exp_{i,t-1} + \mu_{i,t}$ (7.18)

若$StarFund_{i,t-1}$的系数为正，则说明明星基金存在明星效应，能为自身带来一定的资金流入，若系数为负，则说明产生了赎回异象。目前我国学者并未对该问题产生统一的结论，还需通过进一步的实证分析才能知晓答案。对于排名靠后的垃圾基金来说可能会产生资金的流出，$DogFund_{i,t-1}$的系数可能为负，投资者会用脚投票赎回基金。

若$StarMember_{i,t-1}$的系数为正，则说明明星基金确实存在溢出效应，能使家族内其他成员获得明星的辐射，从而获得超额的资金净流入。在前文的实证分析中，我们得出了溢出效应具有非对称性。若该特征也存在于个体层面，则$DogMember_{i,t-1}$的系数将为负且不显著。

本章通过Hausman检验来确定模型的具体形式，检验结果如表7.7所示。统计量值分别为309、318和317，对应的概率值均为0，所以拒绝原假设，即采用固定效应模型进行回归分析。

表7.7 Hausman检验结果

Correlated Random Effects-Hausman Test			
Model	Test Summary	Chi-Sq. Statistic	Chi-Sq. d.f.	Prob.
Ⅰ	Cross-section random	308.867 125	6	0.000 0***
Ⅱ	Cross-section random	318.275 400	9	0.000 0***
Ⅲ	Cross-section random	317.085 665	9	0.000 0***

3. 实证结果分析

表7.8为采用固定效应模型回归的结果。$StarFund_{i,t-1}$的系数虽为正但不显著，说明部分投资者会追逐业绩排名前5%的基金，但总体而言，明星效应在我国基金市场不显著。但$StarMember_{i,t-1}$的系数显著为正，再一次证实了明星基金溢出效应的存在性。明星家族的成员相比于普通基金获得了更多的资金流入，明星基金的光环辐射到其家族内的其他基金，对其产生了溢出效应。造成以上现象的原因可能有三个：其一是投资者积累了一定的市场经验，认为明星基金业绩可能存在"过山车"现象，所以并未对其

表现出过多的热情。但同时，明星基金的代表性启发让投资者认为明星家族内的基金也有成为明星的潜力，从而进行投资。其二是部分投资者偏爱低净值基金，认为存在较大的上涨空间，就如股市投资者追逐低价股一样。前期表现突出的基金往往有较高的净值，投资者会选择落袋为安，赎回基金或将其转化为家族内的其他基金。其三是部分明星基金会人为造势，让明星基金暂停申购。华夏基金公司旗下的华夏大盘基金曾有长达六年的暂停申购期。由于明星基金无法申购，所以无法获得资金流入，而投资者则转投明星基金家族内的其他基金，最终导致明星效应不显著但溢出效应显著的现象。

表7.8 固定效应回归结果

Variable	Ⅰ	Ⅱ	Ⅲ
C	−0.548 2*** (−14.70)	−1.546 5*** (−6.47)	−1.518 7*** (−6.37)
$R_{i,t-1}$	0.294 2** (2.44)	0.280 6** (2.33)	0.278 1** (2.31)
$FundSize_{i,t-1}$	−0.452 8*** (−20.33)	−0.456 2*** (−20.48)	−0.455 3*** (−20.45)
$StarFund_{i,t-1}$	0.066 7 (0.95)	0.073 7 (1.05)	0.050 1 (0.73)
$DogFund_{i,t-1}$	0.012 4 (0.18)	0.008 0 (0.11)	0.010 0 (0.14)
$StarMember_{i,t-1}$	0.058 3* (1.87)	0.059 6** (1.91)	
$DogMember_{i,t-1}$	−0.009 8 (−0.32)	−0.011 82 (−0.36)	−0.009 6 (−0.31)
$StarManager_{i,t-1}$			0.104 2** (1.96)
$Sex_{i,t-1}$		0.022 9 (0.28)	0.014 3 (0.18)
$Edu_{i,t-1}$		0.186 3*** (3.39)	0.181 6*** (3.31)
$Exp_{i,t-1}$		0.169 4*** (2.64)	0.174 4*** (2.72)

注：***表示在1%的显著性水平下显著；**表示在5%的显著性水平下显著；*表示在10%的显著性水平下显著。括号中为T值。

垃圾基金虚拟变量有较小的正系数，可能是投资者有抄底投机的想法，在基金出现较大跌幅时进入市场。垃圾家族成员也存在较小的资金流出，投资者对垃圾基金的关注度并不如明星基金，所以造成的资金流出数值较小。但是，我们发现 $DogFund_{i,t-1}$ 与 $DogMember_{i,t-1}$ 的系数均不显著，这和上文家族层面的研究结果一致。基金上一期净值增长率排名倒数并不会对自身以及同基金家族中其他基金的资金净流入产生显著影响，溢出效应具有非对称性。

基金在上一期的收益系数也显著为正值，说明业绩表现优异的基金会获得资金的流入，基金的业绩仍然是投资者关注的重要因素，这与国外大多数研究的结果一致。因此，基金家族若想获得更多的资金流入，提升资产管理能力，获得较高的收益是关键。在基金家族层面的研究中，我们发现规模越大的家族获得的资金净流入越多，但是在个体层面的研究中，基金规模 $FundSize_{i,t-1}$ 与资金的流入呈现出负向的关系，这与朱臻（2014）、宋伟（2012）的研究结论一致。但也有部分学者得出了完全相反的结论，如杨坤等（2013）以及林树等（2009）分别通过半参数模型与 OLS 估计，发现基金净资金流与基金规模呈现出正向的关系。本研究认为导致这一现象的原因主要有两个：首先，规模过大的基金在管理上有一定难度，较难在行情发生变化时进行投资结构调整，投资者认为这可能会影响其后期的业绩表现。其次，规模小的基金对资金流更为敏感，同样的资金流对规模小的基金净资金流入增长率的影响程度更大。在前文家族层面的研究中，我们发现投资者偏向于选择家族规模大的基金，这与对基金个体规模的厌恶并不矛盾。投资者选择规模大的家族更重要的原因是其人员配置、研究投入会更大，相应地有更强的实力。

通过模型 II 基金经理特征变量的回归结果我们可以发现，基金经理的性别与资金净流入率关联不大，但经理的从业经验与其学历对资金流产生了显著的影响。在其他条件不变的情况下，投资者倾向于选择高学历且拥有丰富从业经验的经理所管理的基金。虽然基金经理的学历并不等同于其资产管理能力，基金的管理需要大量的实践经验，但投资者对高学历经理的信赖高于普通基金经理。

通过模型 III $StarManager_{i,t-1}$ 的回归系数我们可以发现，明星经理基金这一虚拟变量对基金的资金流具有显著影响，且与明星基金同经理的家族成员相比于其他成员获得了更多的资金流入。明星基金溢出效应带来的资金流入更多地流向了明星基金经理所管理的基金。这说明我国基金投资者在追逐基金家族的同时,更看重的是基金经理,明星基金经理的存在会为家族带来更大的收益。

(四)溢出效应产生的影响

1. 溢出效应对基金家族的影响

通过上述实证分析我们证实了明星基金确实存在溢出效应,明星基金会为其家族内的其他成员带来资金的流入。这一效应的存在能够激励基金家族通过自身努力经营出真正的明星,但也可能为家族的"造星"策略提供动力。

在健康有序的基金市场中,溢出效应的存在是对明星家族的一种激励,会带来良性循环。基金家族凭借自身的研究能力以及对投资时机的把握,经营出真正意义上能取得较高超额收益的优质明星基金。明星基金会为家族带来更多的资金净流入,使基金家族的规模不断扩大,基金管理公司可获得更高的管理费收入。基金公司再将增加的收入投入于提高研究能力、激励基金管理人,维持基金的优异表现,形成良性循环。

但是,由于基金市场发展并不完善,真正依靠家族投资能力来经营明星基金有一定难度。这不仅需要家族具有强大的研究能力与丰富的经验积累,还需要有出色的有天赋的基金经理,并非所有家族都有能经营出明星基金的实力。所以,部分基金家族会为了溢出效应的好处而人为打造所谓的明星基金。

最常用的方法便是集中优势打造一支明星基金。一方面,基金家族会给予某一只基金资源分配以倾斜,例如更多的 IPO 资源、优秀的基金经理、额外研究资源的分配等;另一方面,基金家族可能会通过交叉持股、共同持股等方式进行提高基金收益的操作,基金的公共股票池也为这一操作提供了便利。王叶玲、彭文平(2013)发现,基金家族中规模小、历史业绩优异、费率高的基金更容易得到 IPO 资源。虽然证监会的《证券投资基金管理公司公平交易制度指导意见》规定基金公司在不同基金之间的同向交易必须遵守"无价差原则",且严格控制不同基金在同日内进行反向交易——此规定出台后,部分基金为某一基金抬轿、多只基金为明星基金拉升重仓股股价,人为做高收益、提高基金排名的利益输送状况在一定程度上有所缓解,但由于基金家族产品种类众多,在监管上还是有一定难度的,无法做到完全杜绝。集中家族优势资源后,单个基金的业绩会大幅提高,成为所谓的明星基金,进而为家族带来资金的流入。

此外，基金家族还会采用暂停申购明星基金的方式利用溢出效应。明星基金暂停申购会向投资者传递一个积极的信号，也会为家族带来更多的关注。最重要的是使得投资者无法购买明星基金，让资金更多地流入家族内非明星基金。刘白兰、朱臻（2015）对华夏基金管理公司的暂停申购行为进行分析，提供了华夏家族通过"造星"以及暂停申购利用溢出效应获取资金的证据。

2. 溢出效应对投资者的影响

溢出效应意味着投资者会追逐明星家族，但根据前文的分析，我们发现投资者追逐的可能是人为打造的明星基金家族。所以，在这一部分我们将讨论投资者的这种行为会对其收益产生何种影响。

本研究参照 Nanda 等（2004）的方法，采用 T 检验来检验投资明星家族在下一期的收益与所有家族收益的均值、明星家族成员与所有基金的收益均值是否有显著的差距，投资者投资明星的行为是否会对其收益产生影响。具体结果如表 7.9 所示。

表 7.9　家族层面 T 检验结果

	收益均值	T 统计量	Sig.(2-tailed)	Mean Difference	95% Confidence Interval of the Difference	
					Lower	Upper
明星家族整体	2.74%	-0.101	0.920	-5.561 5E-4	-1.137 6E-2	1.026 4E-2
所有家族整体	2.79%					

从表 7.9 中我们可以发现，明星家族在下一期的收益均值略小于所有家族的收益均值，均值的单样本 T 检验统计量为 -0.101，对应的 T 值为 0.92，大于 0.05，所以拒绝明星家族整体收益均值与所有家族收益均值之间存在显著差异的原假设。这说明投资明星家族并不能在下一期获得超额收益。

表 7.10　个体层面 T 检验结果

	收益均值	T 统计量	Sig.(2-tailed)	Mean Difference	95% Confidence Interval of the Difference	
					Lower	Upper
明星基金	1.85%	-1.851	0.065	-9.842 7E-3	-2.029 4E-2	6.083 4E-4
所有家族成员	2.83%					
明星家族成员	2.72%	-0.577	0.802	-1.051 9E-3	-4.624 5E-3	2.520 7E-3
所有家族成员	2.83%					

在对明星家族内基金收益情况进行进一步分析后,我们发现明星基金在后一期收益与所有基金收益的均值之间存在一定的差距,且在10%的显著水平下显著。这说明在我国基金市场中,明星基金的出色收益并不具备延续性,市场时常发生明星基金"变脸"的现象,这也对明星效应不显著给出了一定的解释。明星家族内的其他基金收益情况与所有基金的收益均值相比也没有显著差异,收益均值略小于所有基金家族的成员,T检验统计量为-0.577,对应的T值为0.8。这说明投资明星家族的成员不能为投资者带来超额收益(参考表7.10)。

所以,对于投资者而言,作为一种外部性,溢出效应并非是理性投资者所做的选择,目前我国基金市场中的历史业绩并不能预测未来的业绩。我国的基金业常常出现明星基金业绩陨落的现象,前期排名靠前的基金业绩并没有持续性,业绩大起大落,追涨并不能获得超额收益。同样,明星基金的历史业绩也不能说明其家族其他基金在未来也有会有好的业绩。

五、结 论

(一)本章结论

本章主要采用定性理论分析与定量实证检验相结合的方法,对我国开放式股票型基金的溢出效应问题进行了充分研究。

在理论分析部分,本章从基金家族和投资者两个角度出发,利用共同技能、品牌效应、有限注意、锚定效应、代表性启发等理论总结了溢出效应产生的原因。随后,根据委托代理理论,解释家族与投资者间的利益矛盾,分析溢出效应可能会促使基金家族打造明星基金,从而对投资者收益造成影响。

在实证分析部分,我们选取了2012年至2017年共24个季度的774只股票型开放式基金及64个家族为样本,研究溢出效应的存在性及其可能对基金家族、投资者造成的影响。具体实证结论如下:

(1)无论从基金家族角度还是基金个体角度看,我国的开放型股票基金市场均存在着显著的溢出效应,但溢出效应具有不对称的特征。明星基金虽然自身不能获得显著的资金流入,但其明星光环会辐射到其家族的其他成员,为它们带来更多的申购,从而为其家族整体带来超额的资金净流入。但是业绩排名靠后的垃圾基金并不会产生反向的溢出效应,家族中是否存在垃圾基金不会对家族资金流产生显著的影响。这一现象也从侧面反映了我国基金投资者短期性投资较多,投资行为仍处于跟风模仿阶段。

此外,相比于明星基金家族的其他成员,与明星基金拥有相同基金经理的基金能获得更多的资金流入。由于明星基金业绩"过山车"现象突出,相比于早期研究发现投资者会追逐明星基金,本研究发现投资者会将目光转向与明星基金有相同经理的基金。

(2) 在基金家族层面的研究中,本研究发现投资者倾向于选择前期整体业绩表现优异、家族规模较大的基金家族。但成立时间长、基金数量多且经理团队频繁变化的家族,则会产生资金的流出。在基金个体层面的研究中,本研究发现投资者在选择基金时会倾向于前期业绩较好、规模较小的灵活的基金,同时,他们会选择从业时间长、学历高的基金经理管理的基金进行投资。

(3) 理论上明星基金的溢出效应是对明星家族的激励,但由于溢出效应的非对称性导致基金家族行为在溢出效应的影响下发生扭曲。溢出效应可能被部分无法通过自身实力经营明星的家族所利用,通过共同持股、交叉持股、资源倾斜分配等方式打造所谓的明星,以此获取家族基金流入。溢出效应对投资者而言是一种非理性行为,追逐明星家族并不能获得超额收益。

(二) 政策建议

基金业的迅速发展使得基金家族化成为不可避免的趋势,通过前文的实证研究,我们发现单只基金的表现会对其家族内的其他成员乃至整个基金家族产生显著影响。但溢出效应的存在使得某些基金家族行为扭曲,损害了投资者的利益。若要实现基金业健康良好的发展,必须解决现阶段存在的问题,减少委托代理矛盾,发挥出基金专业理财的能力。基于前文理论与实证分析的结果,本研究从基金业监管、基金公司自身与投资者三个角度提出一些对策与建议。

1. 基金业监管角度

基金的溢出效应及其产生的影响问题的根源在于信息不对称,很多重要的信息未得到公开。此外,基金家族的行为较为隐秘,监管机构难以及时发现,并做出相应的处罚。这便需要监管机构调动各方积极性,形成完善的、多层次的、内外部协调的监管体系。

首先,真正发挥托管银行的作用。由于基金托管人由基金公司选定,托管银行依赖于基金公司获得利润,因此可能存在为了自身利益而无法发挥基金托管人的信息优势,无法进行内部信息披露监督,甚至可能迁就基金公司的违法行为。对此,可由基金份额持有人大会等选择托管银行,并对托管人进行监督,从而发挥托管人的数据清算优势,及时准确地反映基金内部的资金运作情况。

其次,需要发挥投资者的积极性,减少"搭便车"的行为。可以建立一套由投资者参与的基金评价机制,无论所持的份额高低,均有权对该基金的信用、材料真实度、信息披露完整性进行打分评价。同时,对投资者加强教育,增强其风险意识与培养其长期投资意识,并对投资者监督进行支持。

最后,聘请从业经验丰富的基金经理与高素质人才组建监督小组,对基金内部的操纵进行监测。基金监管机构相比于一般投资者拥有更多的专业知识以及管理手段,需要发挥其优势,密切关注相关领域的研究,帮助市场与投资者识别可能采用策略打造明星的家族,识别基金家族内部操纵的手段。此外,监管者还需严格执法,加大对违法违规行为的惩罚力度,增加基金公司的违法成本,例如高额罚款、取消业务资格、相关人员市场禁入等。

2. 基金公司自身角度

(1) 提升资产管理能力。通过上述实证分析我们可以发现家族整体收益较高的基金家族会获得更多的资金流入,说明投资者在选择基金家族时会考虑家族的整体资产管理能力。通过交叉补贴、资源倾斜分配等方式打造明星基金,并不能提升基金家族整体的业绩,反而会导致业绩波动剧烈,所以打造明星基金的策略并不是长久之计。基金家族需要不断提升自己的研究与投资能力,为投资者创造更多的价值,提高家族基金整体收益,进而获得更多的资金流入,这才是家族发展之根本。

具体而言,基金家族需要加强基础投资研究能力,树立中长期投资目标。其中最重要也最为基础的是对于市场基本面的研究,这为家族整体投资决策奠定了基础。基金家族要以专业性和前瞻性的眼光对经济形势、行业周期、个股走势做出详细研究和准确判断。基金家族作为专业的机构投资者,若总是被动地跟随市场,不能快速反应,不能提前做出正确决策,将在竞争中陷入被动。此外,基金家族还需要以长期、发展的眼光制定中长期的投资策略,减少短视行为。

（2）基金经理的培养。基金经理人是一项专业性极强的工作，同时也需要丰富的经验，而经验则是在一次次成功或是失败中积累的。通过实证回归我们可以发现从业经验丰富且高学历的基金经理能为家族带来更多的资金流入，而团队的频繁变动会对家族整体的资金流产生负面影响。所以培养人才并留住人才成为关键。但目前我国公募基金业人才流失严重，基金的管理层、基金经理以及投研团队均出现了较为频繁的人员流动。

在人才培养方面，基金家族需要尽快弥补人才队伍的缺口，形成自身的培养体系，逐步缓解"一拖多"的现象。基金公司可以通过与学校研究中心相互沟通交流，进行人才的发掘与储备，建立完善的培养体系，形成人才的可持续发展。在人才激励方面，基金公司可以在公司内部推行股权激励或事业部制，根据基金的业绩表现对投研团队进行激励，提升投研团队的工作积极性。在人才衔接方面，基金公司可以采用老带新、明星经理带新人经理的方式，分批循序渐进地在经理团队中加入新人。一方面，避免团队短期发生巨大变动，对业绩及资金流造成影响；另一方面，新老结合以及明星经理也能为新人经理提供一个较好的背书。对于部分中小型基金公司而言，则需要通过灵活的方式吸引人才。

（3）差异化竞争。实证结果显示，规模较大或是较为年轻的基金公司均能够获得较高的资金流入，所以，基金公司需要进行差异化竞争，而不是一味地做大规模。

目前，基金业产品同质化现象、"扎堆吃草"现象十分显著。基金家族需要通过不断的创新研究，提升产品的差异化，丰富产品的种类，以此满足各类投资者的需求，脱离低级竞争。当一个话题或某个板块受到市场追捧时，在很短的时间内会出现一系列同主题的基金。一方面，同质化的产品并不能突出基金公司的特色，为其带来超额的资金流入；另一方面，盲目跟风设立同类基金，在下跌时易形成行情共振，还会加大整个行业的风险。同质化竞争的后果便是投资者满意度降低，基金业整体利润率下滑。

在"大公募"时代，面对保险、券商、私募等越来越多的竞争者，基金公司要在市场中有一席之地，需要采取非常明确的差异化竞争策略。老牌的基金公司可以利用其规模优势，发展百货店模式的基金家族，经营全品种的基金产品，保证质量和品牌优势。而新基金公司以及规模较小的公司则可以采用另一种发展方向，即成为精品店，寻找新颖投资题材，走专业化发展道路。基金家族需要找到适合自身的发展道路，跳出过去熟悉的传统思维和发展路径,主动拥抱变革,积极应对挑战,实现转型创新,这些差异化、个性化的发展方式才是未来基金行业应该的发展方式。

3. 投资者角度

投资者是基金收益以及相关权利的最终享有者,但在我国证券投资基金市场中,投资者往往是弱势、被动的一方,缺乏主动的权利意识与理性的投资观念。而在健康的基金市场环境中,投资者扮演着一个十分重要的角色,为基金业的良好发展提供了动力。所以,改善委托代理问题,让明星基金成为真正的明星,减少基金家族的不规范行为,也需要投资者的努力。

投资者在选择基金时,需要提升对基金个体以及基金公司的评价能力,而不是简单地追逐前期业绩表现出色的明星。通过实证分析我们可以发现,相比于早期研究者只关注明星基金业绩进行投资,目前投资者在选择基金时,还会考虑到基金家族的整体实力。但此类关注还存在一定的片面性,投资者对于家族内业绩标准差这一指标的关注度不够,而通常采用人为"造星"策略的家族会有较高的标准差。

虽然投资者在选择基金及其家族时体现出了一定的理性,但最终投资结果仍未达到预期。这说明投资者在基金业的发展中逐步成长,积累了一定的经验,投资行为逐渐增加了理性的一面,但还没有真正成熟,还存在进一步发展的空间。首先,基金投资者在选择基金时需掌握更多的相关信息,如基金的经理、管理公司、投资理念、重仓股票、收益率情况、风险大小、费率情况等,从而选择与自身风险承担能力相匹配并预期可实现最大化收益的基金;其次,投资者需要树立长期投资理念,基金为中长期投资产品,频繁换手追涨杀跌并非理智投资。

第八章
股权结构对上市公司财务困境影响的实证研究

通过选取21家ST上市公司和24家非ST公司,运用因子分析法对每家公司的每股收益、每股息税前利润等11个能够反映该公司财务状况的指标进行综合评分,得出反映公司财务状况的综合指标。最后再对反映公司股权集中程度的变量进行回归。回归结果显示,股权集中程度、股权性质对上市公司的财务状况存在一定的影响,但是影响的效果并不显著,说明我国上市公司的股权分置改革起到了一定效果。

一、引 言

财务困境是一种常见的公司财务状态,最严重的财务困境是企业破产倒闭。企业因财务困境而导致破产其实是一种违约行为,因此财务困境又被称为"违约风险"。[①] 通常来说,上市公司陷入财务困境是一个逐步的过程,其主要过程包括财务良好、财务下滑、财务恶化、财务困境、特别处理(ST)、退市预警(＊ST)、公司退市七种状态。

有诸多因素会导致上市公司陷入财务危机,其中有财务因素,如负债能力较差、营运能力较差等;也有非财务因素,如股权结构不合理、管理层管理素质过低等。一般而言,财务因素反应的只是公司陷入财务困境的质变现象,非财务原因才是其背后的量变原因。[②] 若公司没有妥善地处理财

---

① 吴世农,卢贤义. 我国上市公司财务困境的预测模型研究[J]. 经济研究,2001(06):46-55,96.

② 连晓丽. 我国A股上市公司财务困境预警模型实证研究[D]. 厦门大学硕士学位论文,2014:2.

务困境问题，不仅会让公司自身蒙受经济损失，还可能让公司就此破产倒闭。此外，这对投资人、债权人等的利益有着相关的负面影响；同时也不利于我国证券市场的稳定，不利于国民经济稳定发展。

公司的股权结构与公司财务状况之间的关系一直是公司治理研究的热点。而股权集中程度是对公司股权结构研究的核心所在。在中国股市创建之初，出于保护公有制经济的主体地位和防止国有资产流失的考虑，上市公司呈现"股权分置""一股独大"和公司股权结构高度集中的状况。随着市场经济的不断发展，企业运营效率低下、企业财务状况不良等情况层出不穷。2005年4月29日，证监会颁布了《关于上市公司股权分置改革试点的有关问题的通知》，正式开始了股权分置改革的工作。到目前，上市公司股权分置改革已基本完成。本章以此为契机，采用实证分析的方法，探究我国上市公司股权结构对其财务状况的影响，对财务困境问题的研究提供建议。

二、文献综述

（一）关于财务困境的文献综述

国外学者对财务困境的研究要追溯到20世纪60年代。关于财务困境的定义，Beaver（1966）、Carmichael（1972）、Scott（1981）等学者认为财务困境可以定义为企业无法支付到期的债务，并将这种情形称为"财务失败"。Altman（1968）、Deakin（1972）、Gilbert（1990）等学者赞同"公司破产"的观点，只有公司提出了破产申请，才被认定为公司出现了财务危机。还有一些学者认为应当从不同方面来定义公司财务困境，如Laitinen（1991）以三种程度衡量上市公司的财务困境，并将其分为轻微困境公司、中度困境公司、严重困境公司；Ross（2000）则认为企业的财务危机表现在"技术失败""会计失败""企业失败"和"法定破产"四个方面。

国内学者对财务困境的研究始于20世纪90年代。周守华等（1996）率先通过数理统计的方法进行财务危机研究，并认为"企业破产"能够准确定义财务困境的内涵。谷祺、刘淑莲（1999）则认为当企业出现偿还债务困难，以及资金管理、技术性失败等情形时，则称之为"财务困境"。卢兴杰（2006）认为基于我国证券市场的现实状况，将ST上市公司作为研究对象更具操作性。李心合（2007）认为将公司的现金流状况和财务困境联系起来则更加准确。

有关财务困境预警模型的研究方法，Beaver（1966）率先运用单变量模型方法进行了系统性分析。陈静（1999）根据行业和规模各选取了27家ST公司和非ST公司的财务指标进行对比，得出了资产负债率、总资产报酬率、权益净利润率等财务比例具有较高预测能力的结论。Altman（1968）运用多变量模型的方法，提出了Z模型理论，他将营运模型/总资产等五项财务比例的线性组合作为Z统计指标，能够较为全面地评价企业的财务状况，是企业财务预警常用的模型。Ohlson（1980）提出了多元逻辑回归模型，认为可能导致公司破产的变量至少应当从公司的规模、公司的资本结构、公司的业绩以及公司当前的融资能力等方面来考虑。其他的研究方法包括黄小原、肖四汉（1995）构建了神经网络财务预警系统，柳炳祥（2002）提出了粗糙集神经网络，周敏（2002）构建了基于模糊优选的神经网络，刘洪（2004）提出了人工神经网络等。

（二）关于股权结构和财务状况的文献综述

国外关于股权结构与企业财务状况的早期研究开始于20世纪30年代。Berle和Means（1932）经过分析指出，在公司经营者没有持有股票和股权过于分散这两种情况下，企业的业绩都无法实现最大化。Jensen和Mecking（1976）指出，内部股东的持股比例对企业的价值产生一定的作用，且内部股东持股比例越大，企业价值越高。Demsetz（1985）选择511家美国公司为研究样本，通过实证研究发现股权机构与企业经营绩效之间并无显著的相关关系。La Parta等（1999）经过实证分析发现，股权过于集中的公司普遍存在大股东掏空上市公司资产，以及侵占广大小股东利益的现象。这两类行为已经成为影响公司治理的主要因素。而Friedman、Simon、Todd（2003）提出了与La Parta相反的理论。他们认为，股权相对集中有利于公司的发展，因为在公司财务状况恶化的时候，控股股东在信息、资金方面会给予上市公司以帮助，从而帮助上市公司渡过难关。

我国学者对股权集中程度与公司财务状况的研究始于20世纪末。孙永祥、黄祖辉（1999）通过研究得出企业的价值与股权集中程度呈倒U的相关关系。而高明华（2001）对股权集中程度与每股收益和资产报酬率之间的相关关系进行了实证研究，结果得出股权集中程度和企业财务业绩之间基本不存在相关关系。姜秀华、孙铮（2001）通过研究指出，股权集中度与企业陷入财务困境的可能性之间存在显著的负相关关系。此外，姜秀华和孙铮（2001）以及张建（2004）、夏好琴（2006）等学者纷纷采用财务困境预测模型来研究股权结构和企业财务困境之间的关系，他们的研究结论都支持股权结构因素对公司财务风险有一定影响的观点。

（三）文献综述评价

通过以上综述发现，对于财务困境模型的研究，从最初的单变量到多变量，再到神经网络法，研究方法不断更新，探究结果的准确性也不断提高。而对于股权集中程度和公司财务困境之间关系的研究，由于时期不同、方法不同、数据不同、视角不同，不同学者之间的研究结果出现较大的差异性，但都从一定的层面证实了股权结构与财务困境之间存在着一定的相关性。

三、实证分析

（一）研究方法

因子分析法的基本思想是将实测的多个指标，用少数几个潜在的指标（因子）的线性组合表示出来。[①] 本章的研究思路是通过因子分析的方法准确找出影响企业财务困境的财务指标，并通过因子评分系统对每家公司的财务状况进行评分，得出被解释变量 F，再选取表示企业股权结构的解释变量进行回归分析。

（二）数据准备

本章的样本来自 2013 年 21 家 ST 上市公司和 24 家非 ST 公司。对于财务指标的选择，借鉴了陈静（1999）[②]、吴世农和卢贤义（2001）[③]、张燕（2014）[④] 的研究成果，最终选择了每股收益等 11 个财务指标。财务指标如表 8.1 所示。

[①] 苏金明. 统计软件 SPSS12.0 for windows 应用及开发指南 [M]. 电子工业出版社，2004：304.

[②] 陈静. 上市公司财务恶化预测的实证分析 [J]. 会计研究，1999(4)：31-38.

[③] 吴世农，卢贤义. 我国上市公司财务困境的预测模型研究 [J]. 经济研究，2001(4)：46-55，96.

[④] 张燕. 股权结构对财务风险的影响研究 [D]. 山东财经大学硕士论文，2014：26.

表 8.1　备选财务指标

盈利能力	每股收益（X1）
	每股息税前利润（X2）
营运能力	总资产周转率（X9）
	应收账款周转率（X7）
	流动资产周转率（X8）
偿债能力	速动比率（X10）
	经营性现金流/带息债务（X4）
	资产负债率（X11）
成长潜力	营业收入增长率（X5）
	总资产增长率（X6）
	销售现金比率（X10）

对于非财务指标的选择，借鉴了吕峻（2006）[①]、凌泽华（2014）[②] 的研究成果，最终选择了股权制衡度等五项反映企业股权性质的指标。股权性质指标如表 8.2 所示。

表 8.2　股权性质指标

股权集中度	股权制衡度（Z1）
	Herfindahl 指数 1（Z2）
	Herfindahl 指数 5（Z3）
股权性质	是否国有控股（Z4）
	A 股票流通股比例（Z5）

注：股权制衡度指前十位股东持股之和减去第一位股东持股与第一位股东持股之比［（G10 − G1）/G1］；Herfindahl 指数（HHI）指前几位股东控股比例的平方和；是否国有股是根据公司第一大股东是否国有定义的虚拟变量［（0，1）=（否，是）］。

本章的研究数据均来自国泰安（CSMAR）数据库，数据分析使用 SPSS16.0 和 eviews7.2 进行。

---

① 吕峻. 基于非财务指标的财务困境预测及征兆分析——来自制造业上市公司的实证研究［J］. 中国社会科学院研究生院学报，2006(03)：52 – 58.

② 凌泽华. 股权集中度、制衡度与经营绩效实证研究——以我国酒业上市公司为例［J］. 财会通讯，2014(08)：42 – 44.

（三） 对被解释变量的分析过程

1. 因子相关性分析检验

首先对11个经过标准化处理后[①]的财务数据指标进行KMO和Bartlett检验。KMO数值越接近1，越适宜采用因子分析法。通常情况下，KMO > 0.9即可认为效果最佳，但是KMO值最低不得低于0.5。本章KMO-Bartlett检验结果如表8.3所示。

表8.3　KMO-Bartlett检验

Kaiser-Meyer-Olkin Measure of Sampling Adequacy.		0.673
Bartlett's Test of Sphericity	Approx. Chi-Square	322.889
	df	55
	Sig.	0.000

由表8.3检验结果可知，11个财务指标的KMO值为0.673，且Bartlett球形检验值为322.889，对应的P值为0.000 < 0.01，从而可以否定相关系数矩阵是单位阵的原假设，得到各个财务指标之间存在显著相关性的结论，可以进行相关因子分析。

2. 相关系数矩阵的特征值与贡献率

通过SPSS16.0，运用主成分法计算得出相关系数矩阵的公因子与方差贡献率及碎石图。由图8.1可知，前4个因子的特征值较大（都大于1），图中折线陡峭，而从第5个因子起，折线变得平缓，因此选择前4个共同因子。再由表8.4可知，找出4个满足条件的特征值，并且前4位公因子的累计方差贡献率为77.509，达到了75%的要求，说明运用这4个公共因子基本上能够覆盖11个原始变量的主要信息，且彼此之间不相关。因此，我们可以用这4个公共因子（分别记为F1、F2、F3、F4）来代表11个原始变量，从而达到降维的目的。

[①] 所谓标准化处理，是将不满足标准正态分布的数据进行处理，使其满足正态分布，其过程为 $Z(X) = [Z - E(X)]/Se(X)$。

表8.4 相关系数矩阵的特征值与贡献率

Component	Initial Eigenvalues			Extraction Sums of Squared Loadings			Rotation Sums of Squared Loadings		
	Total	% of Variance	Cumulative %	Total	% of Variance	Cumulative %	Total	% of Variance	Cumulative %
1	3.955	35.952	35.952	3.955	35.952	35.952	2.400	21.821	21.821
2	2.036	18.505	54.456	2.036	18.505	54.456	2.141	19.463	41.284
3	1.513	13.750	68.207	1.513	13.750	68.207	2.125	19.318	60.602
4	1.023	9.302	77.509	1.023	9.302	77.509	1.860	16.907	77.509
5	0.734	6.674	84.183						
6	0.538	4.893	89.075						
7	0.471	4.286	93.361						
8	0.361	3.283	96.644						
9	0.286	2.601	99.245						
10	0.065	0.590	99.835						
11	0.018	0.165	100.000						

提取公因子法：主成分分析法。

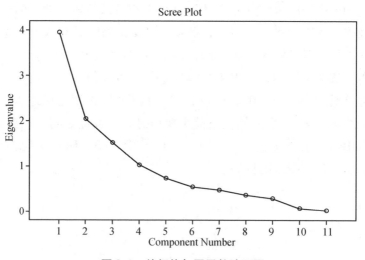

图8.1 特征值与因子数碎石图

3. 建立旋转因子载荷矩阵，并解释因子的经济含义

使用最大方差化旋转的方法进行旋转，旋转后的因子彼此之间的独立性显著增强。旋转结果如表8.5所示。因子载荷矩阵反映了某因子与原始

变量之间的线性关系，因子的载荷绝对值越大，说明该因子与其关系越密切，也就更能够代表这个原始变量。

表 8.5 旋转后的因子载荷

	Component			
	1	2	3	4
Zscore：应收账款周转率（次）X7	0.844			
Zscore：每股息税前利润（元/股）X2	0.746			
Zscore：每股收益（元/股）X1	0.711			
Zscore：经营净现金流量/带息债务 X4	0.705			
Zscore：速动比率（%）X3		0.858		
Zscore：资产负债率（%）X11		−0.790		
Zscore：流动资产周转率（次）X8			0.940	
Zscore：总资产周转率（次）X9			0.934	
Zscore：销售现金比率（%）X10				0.875
Zscore：营业收入增长率（%）X5				0.819
Zscore：总资产增长率（%）X6				0.534

提取公因子法：主成分分析法；旋转方法：方差最大正交旋转法；旋转迭代步骤：3。

每一个原始变量的表达式都是各个公因子的线性组合，公因子的系数的绝对值较大，说明该变量主要反映的是这个绝对值较大的公因子的信息。结合表 8.5 分析可知，公因子 F1 对应收账款周转率、每股息税前利润、每股收益、经营性现金流/带息债务具有较大的载荷系数，由于其对盈利能力指标的反映较好，因此将 F1 定义为盈利能力因子；公因子 F2 对速动比率、资产负债率具有较大的载荷系数，因此将 F2 定义为偿债能力因子；公因子 3 对总资产周转率和流动资产周转率具有较大载荷系数，因此将 F3 定义为营运能力因子；公因子 4 对销售现金比率、营业收入增长率、总资产增长率具有较大的载荷系数，因此将 F4 定义为成长潜力因子。分析结果如表 8.6 所示。

表 8.6　因子分析结果与经济意义解释

公共因子	财务指标	因子载荷
盈利能力因子（F1）	应收账款周转率 X7	0.844
	每股息税前利润 X2	0.746
	每股收益 X1	0.711
	经营性现金流/带息债务 X4	0.705
偿债能力因子（F2）	速动比率 X3	0.858
	资产负债率 X11	−0.790
营运能力因子（F3）	流动资产周转率 X8	0.940
	总资产周转率 X9	0.934
成长潜力因子（F4）	销售现金比率 X10	0.875
	营业收入增长率 X5	0.819
	总资产增长率 X6	0.534

4. 计算因子得分

由 SPSS16.0 的因子得分计算功能得出表 8.7。表 8.7 反映的是因子得分系数矩阵，每一个公共因子的得分就是将该因子表示为原始财务指标的线性组合，即将系数与相应的变量相乘再求和。

表 8.7　因子得分相关系数矩阵

	Component			
	1	2	3	4
Zscore：每股收益（元/股）X1	0.222	0.163	0.100	−0.143
Zscore：每股息税前利润（元/股）X2	0.265	0.101	0.081	−0.117
Zscore：速动比率（%）X3	−0.202	0.515	−0.060	−0.034
Zscore：经营净现金流量/带息债务 X4	0.356	−0.070	−0.196	0.129
Zscore：营业收入增长率（%）X5	−0.035	−0.066	−0.025	0.473
Zscore：总资产增长率（%）X6	−0.117	0.196	0.097	0.236
Zscore：应收账款周转率（次）X7	0.521	−0.319	−0.101	0.013
Zscore：流动资产周转率（次）X8	−0.090	−0.032	0.485	−0.042
Zscore：总资产周转率（次）X9	−0.068	0.008	0.470	−0.038
Zscore：销售现金比率（%）X10	0.023	−0.101	−0.129	0.530
Zscore：资产负债率（%）X11	0.058	−0.402	0.001	0.016

提取方法：主成分法；旋转方法：Kaier 标准化正交旋转。

根据表 9.7 可以得出各公共因子与财务指标的线性表达式：

$F_1 = 0.222X_1 + 0.265X_2 - 0.202X_3 + 0.356X_4 - 0.035X_5 - 0.117X_6 + 0.521X_7 - 0.090X_8 - 0.068X_9 + 0.023X_{10} + 0.058X_{11}$

$F_2 = 0.163X_1 + 0.101X_2 + 0.515X_3 - 0.070X_4 - 0.066X_5 + 0.196X_6 - 0.319X_7 - 0.032X_8 + 0.008X_9 0.101X_{10} - 0.402X_{11}$

$F_3 = 0.100X_1 + 0.081X_2 - 0.060X_3 - 0.196X_4 - 0.025X_5 + 0.097X_6 - 0.101X_7 + 0.485X_8 + 0.470X_9 - 0.129X_{10} + 0.001X_{11}$

$F_4 = -0.14X_1 - 0.117X_2 - 0.034X_3 + 0.129X_4 + 0.473X_5 + 0.236X_6 + 0.013X_7 - 0.042X_8 - 0.038X_9 + 0.530X_{10} + 0.016X_{11}$

再根据表 8.4 中的数据分析经过旋转处理后，各公共因子权重分别为 21.821%、19.463%、19.318%、16.907%。本章以 F 表示单个公司财务指标的综合得分，以 F_1、F_2、F_3、F_4 分别表示某公司在公共因子上面的得分，因此得出综合评分模型为：

$F = 0.21821F_1 + 0.19463F_2 + 0.19318F_3 + 0.16907F_4$

通过公式 1 和公式 2 可以得出各公司的财务指标综合得分，即被解释变量 F。

5. 被解释变量 F 的代表性研究

定义新的虚拟变量 D，D = 1 表示该上市公司为 ST 公司，0 表示非 ST 公司。作为解释变量，对其与通过因子分析法找出的能够反映公司财务指标综合得分的统计量 F 进行 Logistic 回归，结果如表 8.8、表 8.9 所示。

表 8.8　F 值系数 Logistic 回归结果

		B	S. E.	Wald	df	Sig.	Exp（B）
Step 1[a]	F	-0.466	0.140	11.125	1	0.001	0.628
	Constant	-0.730	0.456	2.564	1	0.109	0.482

表 8.9　Logistic 回归结果分类

Observed			Predicted		
			是否困境（1 是，0 否）		Percentage Correct
			0	1	
Step 1	是否困境（1 是，0 否）	0	21	3	87.5
		1	4	17	81.0
	Overall Percentage				84.4

表8.8显示，变量F的回归系数为-0.466，其经济学含义为在其他条件不变的前提下，F每增加一个单位，发生财务困境和没有发生财务困境比例的对数相应降低0.466单位，符合经济意义检验。系数的显著性水平为0.001<0.05，说明F值对企业是否陷入财务困境有显著影响。表8.9显示，在参与分析的45家企业中，仅有7家企业发生了误判，模型的准确率高达84.4%。考虑到ST公司的财务状况有由困转优和非ST公司财务由优转困的可能，因此允许存在一定的误判率。综合上述分析，公司财务状况得分F可以作为企业是否陷入财务困境的特征值。

（四）模型整体分析过程

1. 描述性质分析

从表8.10可以看出，选取的45家样本公司的F值有正有负，根据F值的经济意义以及正态分布假设，选取的45家样本公司的财务状况略低于大样本平均水平，不过总体水平可以接受。

在此基础之上，本章提出多元线性回归模型假设：

$$F = \beta_0 + \sum_{i=1}^{5} \beta_i Z_i + \varepsilon$$

表8.10 被解释变量和非财务指标描述性分析

	N	Minimum	Maximum	Mean	Std. Deviation
F值	45	-48.9224	22.1939	-1.556656	9.6036577
股权制衡度 Z1	45	0.0320	3.4090	0.871356	0.7820240
H1指数 Z2	45	0.0081	0.5108	0.140876	0.1315565
H5指数 Z3	45	0.0081	0.5276	0.165762	0.1324084
是否国有控股 Z4	45	0	1	0.24	0.435
A股流通比例 Z5	45	7.2082	100.0000	76.20410	28.1932521
Valid N (listwise)	45				

2. 解释变量相关性分析

由于各股权指标之间可能会产生多重共线性，从而导致回归模型的拟合优度下降，因此有必要对各解释变量进行相关性分析。本研究运用Pearson法对5个代表股权结构的指标进行相关性分析，分析结果如表8.11所示。

表 8.11　解释变量之间相关性分析

		股权制衡度 Z1	H1 指数 Z2	H5 指数 Z3	是否国有控股 Z4	A 股流通比例 Z(5%)
股权制衡度 Z1	Pearson Correlation	1	-0.555**	-0.389**	0.130	-0.403**
	Sig. (2-tailed)		0.000	0.008	0.394	0.006
	N	45	45	45	45	45
H1 指数 Z2	Pearson Correlation	-0.555**	1	0.953**	0.213	-0.047
	Sig. (2-tailed)	0.000		0.000	0.161	0.761
	N	45	45	45	45	45
H5 指数 Z3	Pearson Correlation	-0.389**	0.953**	1	0.290	-0.212
	Sig. (2-tailed)	0.008	0.000		0.053	0.161
	N	45	45	45	45	45
是否国有控股 Z4	Pearson Correlation	0.130	0.213	0.290	1	-0.288
	Sig. (2-tailed)	0.394	0.161	0.053		0.055
	N	45	45	45	45	45
A 股流通比例 Z5（%）	Pearson Correlation	-0.403**	-0.047	-0.212	-0.288	1
	Sig. (2-tailed)	0.006	0.761	0.161	0.055	
	N	45	45	45	45	45

**表示相关性在 0.01 的水平下显著。

通过表 8.11 分析得出，股权制衡度（Z1）、H1 指数（Z2）、H5 指数（Z3）、A 股流通比例（Z4）之间存在严重的相关性。从经济意义上讲，当股权制衡度上升时，大股东对公司的控制力必然会下降，因此 H1 指数降低；A 股的流通比例越强，说明股权越分散，大股东的控制力必然会下降，因此 H1 指数、H5 指数必然会降低。

通过以上分析，如果采用多元回归模型，则在解释变量之前必然会存在严重的多重共线性，因此调整模型为一元回归模型，即：

$$F = \beta_0 + \beta_i Z_i + \varepsilon \quad (i = 1, 2, 3, 4, 5)$$

3. 回归分析

（1）F 与 Z1 回归分析。

表8.12　F 和 Z1 回归结果

Variable	Coefficient	Std. Error	t-Statistic	Prob.
C	−3.466 320	2.809 495	−1.233 788	0.227 2
Z1	0.943 432	2.629 401	0.358 801	0.722 3
R-squared	0.004 42	Mean dependent var		−2.710 671
Adjusted R-squared	−0.029 911	S. D. dependent var		10.201 98
S. E. of regression	10.353 43	Akaike info criterion		7.574 855
Sum squared resid	3 108.614	Schwarz criterion		7.667 370
Log likeihood	−115.410 2	Hannan-Quinn criter		7.605 012
F-statistic	0.128 738	Durbin-Watson stat		2.103 392
Prob（F-statistic）	0.722 343			

由表8.12分析可知，Z1 的系数 β_1 的 t 值较低，伴随概率较高，模型的整体拟合优度较低，因此公司的股权制衡度和其财务状况之间可以视为无线性关系。

（2）F 与 Z2 回归分析。

表8.13　F 和 Z2 回归结果

Variable	Coefficient	Std. Error	t-Statistic	Prob.
C	−1.996 829	2.554 185	0.781 787	0.440 7
Z2	−33.094 27	13.434 12	−2.463 449	0.019 9
R-squared	0.173 049	Mean dependent var		−2.710 671
Adjusted R-squared	0.144 533	S. D. dependent var		10.201 98
S. E. of regression	9.435 962	Akaike info criterion		7.389 274
Sum squared resid	2 582.084	Schwarz criterion		7.481 790
Log likeihood	−112.533 8	Hannan-Quinn criter		7.419 432
F-statistic	6.068 679	Durbin-Watson stat		2.096 155
Prob（F-statistic）	0.019 935			

由表8.13分析可知，Z2 的回归系数为−33.09，其伴随概率为0.019 9，小于5%的显著性要求，因此可以得出结论，第一大股东的持股比例的平方与公司的财务业绩之间存在着一定的负相关性。但值得注意的是，模型的拟合优度只有0.173，可见整体拟合优度不高，因此 H1 指数对公司财务状况的影响有限。

(3) F 与 Z3 回归分析。

表 8.14 F 和 Z3 回归结果

Variable	Coefficient	Std. Error	t-Statistic	Prob.
C	2.831 068	2.787 632	1.015 582	0.318 2
Z3	-34.260 11	13.703 74	-2.500 055	0.018 3
R-squared	0.177 311	Mean dependent var		-2.710 671
Adjusted R-squared	0.148 943	S. D. dependent var		10.201 98
S. E. of regression	9.411 612	Akaike info criterion		7.384 106
Sum squared resid	2 568.775	Schwarz criterion		7.476 622
Log likelihood	-112.453 6	Hannan-Quinn criter		7.414 264
F-statistic	6.250 275	Durbin-Watson stat		2.191 774
Prob（F-statistic）	0.018 323			

由表 8.14 分析可知，Z3 的回归系数为 -34.26，其伴随概率为 0.018 3，小于 5% 的显著性要求，因此可以得出结论，前五大股东的持股比例平方和与公司的财务业绩之间存在着一定的负相关性。同时，与 H1 指数类似，模型的拟合优度只有 0.177，可见整体拟合优度不高，因此 H5 指数对公司财务状况的影响有限。

(4) F 与 Z4 回归分析。

表 8.15 F 和 Z4 回归结果

Variable	Coefficient	Std. Error	t-Statistic	Prob.
C	-2.828 961	1.959 682	-1.443 582	0.159 6
Z4	1.222 327	6.299 495	0.194 036	0.847 5
R-squared	0.001 397	Mean dependent var		-2.710 671
Adjusted R-squared	-0.033 141	S. D. dependent var		10.201 98
S. E. of regression	10.369 66	Akaike info criterion		7.577 987
Sum squared resid	3 118.366	Schwarz criterion		7.670 502
Log likelihood	-115.458 8	Hannan-Quinn criter		7.608 144
F-statistic	0.037 650	Durbin-Watson stat		2.156 881
Prob（F-statistic）	0.847 501			

由表 8.15 分析可知，Z4 的系数 β4 的 t 值较低，伴随概率较高，模型的整体拟合优度较低，因此是否国有控股和上市公司财务状况之间可以视为无线性关系。

(5) F 与 Z5 回归分析。

表 8.16　F 和 Z5 回归结果

Variable	Coefficient	Std. Error	t-Statistic	Prob.
C	-19.423 07	5.870 555	-3.308 558	0.002 5
Z5	0.207 770	0.070 104	2.963 749	0.006 0
R-squared	0.232 475	Mean dependent var		-2.710 671
Adjusted R-squared	0.206 009	S. D. dependent var		10.201 98
S. E. of regression	9.090 597	Akaike info criterion		7.314 699
Sum squared resid	2 396.530	Schwarz criterion		7.407 214
Log likeihood	-111.377 8	Hannan-Quinn criter		7.344 857
F-statistic	8.783 807	Durbin-Watson stat		2.537 436
Prob（F-statistic）	0.006 019			

由表 8.16 分析可知，Z5 的回归系数为 0.07，其伴随概率为 0.006，小于 5%的显著性要求，因此可以得出结论，股权的流通性与公司的财务业绩之间存在着一定的正相关性。同时，模型的拟合优度为 0.232 4，较之 Z1、Z2，模型的拟合优度有所上升，但总体可拟合优度不高，因此股权的流通性对公司财务状况有一定的影响。

(6) 分析结论评述。一元回归模型的结构显示，H1 指数、H5 指数对上市公司的财务存在负相关的影响，即股权相对集中时，公司的财务状况恶化；股权相对分散时，公司财务状况转优。但是 H1 指数、H5 指数对公司财务状况的整体影响并不明显，说明我国股权分置改革收到一定成效，上市公司一股独大的局面有所改善。

A 股流通股比例与上市公司财务状况之间存在显著的正相关影响，并且其对模型整体的显著性影响有所提升，说明上市公司在经过股权改革之后，股权的流通性有所加强。同时，是否国有控股与公司财务状况之间无显著影响关系，说明股权分置改革前国有股一股独大的局面有所改善。

四、结　论

本章研究发现，提高股权的分散程度和加强股权的流通性在一定程度上有助于上市公司改善财务状况，但是影响有限；而是否国有控股和股权制衡这两类变量对上市公司财务状况并不存在显著影响，即制衡的股权结构并不一定有利，国有控股并不一定有害。

本章在以下几个方面提出相应的政策建议：

（一）进一步完善我国资本市场上上市公司信息披露机制

相对于大股东而言，由于资金实力、信息来源等方面的劣势，中小股东仍然处于不利的状态。大股东可以利用自身的优势，在二级市场对股票的价格进行炒作，从而侵犯小股东的权益。对此，要不断加强我国资本市场信息披露机制的规范化，关注会计政策、财务报表的异常现象，加强对非公允关联交易的监管，提高中小股东在公司中的控制力。

（二）继续提高流通股比例，保护流通股投资者利益

我国的股权分置改革已经接近尾声，从已有的数据来看，股权分置改革取得了一定成效。然而在流通股股权比例不断扩大的同时，依旧存在着大股东侵犯流通股股东合法权益的现象。针对上述现象，要加强对上市公司行为的约束，加强对上市公司信息披露的监管，切实保护流动股股东的合法权益。

（三）完善股权结构，适度引入机构投资者

相较于散户而言，机构投资者有着雄厚的资金实力、一流的研究力量、宽广的信息来源。适度地引入规范的机构投资者无论是在抵抗公司财务风险方面，还是在稳定资本市场的价格波动方面，都有着积极的作用。在逐渐扩大机构投资者占股比例的同时，还要加强对机构投资者的监管力度，以防机构投资者利用自身的优势，侵犯公司权益。

（四）股权保持一定量的集中与分散，调动股东的积极性

股权过于集中会导致一股独大及大股东侵犯小股东权益现象的发生；而股权过于分散，则会出现中小股东搭便车、管理决策成本过大的现象。对此，上市公司要保持合理的股权结构，在面临财务危机时，大股东能够挺身而出，帮助企业渡过难关；小股东对公司能够形成一定的控制权，从而切实维护自身的权益，避免大股东的侵犯。

第九章
融资融券对我国股市波动性影响的实证分析

通过对我国融资融券业务开展三年多以来的数据进行实证分析，以探究融资融券波动性与股市波动性之间的关系。在验证数据是平稳的基础上，通过格兰杰因果检验，发现融资买入额是股市波动率的格兰杰原因，而融券量波动率则不是股市波动率的格兰杰原因。定性分析之后，通过 OLS 得出其中的数量关系，进一步说明融资对股市波动性影响较大，融券则影响较小。最后使用 HP 滤波检验，得出股市波动性在融资融券业务开展后呈下降趋势的结论。

一、引　言

（一）研究背景与意义

融资融券交易即买空卖空交易，也称证券信用交易，是指证券交易者买入证券时，只需向证券公司交付一定的保证金，而由证券公司提供融资进行交易，或卖出证券时，只需向证券公司交付一定的证券，而由证券公司提供融券进行交易。融资融券交易是证券市场基础交易制度的重要组成部分，是套利和风险对冲的重要工具，一般来说具有稳定市场、价格发现和提高流动性的功能。

金融市场较为发达的国家和地区融资融券交易已开展得非常广泛，我国也于 2010 年 3 月 31 日启动了融资融券交易。由于我国社会主义市场经济制度的特殊性和金融市场不够发达的自身局限性，股票市场的波动性受政策性因素影响较大，市场中的投机成分也较多，融资融券业务在我国发挥的作用与其他国家相比会存在一定的差异。那么经过多年的发展，我国的融资融券交易是否对股票市场产生了影响,具体又产生了怎样的影响,笔者选取融资融券业务对证券市场波动性的影响作为研究重点。

(二)研究方法与思路

为了能够反映随着融资融券业务不断发展,融资融券业务和股市波动性的动态关系,本章采用实证分析的方法将定性与定量分析相结合,分两个阶段研究融资融券业务和股市波动性之间的关系。具体采取以下研究方法:选用每日融资买入额波动率、每日融券卖出量波动率、上证综指日波动率作为变量,进行 ADF 检验、Granger 因果检验以及 OLS 估计来分析变量之间的关系,随后使用 HP 滤波检验来判断股市波动性的趋势,最后讨论实证分析结果并给出结论。

二、文献综述

在金融市场发达的国家,融资融券几乎和证券市场的建立同时产生,针对融资融券与股市波动性的动态关系研究的文献众多,随着研究时间段的不同、数据选取的差异以及研究方法的不同,研究的结论也存在很多差异。相对来说,我国推出融资融券交易时间较短,在研究文献方面,要么停留在理论分析阶段,要么针对中国香港或台湾地区市场的数据进行研究,并推及沪深市场。

(一)国外文献研究

美国、日本等金融市场较为发达的国家开展融资融券业务的历史悠久,学者研究融资融券对股市波动性影响的研究成果也很多,但得出的观点并不一致。主要有以下三种,一是融资融券会加剧股市短期的波动,起到助涨助跌的作用;二是融资融券与股市波动性并不存在相关性;三是融券会降低股市波动性,起到稳定市场的作用。Bogen 和 Krooss(1960)用"金字塔-倒金字塔效应"来阐明融资融券加剧股市短期波动的机理:投资者在股价上升时的融资买空行为增加股票需求,使得股票价格上涨;股价下跌时的融券卖空行为则会让市场雪上加霜,促使股价进一步下跌。Conrad 和 Jennifer(1994)通过对 NYSE、Amex 和 OTC 市场的研究,发现融券卖出和股价之间的正向关系不明显,投资者不能通过融券卖出操作获得超额收益,但投资者在市场上升趋势中增加融券交易和在下降趋势中减少融券交易的行为,对于提高股市的稳定性有一定作用。

(二) 国内文献研究

我国推出融资融券交易的时间较短，虽然理论研究的文献较多，但在实证研究方面，很多学者则通过研究我国台湾或者香港地区证券市场，对内地证券市场融资融券业务给出建议。廖士光、杨朝军（2004）采取协整检验和 Granger 因果检验，证明了中国台湾地区股市融券机制与股票价格间的关系，发现卖空交易额与加权指数之间存在长期稳定的协整关系，融券机制并未加剧证券市场的波动。蔡笑（2010）选取中国台湾地区融资融券作为研究对象，分别实证分析了融资交易和融券交易对股市波动性的影响。陈伟（2011）采用 ADF 检验、协整检验和 Granger 因果检验分析香港地区市场数据，发现融券交易在一定程度上具有稳定市场的功能。龚红霞（2010）同样研究了香港地区证券市场，将融资融券额作为虚拟变量引入 ARCH 模型，研究二者对股市波动性的影响，得出了融资融券会降低股市波动性的结论。唐艳（2012）通过实证分析还发现当前我国股市指数波动的影响原因几乎都来自自身的惯性冲击，这种惯性冲击大多是因为宏观、中观、微观的外界因素带给股市的持续波动，而融资融券业务对股市的波动影响很小。王圣（2012）分析归纳国内外理论得出融资融券具有稳定市场价格、完善价格发现的功能，虽然短期内会助涨助跌，但长期看则会稳定市场。于孝建（2012）认为我国股市推出融券交易在一定程度上还是抑制了股市的波动性，由于融券交易的规模还不大，股市波动性指标的减小，是否一定是融券交易所致，还需深入分析。夏丹和邓梅（2011）通过实证分析发现，市场表现是融资融券的先行指标，同时融资融券对股市波动性和流动性有显著影响，融资会显著增加市场波动性，融券会降低市场波动性。

(三) 文献评述与研究特点

上述专家学者从不同角度分析了不同地区融资融券对股市波动性造成的不同影响，并且给出了解释或数据依据，由于金融市场制度、融资融券发展时间以及研究方法的不同，对于融资融券与股市波动性之间有何关系没有一个定论。

本章与以往文献研究的不同之处在于：第一，本章根据标的证券数量的不同，分阶段对比研究融资融券和股市波动性的关系，希望能够发现融资融券对股市波动性影响的变化过程；第二，本章对融资融券额做了波动率处理，有别于直接采取融资融券每日交易额或是余额，波动率处理后避免了融资融券额数据不平稳的缺陷，同时将融资融券数据与股市波动性数据统一到一个数量级，以便于得到更好的拟合关系方程；第三，本章采用股市波动性的日内波动率数据，与许多文献采取的收益率对数指标代表波动性不同，日内波动率数据针对最近三年相对低迷的市场可以抽离部分市场下跌因素，专注于研究波动性指标，同时与日内融资融券业务造成的影响形成更好的对应。

三、数据来源和研究方法

国内外学者针对融资融券业务和股票市场波动率的研究文献表明，不同的数据区间、数据指标以及模型的采用往往会得到不同的结论，因此首先对本章的研究数据以及研究方法进行具体阐述。

（一）数据来源

1. 数据选取

样本数据区间分为两段，即2010年5月4日至2011年12月2日共387个交易日，以及2011年12月5日至2013年2月28日，共298个交易日。

具体的研究变量，包括股票市场波动性指标（VOL）、融资买入额波动性指标（MVOL）、融券卖出额波动性指标（SVOL），数据均来源于上海证券交易所，并通过进一步计算处理所得。

数据均采用日数据，希望通过高频的日数据分析，能够取得更加普遍、有说服力的研究结果。

2. 数据说明

（1）样本数据区间。本章选取2010年5月4日到2013年2月28日为样本区间，共685个交易日。融资融券业务在我国证券市场尚处于初步发展阶段，试点证券的数量也在不断扩大中，根据上海证券交易所可供融资融券的标的股票数量，可分为三个阶段：2010年3月31日，共有50只标的股票可供融资融券；2011年12月5日范围扩大为参照上证180指数成分股的180只股票；2013年1月31日标的股票数量进一步增加至300只。

本章的实证分析中将整个样本分为两个阶段进行研究。第一个阶段是2010年5月4日至2011年12月2日，共387个交易日，剔除了融资融券业务第一个月的数据，原因在于融资融券业务刚开展时由于投资者的不熟悉，第一个月常发生融券卖出量为0的情况，将影响后面的实证计算和分析。第二个阶段是2011年12月5日至2013年2月28日，共298个交易日,因为融资融券标的增加至 300 只股票后样本个数较少,将其同 180 只股票合并成一个阶段进行分析,可使区间样本数量较大,分析结果更加可靠,并且与第一个阶段样本数量相当,避免数据的不对称性。

(2) 股票市场波动性指标(VOL)。现有研究文献多数采用市场指数的月内标准差来衡量股票市场的波动性,由于笔者采用的是日度数据,因此拟采用上证综合指数的日波率(价格波幅)来反映市场波动性水平。具体计算公式为:

$$VOL = \frac{P_t^H - P_t^L}{(P_t^H + P_t^L)/2}$$

其中,P_t^H 表示上证综指第 t 日的最高价格指数;P_t^L 表示上证综指第 t 日的最低价格指数。

(3) 融资买入额和融券卖出量的波动性指标。本研究区别于其他研究中采用的月度数据,选择采用的是日度数据,融资买入额波动性指标记作 MVOL,融券卖出量波动性指标记作 SVOL。由于每日的融资买入额与融券卖出量均为时期数,无法进行日内比较,因此采取与前一交易日比较的方式,即 $MVOL = \frac{MP_t}{MP_{t-1}}$,其中 MP_t 表示上海证券交易所第 t 日的融资买入额;$SVOL = \frac{SP_t}{SP_{t-1}}$,其中 SP_t 表示上海证券交易所第 t 日融券卖出量。选择波动性指标而不直接选取每日融资买入额与融券卖出量的原因:买入额与卖出量同市场波动性指标相比数据不在同一个量级;在样本区间内,融资买入额与融券卖出量的变化幅度巨大,难以通过科学计数法统一到一个数量级(由图 9.1、图 9.2 纵坐标单位比较可知);融资买入额单位为元,融券卖出量则直接统计数字,不存在单位,不适合一起进行分析。

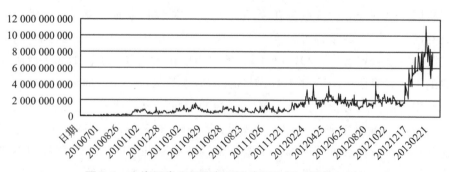

图 9.1 上海证券交易所每日融资买入额(单位:元)

数据来源:上海证券交易所。

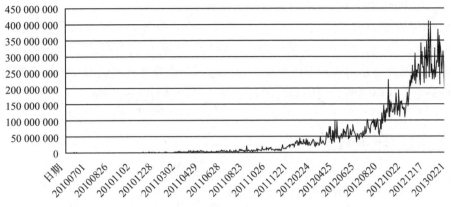

图 9.2　上海证券交易所每日融券卖出量（单位：元）

数据来源：上海证券交易所。

（二）研究方法

本章采用以 2010 年 5 月 4 日到 2013 年 2 月 28 日为样本区间的日数据，首先对时间序列数据的三个变量分别进行 ADF 单位根检验，在确定变量平稳的前提下对变量之间的关系进行格兰杰因果检验，随后结合因果关系得出拟合方程，最后研究波动的趋势性。

1. ADF 检验

为了避免"伪回归"，保证回归结果的无偏性和有效性，通常需要对时间序列数据进行平稳性检验，检验方法一般有 DF 检验、PP 检验和 ADF 检验。此处首先采用最普遍的 ADF 检验，对三个变量的时间序列进行平稳性检验，以判断能否进行下一步的实证检验。

2. Granger 因果检验

如果 X 和 Y 是两个时间序列变量，而且变量 Y 的过去值显著有助于预测变量 X 的值，那么就说 Y 是 X 的格兰杰原因，反之则不是。由于研究的三个变量都是平稳的时间序列数据，因此可以直接进行 Granger 因果检验，不会产生"伪回归"问题，Granger 因果检验从定性的角度研究了融资融券与股市波动性之间的关系。

3. OLS 估计

通过 OLS 估计寻找变量间关系系数的估计值，并使得离差平方和达到极小，可以拟合出股市波动率由融资买入量波动率和融券卖出量波动率所表示的估计方程，进一步定量分析股市波动率受融资融券波动率影响的程度，对比在不同阶段出现的不同影响程度，并分析其原因。

4. Hood Rick-Prescott（HP）滤波检验

HP 滤波是检验序列组成成分中的长期趋势成分的主要方法，由于波动性样本容量大，且经过 ARCH 族尝试检验，无法直观判断波动性趋势以及变化，因此本章将采取 HP 滤波来判断融资融券业务开展后股市波动性趋势的变化，从而判断融资融券对股市波动性呈何种方向的影响。

四、实证分析

（一）ADF 平稳性检验

对于金融时间序列，在运用计量经济模型做实证研究时，首先要检验时间序列的平稳性，然后再根据序列的平稳性检验结果来选择不同的计量方法展开研究。本章将首先对各变量进行单位根 ADF 检验，然后再根据各变量序列的平稳性选择计量方法和模型。

在进行单位根 ADF 检验时，要根据数据图形选取适当的带截距项和趋势项的模型，并且使用 AIC 信息准则确定最合适的滞后阶数。检验结果如表 9.1 和表 9.2。

1. 第一阶段（2010 年 5 月 4 日至 2011 年 12 月 2 日）ADF 检验（参考图 9.3）

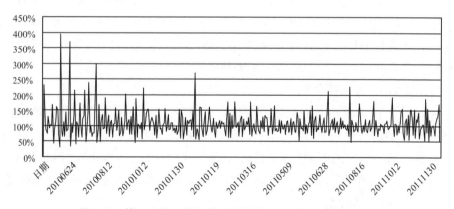

图 9.3　第一阶段上海证券交易所每日融资买入额波动率

数据来源：上海证券交易所。

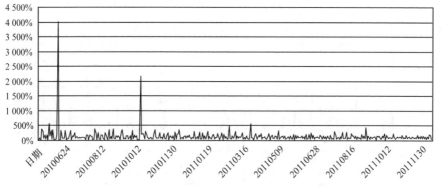

图 9.4　第一阶段上海证券交易所每日融券卖出量波动率

数据来源：上海证券交易所。

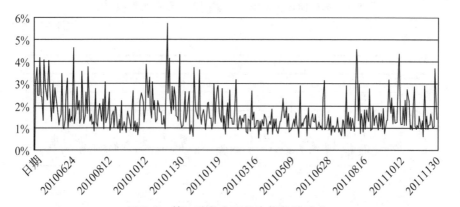

图 9.5　第一阶段上证综合指数波动率

数据来源：上海证券交易所。

表 9.1　第一阶段单位根 ADF 检验结果

原序列	检验形式	t-Statistic	1% level	5% level	Prob	检验结果	结论
MVOL	(c, 0, 16)	−19.066 37	−3.447 125	−2.868 829	0.000 0	拒绝原假设	序列平稳
SVOL	(c, 0, 16)	−20.531 55	−3.447 080	−2.868 809	0.000 0	拒绝原假设	序列平稳
VOL	(c, 0, 16)	−16.087 78	−3.447 080	−2.868 809	0.000 0	拒绝原假设	序列平稳

注：1. 检验形式（C，T，L）中，C、T、L 分别代表常数项、时间趋势项和滞后项。

2. 根据图 9.3 至图 9.5 观察，三个变量均含常数项，不包含时间趋势项。

3. 最佳滞后阶数的选择根据 AIC 和 SIC 信息准则确定，当 AIC 和 SC 同时最小时选择为最佳滞后阶数；如果不是同时最小，根据 LR 最优似然函数值确定，LR 的值越大，则滞后阶数越佳。

4. ADF 的临界值来自软件 EVIEWS6.0。

2. 第二阶段（2011年12月5日至2013年2月28日）ADF检验（参考图9.6）

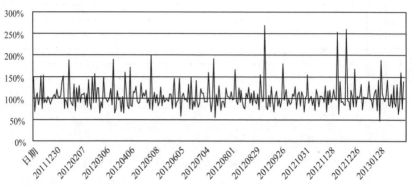

图9.6 第二阶段上海证券交易所每日融资买入额波动率

数据来源：上海证券交易所。

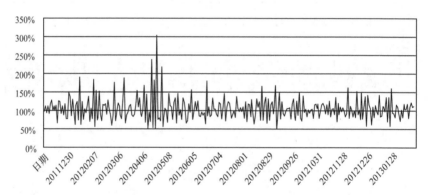

图9.7 第二阶段上海证券交易所每日融券卖出量波动率

数据来源：上海证券交易所。

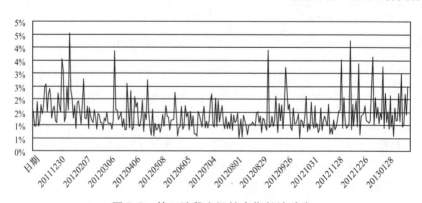

图9.8 第二阶段上证综合指数波动率

数据来源：上海证券交易所。

表 9.2　第二阶段单位根 ADF 检验

原序列	检验形式	t-Statistic	1% level	5% level	Prob	检验结果	结论
MVOL	(c, 0, 14)	-13.456 52	-3.452 366	-2.871 128	0.000 0	拒绝原假设	序列平稳
SVOL	(c, 0, 15)	-14.756 86	-3.446 162	-2.868 405	0.000 0	拒绝原假设	序列平稳
VOL	(c, 0, 15)	-16.266 00	-3.452 215	-2.871 061	0.000 0	拒绝原假设	序列平稳

注：1. 检验形式（C，T，N）中，C、T、L 分别代表常数项、时间趋势项和滞后项。

2. 根据图 9.6 至图 9.8 观察，三个变量均含常数项，不包含时间趋势项。

3. 最佳滞后阶数根据 AIC 和 SIC 信息准则确定，当 AIC 和 SC 同时最小时选择为最佳滞后阶数；如果不是同时最小，根据 LR 最优似然函数值确定，LR 的值越大，则滞后阶数越佳。

4. ADF 的临界值来自软件 EVIEWS6.0。

检验结果分析：

表 9.1 和表 9.2 显示，不论在上海证券交易所允许融资融券标的股票个数为 50 只的第一阶段，还是在标的股票范围扩大后的第二阶段，三个变量的 ADF 值检验结果 P 值均很显著，拒绝原假设，原序列均平稳。平稳的时序序列可直接采用，不需要进行差分处理，可进行下一步 Granger 因果检验。

（二）Granger 因果检验

1. 第一阶段 Granger 因果检验

表 9.3　融资买入额波动性与上证指数波动性的 Granger 因果检验

Null Hypothesis	Lags	F-Statistic	Prob.	检验结果
MVOL does not Granger Cause VOL	1	2.633 74	0.105 4	接受原假设
VOL does not Granger Cause MVOL	1	0.268 23	0.604 8	接受原假设
MVOL does not Granger Cause VOL	2	4.349 29	0.013 6	拒绝原假设
VOL does not Granger Cause MVOL	2	1.211 18	0.299 0	接受原假设
MVOL does not Granger Cause VOL	3	4.965 39	0.002 2	拒绝原假设
VOL does not Granger Cause MVOL	3	0.703 87	0.550 2	接受原假设
MVOL does not Granger Cause VOL	4	2.921 81	0.021 1	拒绝原假设
VOL does not Granger Cause MVOL	4	1.788 34	0.130 5	接受原假设

表 9.4　融券卖出量波动性与上证指数波动性的 Granger 因果检验

Null Hypothesis	Lags	F-Statistic	Prob.	检验结果
SVOL does not Granger Cause VOL	1	1.121 32	0.290 3	接受原假设
VOL does not Granger Cause SVOL	1	0.581 66	0.446 1	接受原假设
SVOL does not Granger Cause VOL	2	1.190 81	0.305 1	接受原假设
VOL does not Granger Cause SVOL	2	1.224 69	0.295 0	接受原假设
SVOL does not Granger Cause VOL	3	0.971 78	0.406 0	接受原假设
VOL does not Granger Cause SVOL	3	1.101 95	0.348 2	接受原假设
SVOL does not Granger Cause VOL	4	0.965 79	0.426 2	接受原假设
VOL does not Granger Cause SVOL	4	0.818 83	0.513 7	接受原假设

表 9.3 显示，在 5% 的显著性水平下，第一阶段只存在融资买入额波动性与上证指数波动性的 Granger 因果关系，却没有上证指数波动性与融资买入额波动性的 Granger 因果关系。就此，可以得出初步结论，融资业务会单向影响股市波动性。

表 9.4 显示，在 1% 和 5% 的置信水平下融券卖出量波动性与上证指数波动性相互之间不存在 Granger 因果关系。通过图 9.9 可以看出，与融资业务量相比，融券业务量很小，根据计算，每日融券余额平均仅为融资余额的 1.341 78%。融券业务的不够发达是造成其对上证指数波动性影响不大的原因之一。

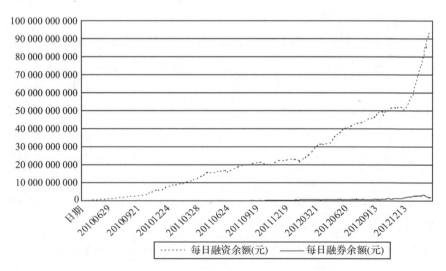

图 9.9　每日融资余额与融券余额对比图

数据来源：上海证券交易所。

2. 第二阶段 Granger 因果检验

表 9.5 融资买入额波动性与上证指数波动性的 Granger 因果检验

Null Hypothesis：	Lags	F-Statistic	Prob.	检验结果
MVOL does not Granger Cause VOL	1	10.628 9	0.001 2	拒绝原假设
VOL does not Granger Cause MVOL	1	1.198 37	0.274 5	接受原假设
MVOL does not Granger Cause VOL	2	6.061 00	0.002 6	拒绝原假设
VOL does not Granger Cause MVOL	2	0.306 08	0.736 6	接受原假设
MVOL does not Granger Cause VOL	3	4.176 60	0.006 5	拒绝原假设
VOL does not Granger Cause MVOL	3	0.171 84	0.915 4	接受原假设
MVOL does not Granger Cause VOL	4	3.113 29	0.015 7	拒绝原假设
VOL does not Granger Cause MVOL	4	0.603 84	0.660 2	接受原假设

表 9.6 融券卖出量波动性与上证指数波动性的 Granger 因果检验

Null Hypothesis：	Lags	F-Statistic	Prob.	检验结果
SVOL does not Granger Cause VOL	1	1.870 49	0.172 5	接受原假设
VOL does not Granger Cause SVOL	1	3.245 32	0.072 7	接受原假设
SVOL does not Granger Cause VOL	2	1.167 87	0.312 5	接受原假设
VOL does not Granger Cause SVOL	2	1.702 23	0.184 1	接受原假设
SVOL does not Granger Cause VOL	3	1.197 72	0.310 9	接受原假设
VOL does not Granger Cause SVOL	3	0.670 95	0.570 5	接受原假设
SVOL does not Granger Cause VOL	4	0.723 94	0.576 2	接受原假设
VOL does not Granger Cause SVOL	4	0.760 23	0.551 9	接受原假设

在融资融券业务进一步开展后，表 9.5 中融资买入额波动性对股市波动性 Granger 因果检验的 F 统计量相比表 9.3 在 2、3、4 阶都有显著提升，因此 P 值也都缩小，可得出初步结论，随着融资业务的发展，其对股市波动性的影响越来越大。

表 9.6 则显示，融券业务同第一阶段相同，与股市波动性不存在因果关系。通过图 9.9 中融券余量金额的变化趋势也可以看出，在融资业务发展迅猛的同时，融券业务发展较为缓慢。

Granger 因果检验得出的只是变量之间是否存在互相影响，但不能直观了解影响的程度，因此下一步将采取 OLS 估计方法来定量分析相关系数。

（三）OLS 估计

1. 第一阶段 OLS 估计

表 9.7　第一阶段不同滞后阶数下 OLS 估计的统计值

指标	滞后阶数	滞后 0 阶	滞后 1 阶	滞后 2 阶
MVOL	Coefficient	0.007 846	5.46E-05	−0.001 422
MVOL	Std. Error	0.000 912	0.001 003	0.001 001
MVOL	t-Statistic	8.598 807	0.054 427	−1.420 312
MVOL	Prob.	0.000 0	0.956 6	0.156 3
SVOL	Coefficient	0.000 436	0.000 282	0.000 259
SVOL	Std. Error	0.000 160	0.000 175	0.000 174
SVOL	t-Statistic	2.727 897	1.608 912	1.483 039
SVOL	Prob.	0.006 7	0.108 5	0.138 9
C	Coefficient	0.007 562	0.016 156	0.017 732
C	Std. Error	0.001 061	0.001 167	0.001 163
C	t-Statistic	7.129 854	13.847 55	15.243 13
C	Prob.	0.000 0	0.000 0	0.000 0
R-squared		0.180 074	0.006 767	0.010 350
Adjusted R-squared		0.175 803	0.001 581	0.005 168
S. E. of regression		0.007 533	0.008 259	0.008 223
Sum squared resid		0.021 792	0.026 124	0.025 827
Log likelihood		1 344.201	1 305.229	1 303.550
F-statistic		42.167 34	1.304 766	1.997 463
Prob（F-statistic）		0.000 000	0.272 439	0.137 094
Mean dependent var		0.016 566	0.016 609	0.016 572
S. D. dependent var		0.008 298	0.008 265	0.008 244
Akaike info criterion		−6.931 273	−6.747 302	−6.756 102
Schwarz criterion		−6.900 588	−6.716 557	−6.725 297
Hannan-Quinn criter.		−6.919 106	−6.735 110	−6.743 884
Durbin-Watson stat		1.514 905	1.605 187	1.603 078

　　通过对比可以发现，相比滞后 1 阶以及 2 阶的方程，在无滞后阶数的 OLS 估计方程中，方程的 F 检验值较大，R 也较大，MVOL 和 SVOL 的 t 检验值均通过检验，方程的 F 检验值也很大；R-squared 值较小，由于影响股市波动率的因素很多，融资融券难以完全解释股市的波动，因此 R-squared 值较小也是情理之中的，同时回归的目的是检验变量之间的关系而非做预测，R-squared 较小影响不大。根据以上检验值，可以认为 OLS 估计结果是有效的。

　　因此可写出 OLS 估计方程：

$$VOL = 0.007\,845\,938\,870\,09 \times MVOL + 0.000\,435\,723\,769\,293 \times SVOL$$
$$+ 0.007\,561\,829\,389\,23$$

观察方程系数可以发现，MVOL 的系数值相对 SVOL 系数值较大，从图 9.3 和图 9.4 可以发现这并不是因为两者数量级不同造成的，而在同一时刻 SVOL 的值往往大于 MVOL 的值，同时 SVOL 的 t 检验值也不够大。根据上述分析，可得出融资买入额的波动率对股市波动率的影响大于融券卖出量波动率的影响，这与 Granger 因果检验中得出的融资业务是股市波动率的 Granger 原因，而融券业务不是股市波动率的 Granger 原因这一结论也是相符合的。

2. 第二阶段 OLS 估计

表 9.8　第二阶段不同滞后阶数下 OLS 估计的统计值

指标	滞后阶数	滞后 0 阶	滞后 1 阶	滞后 2 阶
MVOL	Coefficient	0.011 769	-0.002 554	-0.000 278
	Std. Error	0.001 089	0.001 442	0.001 456
	t-Statistic	10.810 25	-1.770 565	-0.190 950
	Prob.	0.000 0	0.077 7	0.848 7
SVOL	Coefficient	0.004 161	0.000 178	0.000 226
	Std. Error	0.001 058	0.001 399	0.001 410
	t-Statistic	3.932 944	0.127 427	0.160 076
	Prob.	0.000 1	0.108 5	0.872 9
C	Coefficient	-0.002 801	0.016 156	0.013 912
	Std. Error	0.001 180	0.001 167	0.001 573
	t-Statistic	-2.374 016	13.847 55	8.844 053
	Prob.	0.018 2	0.898 7	0.000 0
R-squared		0.433 047	0.012 820	0.000 145
Adjusted R-squared		0.429 203	0.006 104	-0.006 680
S. E. of regression		0.004 915	0.006 496	0.006 544
Sum squared resid		0.007 126	0.012 406	0.012 546
Log likelihood		1 162.676	1 075.941	1 070.168
F-statistic		112.662 6	1.908 982	0.021 238
Prob（F-statistic）		0.000 000	0.150 064	0.978 987
Mean dependent var		0.013 848	0.013 844	0.013 859
S. D. dependent var		0.006 505	0.006 516	0.006 522
Akaike info criterion		-7.783 060	-7.225 189	-7.210 596
Schwarz criterion		-7.745 8 41	-7.187 879	-7.173 193
Hannan-Quinn criter.		-7.768 162	-7.210 253	-7.195 620
Durbin-Watson stat		1.440 817	1.758 820	1.893 920

第二阶段的 OLS 估计中，与第一阶段相同，相比滞后 1 阶和 2 阶的方程，无滞后阶数的 OLS 估计方程中，方程的 F 检验值较大，R 也较大，MVOL 和 SVOL 的 t 检验值均通过检验，方程的 F 检验值也很大；R-squared 值相比第一阶段有一定的提升，可以推测随着融资融券业务的进一步发展，其对股市波动率的影响逐渐扩大。根据以上检验值，可以认为第二阶段的 OLS 估计结果也是有效的。

因此可写出 OLS 估计方程：

VOL = 0.0117 688 365 87 × MVOL + 0.004 160 820 077 18 × SVOL − 0.002 801 255 485 25

观察方程系数并与第一阶段对比可以发现，MVOL 的系数值仍旧比 SVOL 系数值大，但是相差的程度远小于第一阶段，SVOL 的 t 检验值相比第一阶段也有所变大，可得出融券卖出量的影响逐渐扩大的结论。

从以上的 ADF 检验、Granger 因果检验、OLS 估计可以得出融资买入额的波动率会影响股市波动率，融券卖出量的波动率对股市波动率的影响则不明显的结论。但是暂时还不能判断股市波动率在推出融资融券业务后自身是如何变动的。由于希望能够判断股市波动率是扩大还是缩小，即波动率的趋势性，因此下一步将采取 HP 滤波检验。

（四）HP 滤波检验

在 HP 滤波检验过程中，需要观测的是股市波动率的整体趋势，因此将不再分第一阶段和第二阶段，而是对整个样本区间进行检验，更加便于观察并得出结论。

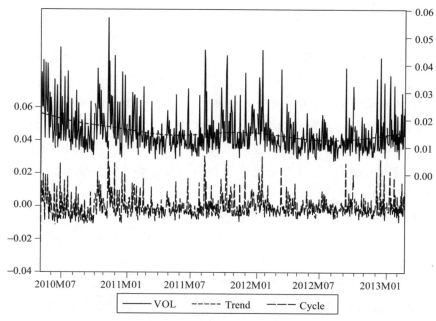

图 9.10　上证综合指数 HP 滤波检验

资料来源：上海证券市场网站。

如图 9.10 所示，由滤波检验可以观测出，上证综合指数波动率的趋势项在样本区间内整体有逐步减小的趋势，但在两个区间段内，即 2011 年 6 月至 2011 年 10 月和 2012 年 10 月至 2013 年 2 月波动率分别呈上升趋势。由于股市波动性受到众多因素影响，特别是中国股市受政策性因素的影响很大，波动率的阶段性上升趋势是可以被解释的。

根据上证综合指数波动率在融资融券推出后整体呈下降趋势，并结合之前的 Granger 因果检验、OLS 估计，可以得出融资融券业务的推出使得股市波动率下降，对维持股市稳定具有一定的作用。

五、结　论

本章旨在检验融资融券业务与股票市场波动性之间的动态关系，选取融资融券业务和股票市场每日的波动率进行考察，通过进行单位根检验、Granger 因果检验、OLS 估计模型以及 HP 滤波检验进行全面详细的实证研究，清楚地从定量和定性两个角度揭示了融资融券业务对股票市场波动性的影响，并据此给出一定的政策性建议。

(一) 本章结论

1. 融资业务对股市波动性有显著影响，呈正相关且影响逐步变大

由 Granger 因果检验、OLS 估计模型可以得出，融资业务对股市波动性有显著影响，融资同市场波动性呈正向相关，通过 Granger 检验的分析，发现融资买入额的波动率单向影响股市波动率，股市波动性并不会影响融资业务的波动性。随着融资融券业务的开展中，第二阶段 OLS 估计模型中，融资买入额波动率对股市影响越来越大。在证明了两者具有显著关系的基础上，有理由相信，融资业务已成为影响股市波动性的关键因素之一，一定程度上达到了推出融资业务的预期效果。

2. 融券业务量小，对股市波动性没有显著影响

截至 2013 年 2 月 28 日，我国融资融券业务中融资余量金额为 948.14 亿元，融券余量金额仅为 21.05 亿元，融资业务一直是融资融券市场的主力军，融券的作用未能充分发挥。即使在将每日融资买入额和融券卖出量的数据经过处理得出波动率后，在数据统一于一个数量级的前提下，经过 Granger 因果检验分析，融券业务对股市波动率的影响依然很小，融券卖出量变动率的 OLS 系数相比融资买入额变动率的系数也小很多。融券的交易金额与实证检验结果同时证明，融券业务对股市波动性影响不大，尚未完全发挥出其完善市场交易与盈利机制，提高市场稳定性的作用。

3. 随着融资融券业务的发展，股市波动性呈下降趋势

根据 HP 滤波检验分析，股市的波动率伴随着融资融券业务的开展呈下降趋势，结合因果检验与估计方程揭示的融资融券与波动性的内在联系，有理由相信融资业务有助于完善股价形成机制，对市场波动起着缓冲器作用。同时也该注意到波动性出现的阶段性上升，这是由于股市受到众多因素影响造成的，说明融资融券业务对股市波动性来说只是影响性因素，不是决定性因素。

(二) 政策建议

1. 稳步发展融资业务，发挥其影响股市波动性的作用

融资交易是市场上最活跃、最能发掘市场机会的活动，实证分析也表明融资交易对市场影响程度显著。融资融券的引入也为投资者提供了新的盈利模式，使得投资者能使用杠杆获利。但杠杆因素也使得风险放大了，为了避免短期可能出现的价格剧烈波动现象，《上海证券交易所融资融券交易实施细则》中已经设置了当融资余额达到该证券上市可流通市值的 25%

时，则暂停该标的证券的融资买入，以避免出现过度融资的行为。鉴于融资业务发展迅速，现有法规也较为完善地控制了融资风险，保持市场运行的自然选择更加有利于发挥融资对市场稳定性的影响。市场短期的波动性通过融资业务是很难解决的，我国证券市场受到政策影响较大是难以改变的现状，融券业务所能起到的是完善市场长期交易机制的作用。

2. 多角度促进融券业务，完善市场交易机制

要解决融券卖出量少、与融资业务相比发展不均衡的问题，应通过多个角度促进融券业务的发展。首要的是培养投资者做空的投资理念和意识，改变多年来单边市场形成的定向思维。但仅仅培养投资者的做空意识是不够的，更加需要的是完善市场交易机制，完善做空渠道。

3. 将融资融券作为信用交易的有效组成部分，使其起到市场缓冲器作用

由于证券的供给有确定的数量，其本身没有替代品，如果股票市场仅限于现货交易，那么市场将呈现单方向运行，在供求失衡时，股价必然会涨跌不定，甚至暴涨暴跌。但是信用交易和现货交易互相配合之后，可以增加股票供求的弹性，当股价过度上涨时，卖空者预期股价会下跌，便提前融券卖出，增加了股票的供应，现货持有者也不致继续抬价，或趁高出手，从而使市场不至于失去理性；当股价真的下跌之后，卖空者需要补进，增加了购买需求，从而又将股价拉了回来，卖空交易同样发挥了市场缓冲器的作用。融资融券作为信用交易的重要组成部分，起到了缓冲器的作用，伴随着股指期货市场的成熟，两者对股市的稳定性起到了相辅相成的作用。

参考文献

[1] Balkin,D. B. Compensation strategies in high technology[J]. *Personnel Psychology*, 1984(37):635-650.

[2] Scott, J. T. & G. Pascoe. Purposive diversification of R&D in manufacturing[J]. *Journal of Industrial Economics*, 1987(36):193-205.

[3] Henderson, R. & L. Cockburn. Measuring competence? Exploring firm effects in pharmaceautical research, special issue[J]. *Strategic Management Journal*, 1994(15):63-84.

[4] Cohen, W. M. & S. Klepper. A reprise of sizeand R&D[J]. *The Economic Journal*, 1996,106(2):925-951.

[5] Fransman,M. & K. King(eds.). *Technological Capability in the Third World*[M]. London:Macmillan,1984.

[6] Miles, R. E. & C. C. Snow. *Qrganizational Strategy, Structure and Process*[M]. New York:McGraw-Hill,1978.

[7] Brownell,P. & M. Mclnnes. Budgetary participation, motivation, and managerial performance[J]. *The Accounting Review*, 1986(4):163-179.

[8] Young, M. Participative budgeting:The effects of risk-aversion and asymmetric information on budgetary slack[J]. *Journal of Accounting Research*, 1985(3):829-842.

[9] Chow,C., J. Cooper & W. Waller. Participative budgeting:Effects of a truth-inducing pay scheme and information asymmetry on slack and performance[J]. *The Accounting Review*, 1988(1):111-122.

[10] Wabb,R. A. The impact of reputation and variance investigations on the creation of budget slack[J]. *Accounting, Organization and Society*, 2002(27):361-378.

[11] Fisher,J. G. et al. Using budgets for performance evaluation:Effects of resource allocation and horizontal information asymmetry on budget proposal, budget slack, and performance[J]. *The Accounting Review*, 2002(4):847-865.

[12] Hopwood, A. An empirical study of the role of accounting data in performance evaluation[J]. *Journal of Accounting Research*, 1972(10):82-156.

[13] Otley, D. T. Management control in contemporary organization: Towards a wider framework[J]. *Management Accounting Research*, 1994(8):107-132.

[14] Jacob, G. B., D. S. Michael & S. M. Young. The case for multiple methods in empirical management accounting research (with an illustration from budget setting) [J]. *Journal of Management Accounting Research*, 1990, 2(fall):33-66.

[15] Abernethy, M. & P. Brownell. The role of budgets in organizations facing strategic change: An exploratory study[J]. *Accounting, Organizations and Society*, 1999(24):189-204.

[16] Nilsson, F. Parenting styles and value creation: A management control approach [J]. *Management Accounting Research*, 2000(11):89-112.

[17] Mclemore, I. The new frontier in budget[J]. *Controller Management*, 1997(9):43-81.

[18] Kaplan, N. *Strategy Maps*[M]. Boston:Harvard Business School Press, 2004.

[19] Brown, D. E. *RFID Implementation*[M]. New York:McGraw-Hill Osborne Media, 2007.

[20] Tajima, M. Strategic value of RFID in supply chain management[J]. *Journal of Purchasing and Supply Management*, 2007(13):261-273.

[21] Hwang, B. G., Zhao X. B. & Gay M. J. S. Public private partnership projects in Singapore: factors, critical risks and preferred risk allocation from the perspective of contractors [J]. *International Journal of Project Management*, 2013,31(3):424-33.

[22] Song, J. B. et al. Risk identification for PPP waste-to-energy incineration projects in China[J]. *Energy Policy*, 2013(61): 953-962.

[23] Jin, X. H. & Zhang G. Modeling risk allocation in PPP projects using artificial neural networks[J]. *International Journal of Project Management*, 2011,29(5):591-603.

[24] Ke, Y. J. et al. Preferred risk allocation in China's public-private partnership (PPP) projects[J]. *International Journal of Project Management*, 2010,28(5):482-92.

[25] Li, B. et al. The allocation of risk in PPP/PFI construction projects in the UK[J]. *International Journal of Project Management*, 2005,23(1):25-35.

[26] Li, J. & Zou, P. X. W. Fuzzy AHP-based risk assessment methodology for PPP projects [J]. *Journal of Construction Engineering and Management*, 2011, 137 (12):1205-1209.

[27] Medda, F. A game theory approach for the allocation of risks in transport public-private partnerships [J]. *International Journal of Project Management*, 2007, 25 (3):

213 – 218.

[28] Li,S., M. D. Abraham & H. Cai. Infrastructure financing with project bond and credit default swap under public-private partnerships[J]. *International Journal of Project Management*, 2017(35): 406 – 419.

[29] Ferdan,T. et al. A waste-to-energy project: A complex approach towards the assessment of investment risks[J]. *Applied Thermal Engineering*, 2015(89): 1127 – 1136.

[30] Xu,Y. L. et al. Developing a risk assessment model for PPP projects in China—a fuzzy synthetic evaluation approach[J]. *Automation in Construction*, 2010,19(7):929 – 43.

[31] Xu,Y. L. et al. Critical risk factors affecting the implementation of PPP waste-to-energy projects in China[J]. *Applied Energy*, 2015(158):403 – 411.

[32] Li,Y. et al. Waste incineration industry and development policies in China[J]. *Waste Management*, 2015(46): 234 – 241.

[33] Zhao, Xingang et al. Technology, cost, a performance of waste-to-energy incineration industry in China[J]. *Renewable and Sustainable Energy Reviews*, 2016(55): 115 – 130.

[34] Zhao, Xingang et al. Economic analysis of waste-to-energy industry in China[J]. *Waste Management*, 2016(48):604 – 618.

[35] Chen,Z., Yuan,J. & Li,Q. Financing risk analysis and case study of public-private partnerships infrastructure project[J]. *Proceedings of the 20th International Symposium on Advancement of Construction Management and Real Estate*, 2017:405 – 416.

[36] Zou,X., Wang,S. & Fang,D. A life-cycle risk management framework for PPP infrastructure projects[J]. *Journal of Financial Management of Property & Constrnction*, 2008, 13(2):123 – 42.

[37] 傅家骥. 技术创新——中国企业发展之路[M]. 北京:企业管理出版社,1992.

[38] 柳卸林. 技术创新经济学[M]. 北京:中国经济出版社, 1993.

[39] 魏江,许庆瑞. 企业技术能力的概念、结构和评价[J]. 科学学与科学技术管理, 1995,16(9):29 – 33.

[40] 赵晓庆. 技术学习的模式[J]. 科研管理, 2003,24(3): 39 – 44.

[41] 吴添祖,邹钢. 论我国企业核心竞争力的提升与发展[J]. 中国软科学, 2001(8):66 – 69.

[42] 西宝,杨廷双. 企业集成创新:概念、方法与流程[J]. 中国软科学, 2003(6): 72 – 76.

[43] 那军. 美国与亚洲企业间技术创新要素的流动研究[J]. 科学管理研究, 2008, 26(1):1 – 4.

[44] 杨晨,周海林.创新要素向企业集聚的机理初探[J].科技进步与对策,2009, 26(17):89-91.

[45] 张军,金露.企业动态能力形成路径研究基于创新要素及创新层次迁移视角的案例研究[J].科学学研究,2011,29(6):939-948.

[46] 张振刚,张小娟.企业技术创新要素及其关系研究[J].科技进步与对策, 2014,31(3):79-83.

[47] 江永真.我国区域企业创新要素集聚能力评析[J].东南学术,2014(4): 129-137.

[48] Markides, C. & C. D. Charitou. Competing with dual business models: A contingency approach[J]. *Academy of Management Executive*, 2004,18(3):22-36.

[49] Porter, M. E. What is strategy? [J]. *Harvard Business Review*, 1996, November-December:61-78.

[50] Christensen, C. M. *The Innovator's Dilemma: When New Technologies Cause Great Firms to Fail*[M]. Boston: Harvard Business School Press,1997.

[51] Burgelman, R. & L. Sayles. *Inside Corporate Innovation*[M]. New York: Free Press,1986.

[52] Gilbert, C. & J. Bower. Disruptive change: When trying harder is part of the problem[J]. *Harvard Business Review*, 2002, May:94-101.

[53] Day, J. D. et al. The innovative organization: Why new ventures need more than a room of their own[J]. *The McKinsey Quarterly*, 2001,2:21.

[54] Iansiti, M., F. W. McFarlan & G. Westerman. Leveraging the incumbent's advantage[J]. *Sloan Management Review*, 2003, Summer, 44(4):58.

[55] 高闯,关鑫.企业商业模式创新的实现方式与演进机理———一种基于价值链创新的理论解释[J].中国工业经济,2006(11):83-90.

[56] Porter, M. E. *Competitive Strategy*[M]. New York: Free Press,1980.

[57] 原磊.国外商业模式理论研究评介[J].外国经济与管理,2007(10):17-25.

[58] Howells, J. Tacit knowledge, innovation and technology transfer[J]. *Technology Analysis and Strategic Management*,1996,8(2):91-106.

[59] Birkinshaw, J. Upgrading of industry clusters and foreign investment[J]. *International Studies of Management and Organization*,2000,30(2):99-113.

[60] Cantwell, J. A. & L. Piscitello. The location of technological activities of MNCs in European regions: The role of spillovers and local competencies[J]. *Journal of International Management*, 2002,8(1):69-96.

[61] Guimaraes, P., O. Figueiredo & D. Woodward. Agglomeration and the location of

foreign direct investment in portugal[J]. *Journal of Urban Economics*, 2000(47):115-135.

[62] Thompson, E. R. Clustering of foreign direct investment and enhanced technology transfer: Evidence from Hong Kong firms in China[J]. *World Development*, 2002, 30(5): 873-889.

[63] Andersson, U., M. Forsgren & U. Holm. The strategic impact of external network: Subsidiary corporation performance and competency development in the multinational corporation [J]. *Strategic Management Journal*, 2002, 23(1):979-996.

[64] Anderson, G. Industry clustering for economic development [J]. *Economic Development Review*, 1994(12):26-32.

[65] Granovetter, M. Economic action and social structure: The problem of embeddedness [J]. *The American Journal of Sociology*, 1985, 91(3):481-510.

[66] Wang, J. C. & Wang, J. X. An analysis of new tech agglomeration in Beijing: A new industrial district in the making?[J]. *Environment and Planning* A, 1998(30):681-701.

[67] 顾永红. 跨国大企业主导与苏州IT产业集群演进[J]. 上海综合经济, 2004(10):14-19.

[68] 朱华晟. 基于FDI的产业集群发展模式与动力机制——以浙江嘉善木业集群为例[J]. 中国工业经济, 2004(3):106-112.

[69] 魏江. 产业集群——创新系统与技术学习[M]. 北京:科学出版社, 2003.

[70] 李晓钟, 张小蒂. 江浙基于FDI提高区域技术创新能力的比较[J]. 中国工业经济, 2007(12):102-109.

[71] Blomstrom, M. & A. Kokko. Multinational corporations and spillovers[J]. *Journal of Economic Surveys*, 1998(8):247-277.

[72] 吴玉鸣. 中国区域研发、知识溢出与创新的空间计量经济研究[M]. 北京:人民出版社, 2007.

[73] Borensztein, E., J. Gregorio & Lee J-W. How does foreign direct investment affect economic growth?[J]. *Journal of International Economics*, 1998(45):115-135.

[74] 张国良, 陈宏民. 关于组织创新性与创新能力的定义、度量及概念框架[J]. 研究与发展管理, 2007, 19(1):42-50.

[75] Pakes, A. & Zvi Griliches. Patents and R&D at the firm level: A first report[J]. *Economics Letters*, 1980, 5(4):377-381.

[76] 包群, 赖明勇. FDI技术外溢的动态测算及原因解释[J]. 统计研究, 2003(6):33-38.

[77] Temple, J. The new growth evidence [J]. *Journal of Economic Literature*, 1999, March:112-156.

[78] 钱曾玉,赵曙东.外商直接投资类型及其结构变化[J].现代经济探讨,2003(8):31-33.

[79] Cannicea, M. V., R. Chen & J. D. Daniels. Managing international technology transfer risk: A case analysis of U. S. high-technology firms in Asian [J]. Journal of High Technology Management Research, 2003(14):171-187.

[80] Kummerle, W. The drivers of foreign direct investment research and development: An empirical investigation [J]. Journal of International Business Studies, 1999(30):1-24.

[81] 任胜钢.苏州产业集群与跨国公司互动关系的实证分析[J].中国软科学,2005(01):99-106.

[82] 张建华,欧阳轶雯.外商直接投资、技术外溢与经济增长——对广东数据的实证分析[J].经济学,2003,2(3):647-666.

[83] 谭志锋,张霆,柯耀波.RFID 技术在中国服装制造行业的应用与发展[J].广西大学学报,2008,30(S2):233-234.

[84] 王忠敏.EPC 与物联网[M].北京:中国标准出版社,2004.

[85] 何玉华.基于无线射频识别技术的物流供应链改进的探讨[J].人类工效学,2010,16(3):66-69.

[86] 高爱颖,蓝天.日本服装企业信息化中 RFID 物联网技术的应用[J].物流技术,2011,30(4):132-136.

[87] 徐晶晶,任立红,丁永生.基于移动 RFID 的授权销售商监控系统[J].计算机应用研究,2012,29(3):971-973.

[88] 苏军,薛顺利,胡文学.RFID 技术在服装销售中的应用[J].西安工程科技学院学报,2007,21(5):661-664.

[89] 何伟,曾娟芳,魏书楷,等.RFID 技术加盟服装生产信息化管理[J].中国自动化识别技术,2009(6):61-63.

[90] 朱礼华.服装企业供应链管理[J].纺织导报,1993(3):105-106+108.

[91] 易舒.基于 RFID 的食品供应链管理系统[J].物流技术,2008,28(3):102-104.

[92] 董淑华.RFID 技术及其在物流中的应用[J].物流工程与管理,2012,34(7):50-53.

[93] 张翼.RFID 技术实施的效率分析[J].教育教学论坛,2012,(51):186-187.

[94] 袁建州,田建华,周叶丹.RFID 技术与条码技术兼容的图书馆 ATM 机研制[J].物联网技术,2012(8):28-30.

[95] 邬春明,刘杰,耿强,等.ZigBee/RFID 技术在仓储盘点及安防中的应用[J].沈阳大学学报.2012,24(2):66-70.

[96] 隋肇阳,王瑞,曹本霖,等.RFID 技术在城市地下管道综合管理上的应用[J]. 信息化观察,2012(4):44-47.

[97] 汪浩.物联网的触点——RFID 技术及专利的案例应用[M].北京:科学出版社,2010.

[98] 黄玉兰.物联网·射频识别(RFID)核心技术详解[M].北京:人民邮电出版社,2010.

[99] 程曦.RFID 应用指南——面向用户的应用模式、标准、编码及软硬件选择[M]. 北京:电子工业出版社,2011.

[100] Solvay,J. & M. Sanglier. A model of the growth of corporate productivity[J]. International Business Review,1998(7):463-481.

[101] Ghosh,B. The key success factors, distinctive capabilities, and strategic thrusts of top SMEs in Singapore[J]. Journal of Business Research, 2001(51):209-221.

[102] Laitinen,E. K. A dynamic performance measurement system: Evidence from small Finnish technology companies[J]. Scandinavian Journal of Managerment, 2002(18):65-99.

[103] Kruse, J. B. & M. A. Thompson. Valuing low probability risk: Survey and experimental evidence[J]. Journal of Economic Behavior & Organization, 2003(50):495-505.

[104] Kakati, M. Success criteria in high-tech new ventures[J]. Technovation, 2003(23):447-457.

[105] Freel,M. S. & P. J. A. Robson. Small firm innovation, growth and performance: Evidence from Scotland and northern England[J]. International Small Business Journal, 2004(12):561-575.

[106] Gibb,A. & Li,J. Organizing for enterprise in China: What can we learn from the Chinese micro, small, and medium enterprise development experience[J]. Futures, 2003(35):403-421.

[107] Coad,A. & R. Rao. Innovation and firm growth in high-tech sectors: A quantile regression approach [J]. Research Policy, 2008(4):633-648.

[108] Gregory,T. The Economics of A&D Policy[M]. Quorum Books, 1997:155-203.

[109] Solvay,J. & M. Sanglier. A model of the growth of corporate productivity[J]. International Business Review, 1998(7):463-481.

[110] 张祥建,裴峰,徐晋.上市公司核心能力、盈利性与成长性的实证研究——以"中证·亚商上市公司 50 强"为例[J].会计研究,2004(7):72-77.

[111] 毛定祥.基于时序立体数据表的上市公司成长性综合评价[J].上海大学学报(自然科学版),2004,10(6):653-656.

[112] 吕长江,金超,陈英.财务杠杆对公司成长性影响的实证研究[J].财经问题研

究,2006,(3):80-85.

[113] 符林,刘轶芳,迟国泰.上市公司的成长性判定方法与实证研究[J].财经问题研究,2008(6):71-77.

[114] 林瑞富.中小上市企业成长性探析[J].北方经济,2009(6):67-69.

[115] 穆林娟,张力.创业板上市公司成长性影响因子研究[J].求索,2009(6):38-39,66.

[116] 任传普.创业板上市公司成长性分析[J].中国证券期货,2011(9):26-27.

[117] 梁益琳,张玉明.我国不同区域中小上市公司成长性研究[J].证券市场导报,2011(2):59-64.

[118] 李素英,杨娱.PPP模式下基础设施项目融资风险研究——以RC县市政基础设施建设为例[J].经济研究参考,2016(33):15-19.

[119] 任俊元.我国垃圾焚烧发电建设融资模式探析[J].节能与环保,2014(1):52-54.

[120] 宋金波,宋丹荣,孙岩.垃圾焚烧发电BOT项目的关键风险:多案例研究[J].管理评论,2012,24(9):40-48.

[121] 杨雪琴,刘敏.PPP项目融资风险的影响因素及对策[J].商业经济研究,2016(18):172-173.

[122] 叶苏东.城市垃圾焚烧发电BOT项目的偿付机制[J].北京交通大学学报,2014,13(4):25-30+74.

[123] 赵维纳,闫琰,赵雷等.垃圾焚烧发电BOT项目风险应对机制研究[36].能源研究与利用,2013(4):47-50.

[124] 周守华,杨济华,王平.论财务危机的预警分析——F分数模式[J].会计研究,1996(8):8-11.

[125] 陈静.上市公司财务恶化预测的实证分析[J].会计研究,1999(4):31-38.

[126] 姜秀华,孙铮.治理弱化与财务危机:一个预测模型[J].南开管理评论,2001(5):19-25.

[127] 吴世农,卢贤义.我国上市公司财务困境的预测模型研究[J].经济研究,2001(6):19-25.

[128] 廖士光,杨朝军.卖空交易机制对股价的影响——来自台湾股市的经验证据[J].金融研究,2005(10):131-140.

[129] 唐艳.我国股市融资融券与股市波动的VAR模型分析[J].金融与经济,2012(9):17-20.

[130] Dewald,W. G. Secular change in the financial services industry:Comment[J]. *Journal of Money Credit & Banking*,1971,3(2):590-592.

[131] Bhattacharya, U., J. H. Lee & V. K. Pool. Conflicting family values in mutual fund families[J]. *Journal of Finance*, 2013(68):173-200.

[132] Brown, D. P. & Youchang W. U. Mutual fund flows and cross-fund learning within families[J]. *Social Science Electronic Publishing*, 2014(71):1-69.

[133] Cashman, G. D. et al. Investors do respond to poor mutual fund performance: Evidence from inflows and outflows[J]. *Financial Review*, 2012(47):719-739.

[134] Rappa, M. The utility business model and future of computing services[J]. *IBM Systems Journal*, 2004,(1):32-34.

[135] Dubosson, M., A. Osterwalder & Y. Pigneur. E-business model design, classification, and measurement[J]. *Thunderbird International Business Review*, 2002,44(1):5-25.

后 记

本书是"China Knowledge：金融与管理系列丛书"中的一本，该系列丛书由编辑组成员合作完成，法国 SKEMA 商学院（SKEMA BUSINESS SCHOOL）苏州分校前校长李志森教授担任主编，编辑组成员包括陈作章（副主编，总编）、于宝山（副主编）、胡怡彤（副主编）、陈奕君、戴子一、邹嘉琪和史佳铭等。

本书共九章，陈作章、于宝山和胡怡彤参与了全书的撰写、修改、总纂及定稿工作，第一章由陈作章、于宝山撰写，第二章由周晨撰写，第三章由华梦和史佳铭撰写，第四章由李超和史佳铭撰写，第五章由魏红叶和汤清源撰写，第六章由陈奕君撰写，第七章由陈作章、于宝山和唐雨琦撰写，第八章由陈作章、于宝山和智毓贤撰写，第九章由陈作章和陆心渊撰写。在本书研讨与撰写过程中，得到苏州大学商学院、苏州大学出版社有关领导与专家及各位撰写者的支持和帮助，在此一并表示感谢！

本书研究中国特色社会主义市场经济发展中企业技术创新与金融市场优化问题，以理论联系实际、实事求是的研究态度，透过现象看本质的指导思想，问题导向的研究思路，针对中国企业和金融市场发展中存在的实际问题进行深入研究，因此，该研究成果具有较高的理论参考和实际应用价值。本书可作为中外金融机构高管、中外高等院校教师、研究生和 MBA 学员学习参考用书。

由于著者水平有限，书中难免存在疏漏和错误之处，恳请各位专家和学者批评指正。

著者

附：

关于中盛

中盛集团致力于为全世界投资者提供中国市场的商业资讯、投资咨询以及其他相关产品的服务。中盛集新闻、出版、在线、传媒、研究和咨询服务于一体，为在中国投资的海外客户提供一站式服务。同时，中盛也为中国国内的客户提供产品和服务，帮助中国政府机构和企业在海外扩大影响及开拓国际市场。

中盛独有的商业模式以及具有强大优势的产品集合，不仅满足了客户对基本投资信息的需要，更在错综复杂的执行层面上为投资者提供服务。

专业出版

中盛出版致力于为全球的投资者、银行家、专家学者等提供高质量、有深度的专业出版物。在经常性的市场调研和对客户深入了解的基础上，中盛在世界上首次推出了一系列以行业划分的专业商务指南。这些出版物在形式和内容上的创新，为中盛赢得了广泛赞誉。

中盛出版依托其母公司新加坡中盛集团，将出版物发行到四大洲，40多个国家。

市场调研

中盛集团的行业研究处于国际领先水平，为有意投资中国市场的投资者提供深入、广泛的行业信息。中盛的研究咨询服务始终保持着全面、高品质的优势。

时至今日，中盛的研究领域已经扩大到中国的40多个行业。散布于中国众多城市的高素质的研究团队，始终为客户提供高品质的研究服务，在各种投资项目中扮演着重要角色。

中盛的研究报告也可以通过汤姆森咨询（Thomson Corporation）、彭博通讯社（Bloomberg）、路透社（Reuters）或众多在线分销商获得。

新闻专线

中盛新闻提供及时、深入报道中国经济的付费新闻服务。中盛新闻通过众多平台发布，覆盖了平面媒体、电台、电视台以及网络等媒体的广大受众。众多全球知名的资讯提供商都在使用中盛新闻来丰富其信息资源。

近几年，世界上众多大型的传媒机构、新闻提供商以及研究机构纷纷采用中盛的新闻。例如彭博社（Bloomberg）、道琼斯路透资讯（Factiva）、律商联讯（Lexis Nexis）、汤姆森资讯、FactSet以及欧洲货币的ISI新兴市场、香港贸发局等。

中盛针对中国重大的经济和金融事件发表独特、深入的评论，受到传媒业内人士、客户和读者的好评。每天，中盛的新闻和评论都能及时到达追求高质量报道的读者手中。

咨询服务

中盛咨询致力于为在中国市场的外国投资者提供全方位、有深度的投资咨询服务；同时也为中国政府和企业提供投资海外的咨询服务。

中盛咨询之所以能帮助客户在较短时间内解决投资过程中遇到的各种复杂问题，并得到他们的信任，在于它对中国的行业发展有着深入的研究，并了解外商在中国投资的程序和具体事宜。中盛的业务已经扩大到中国的众多省份。几年来，中盛咨询以财经顾问的身份参与了众多大中型投资项目，为这些项目的实施提出了大量有价值的建议。

中盛咨询的团队成员敬业乐业、充满激情，深受客户的信任，并随时准备迎接新的挑战，为客户创造更大的价值。

Appendix:

About China Knowledge

China Knowledge is in the business of providing business solutions and products on China. Within the Group, we have publishing, newswires, research, online and a wide range of consulting services offer to foreign businesses seeking opportunities in China. Our products and services also serve domestic clients which include governments, ministries, state-owned and private enterprises seeking to market to the global markets.

Our business model is unique and powerful as it seeks to fulfill the most basic informational needs to complex execution services.

Professional Publishing

China Knowledge Press is a leading provider of high-quality and in-depth contents to professional, investors, bankers and academia worldwide. We constantly research the markets to understand the needs of our clients. As a pioneer in publishing some of trendsetter guidebooks have earned us the reputation of being the first in numerous industries and sectors.

Since its inception into China Knowledge Group, the products have reached out to more than 40 countries across 4 continents.

Market Research

Our research reports pioneer in publishing some of the world's first industry intelligence. We seek to deliver in-depth and objective information, and offer services to global businesses seeking opportunities in China, and pride ourselves on maintaining the highest standards of quality and integrity in our research and consulting service.

Today, our research capability covers more than 40 industries across China. Our teams of research analysts based in numerous Chinese cities are highly qualified and excel in providing the highest quality business intelligence that is business practical. The analysts are often engaged in collaborative consulting relationships with our clients to make executable strategies in meeting business and financial objectives.

The contents are also available in Thomson Corporation, Bloomberg, Reuters and many other online resellers.

Newswires

China Knowledge Newswires is a premium brand on quality, in-depth and timely news covering China. Our newswires is featured on a variety of platforms and reaches an extensive audience on print, radio, TV and the Internet. The global content providers and news aggregators have been relying on our news to enhance their content and extend their sources.

Over the years, the world's largest media groups, news providers and research vendors use our newswires to add to their product lines. For example, China Knowledge's newswires is resold in Dow Jones & Company's Factiva, Lexis Nexis, FactSet, Thomson Corporation's Dialog, ThomsonOne, Euromoney's ISI and many other similar businesses are negotiating for our newswires.

Consulting

China Knowledge Consulting has been the most dynamic and complete in terms of consulting services to foreign companies seeking business opportunities in China. On the outward, we offer the most complete services to local Chinese government departments and companies in pitching their services to overseas businesses.

We have become a trusted name in executing complex tasks required by our clients in many parts of leveraging on our extensive operations. We have unparallel depth of both functional and industry expertise as well as breath of geographical reaches in China. Over the years, our consulting has evolved into one that adds tremendous values in areas of financial advisory services capable of executing mid to large size transactions.

At heart, we are a big family who are passionate about taking immense challenges that create values and trusted relationship with our clients.